モンテスキュー

法の精神

井 上 堯 裕 訳

中央公論新社

目次

モンテスキューの生涯と著作

安武真隆

モンテスキューの名の由来

後にモンテスキューの名前で知られることになる本書の著者は、一六八九年にスゴンダ家という旧貴族の家系の長男として、ボルドー南郊にあるラ・ブレード城に生まれ、「シャルル＝ルイ」と名付けられた。彼が生まれたこのゴシック・スタイルの邸宅は、中世以来の歴史を持つ城であり、同じく旧貴族の家系にあった母親が保有するラ・ブレード男爵領の中にあった。シャルル＝ルイ・ド・スゴンダは、幼少の頃に母親の死によってこの男爵領を相続して「ラ・ブレード氏」と呼ばれるようになり、続いて一七一六年、伯父の死によってモンテスキュー男爵の地位とボルドー高等法院の副院長の官職を相続した。以後彼は、「モンテスキュー」という男爵名で呼ばれるようになる。地方領主の息子として生まれたシャルル＝ルイは、『随想録』で名高いモラリストで同郷でもあったミッシェル・ド・モンテーニュ（一五三三―九二年）も経験した現地の慣行に従い、貧民に対する領主の責務を忘れぬよう、地元の村の物乞いを代父とし、幼少期には村の粉屋に里子に出されたという。

絶対王政か社団国家か

シャルル＝ルイが生まれた頃の十七世紀末のフランスは、後にヴォルテール（一六九四―一七七八年）が『ルイ十四世の世紀』（一七五一年）において「これまでで最も啓蒙された時代」と表現したルイ十四世（一六三八―一七一五年）親政期にあった。もっとも近年の研究が示唆するように、ルイ王の支配を「絶対主義」や「絶対王政」と呼ぶことは、当時の王権の実態を正確に表現したことにならないであろう。確かに王権側は、後述するように、そのような絶対性があるかのように振る舞ってはいた。しかし実際には、数多くの諸身分や諸団体が伝統的に培ってきた自由・自治の主張が根強く、王権側はそれらを容易には剥奪できなかった。むしろこれらの自由を特権として認めることで、その統治構造の中に組み込もうとすらした。その限りでフランス国家は、諸身分や諸団体と提携・調整・均衡によって成り立つ「社団国家」としての側面を色濃く持っていたのである。

国家理性と主権

とはいえ王権は、十六世紀後半の宗教戦争にともなう内乱を克服すべく、カトリック（ローマ）であれプロテスタント（ジュネーヴ）であれ、対外的な宗教的権威に従属しない姿勢を示した。また、封建貴族が割拠する状態を脱却し、王権を頂点とする統一的な秩序の確立を志向し、一定の「成果」も出していた。一六四八年に英国で革命が起き、国王が処刑され、短期間であれ共和制が樹立された頃、フランスではパリの高等法院を中心に、王国基本法に基づき王権を制限しようとする貴族たちがフロンドの乱を起こしたが、間もなく鎮圧された。また、英国での議会の活動とは対照的に、フランスでは身分制議会（三部会）は、フランス革命の勃発直前まで招集されなかった。むしろ王権側は、マキアヴェッリ（一四六九―一五二七年）の『君主論』に触発されつつ、非常事態における不正や暴力の使用を正当化する「国家理性」の概念を展開するとともに、対外的独立と国内における最高権力を表現するものとして、「主権」の概念を、積極的に使用したのである。

王の威光

さらにルイ十四世は、王としての威光を高めるべく自己を演出することにも余念がなかった。フロンドの乱の直後に、彼は戴冠式を行い、各都市を訪問するに際しては凱旋式を挙行した。また皮膚病患者に触れることで病を治癒する奇蹟的能力を王は持つとの伝承に従い、多くの患者たちに触れ、王権の神聖さを誇示した。またベルサイユ宮殿における荘厳な宮廷生活は、王の絶対性を際立たせたし、そこでは洗練された作法や礼儀に基づく社交を参加者に要求し、王に接近する貴族たちに対して、王との距離の近さや恩顧によって自らの位階、名誉、威信の程度を確認させ、王に依存させせた。さらに言語・文法、絵画・彫刻、舞踏、碑文・文芸、科学、音楽、建築などの分野で王立のアカデミーを設立し、芸術家や作家の活動を振興した。これに対し、アカデミーもまたルイ十四世を積極的に讃えた。アカデミー・フランセーズは辞典の編纂を通じてフランス語の「正しい」用法と意味を王権に有利な形で普及しようとした。この辞典では、「君主制」が「一人の君主の絶対的な意思に基づいて統治される偉大な国家」と定義された。さらに、ルイ王は、宮廷のバレエにおいて、アレクサンドロス大王、ペルシアの王、騎士道の英雄などを演じた。

宮廷と商業

ルイの宮廷に集う貴族達は、王との近さと恩顧を競い、その地位を対外的に誇示すべく奢侈《しゃし》的な消費を行った。さらに前述の文芸振興に加え、内乱の終焉にともなう経済復興と発展が、かかる奢侈品の生産を後押しした。十八世紀に入ると交通網の整備により商品流通が活発となり、穀物不足がある程度緩和され、飢饉と疫病による大量死が影を潜め、（とりわけ下層民の）人口増が始まった。また経済の活性化にともない、食糧価格が上昇したため、増加した下層民は貧困化する傾向にあったとはいえ、富裕層の富は増大し、衣服の多様化、肉食の導入、コーヒーや紅茶、砂糖の消費も増えたという。さらにスペイン・ポルトガルが衰退してからの世界貿易と植民地経営の主導権は、オランダ、イギリスが握っていたが、フランスがこれに続き、インド、新大陸（カナダやミシシッピ流域）、アフリカ大陸に進出した。特に財務総監のコルベールによる重商政策は、プロテスタントの都市共和国にしか商業は相応しくない、と信じられていた旧来の見方の修正を迫るほどであった。

パリのサロン

パリでは有力な貴族の夫人等が知識人や芸術家を自宅に招き、読書会を催したり知的な会話を楽しんだりするサロンが盛んとなった。当時の女性の社会・法的な地位は依然として低いものであったが、サロンでは女性が主導権を握った。さらに、ロンドンほどではないが、コーヒーハウスでの対話や新聞や雑誌の朗読は、後にハーバーマスが主張する「市民的公共圏」の苗床となった。このような文化的・経済的な繁栄に基づき、古代世界とは異質の新しい文明がフランスの宮廷や都市に花開きつつあるとの認識も広がることとなった。それまでは、ギリシアやローマといった古代世界こそが文明的であり、学ぶに値するとの観念が支配的であったが、古代人と近代人との優劣を問う論争が生じたのである。シャルル＝ルイも、ボルドー大学で法律を学ぶに先立ち、ジュイイ市のオラトワール教団の学院において、古典を重んじる人文主義的な教育を五年間にわたって受ける一方で、法学士を取得後にはパリに一七〇九—一三年の間滞在している。そこで彼は、社交界と接触し、当時の新しい文明の進展に触れたものと思われる。

王権の退潮

とはいえ、シャルル＝ルイが生まれた十七世紀末頃には、ルイ「太陽王」の絶頂は既に陰りを見せていた。既に五十歳近くになっていた王は、健康問題に苦しんでいた。また壮麗な宮殿建設や近隣諸国との絶え間ない戦争により、国家財政は逼迫《ひっぱく》しつつあった。確かに、親政期の前半、一六六七—六八年のスペイン領ネーデルラントの帰属をめぐる戦争、一六七二—七八年のオランダ戦役でルイは勝利を収め、「ヨーロッパに平和を与える」と国内では讃えられ、敵対する陣営からは「世界君主制」を樹立して各国の自由を奪おうとしていると攻撃された。しかし、一六八八—九七年のアウグスブルグ同盟戦争、一七〇二—一三年のスペイン継承戦争では、さしたる成果も挙げられず、戦費だけがふくれあがった。ルイは、臨終の際に、戦争に傾斜し出費を惜しまなかった自身と同じ轍を踏まぬよう、後継者に助言を残すことになった。

ウェストファリア条約と国際法

折しもヨーロッパ諸国は、宗教戦争を克服していく過程で、相互の領土や国境を画定させ、名目上は対等な主権国家からなる国際秩序を志向しつつあった。三十年戦争（一六一八—四八年）後に締結されたウェストファリア条約はその一つであるし、これら主権国家相互間を規制する「国際法」という観念も、グロティウス（一五八三—一六四五年）によって、三十年戦争のさなかに展開されていた。宗教戦争は、カトリック陣営であれプロテスタント陣営であれ、既存の国境を越えて支配権を拡大させようとする試みの危険性を認識させた。そのような問題意識からすると、ルイ王の軍事行動による領土拡張の試みは、それと同種の、時代に逆行する試みと受け止められたし、事実、それゆえに失敗したと理解されたのである。

世俗化と寛容

さらにヨーロッパでは、宗教戦争を契機として、もう一つ大きな知的変動が生じつつあった。神学的観念に執着することが、カトリックか否かという友敵関係と結びつき、宗教的熱狂や迫害にともなう社会の荒廃を招くとの認識が普及するにつれ、現実の社会・政治状況を認識し記述する際に、神学的な言説や語彙《ごい》に依拠しない姿勢が目立ってくるのである。神の存在を認めるとしても、神の超越的な現世への介入の余地を低く見積もり、この世を、啓示や奇蹟を介在させず、理性によって把握可能とする理神論が台頭してくる。また予《あらかじ》め宗教的真理を設定し、自己の認識が誤る余地を認めることなく、他者に対して自己の奉じる真理を強要する態度に対する懐疑的な姿勢も目立つようになる。このような中、無神論者でも社会を構成する、と宗教の存在意義を低く見積もるピエール・ベイル（一六四七―一七〇六年）のような立論も登場し、多くの論争を巻き起こした。宗教や宗派の違いを許容する「寛容」は、かつては不敬虔《ふけいけん》と結びつけられ宗教上悪であったが、今や、自己と異なる他者の尊重という意味での積極的価値へと転換していき、後の啓蒙思想へと受け継がれていくのである。

かかる文脈において、ルイ十四世が一六八五年に断行したナントの勅令廃止は、国内の多数派であるカトリックには歓迎されたとしても、時代に逆行する野蛮的所業として批判の対象となると同時に、商工業に従事していた非カトリック教徒（ユグノー）の国外への大量流出をもたらし、フランスの経済発展の足枷《あしかせ》ともなった。これに関連して、海外へと流出したユグノーはオランダなどを拠点としてルイを攻撃する文書を公刊した。若きモンテスキューが一七一四年に高等法院の参事官に着任した一年後、結婚相手としてユグノーの一家の娘を、巨額の持参金付きで選び、相前後してオランダ発の雑誌を定期購読していたことは、指摘しておくべきであろう。

さらに、脱神学的趨勢の中、当時の上流階級の嗜みとして、キリスト教が普及する以前の古代社会を参照するのに加え、新たに展開しつつあった自然科学的な知見を動員するのみならず、自ら自然を観察し、科学書を読み、実験を試みる者も少なくなかった。若きモンテスキューも、男爵の称号を正式に得る直前の一七一六年、ボルドーのアカデミーに選出され、充分な理解に基づいていたかどうかはさておき、「厳密なデカルト主義者」を自称し、積極的に自然科学的な研究を行った。またこの頃の彼は、古代ローマの異教的世界において、宗教よりも政治を上位に置き、複数の宗教を尊重する寛容の精神が行き渡っていたことを好意的に評価する論文も、アカデミーで発表している。

摂政期

シャルル＝ルイがモンテスキューと呼ばれるようになり、地方領主として宮廷に依存することなく堅実・節約・独立を旨として葡萄酒の醸造と販売にも従事し、高等法院の副院長として法実務に従事し、アカデミーの会員として自然科学の研究に傾注していた頃、フランスは大きな政治・社会・経済変動に直面しつつあった。ルイ十四世は後継者に恵まれず、多くの子や孫が幼少期に次々と死亡し、一七一五年に死去した際には、五歳の曽孫、アンジュー公が王太子として残されるのみであった。「太陽王」という重荷が無くなった後の権力の空白状態を、オルレアン公が摂政《せっしょう》として取り仕切るようになってからも、「出来損ないの計画と、ばらばらな思いつきと、見かけ倒しの機智の連続、虚弱と権威の不格好な混合、厳粛さのない内閣の鈍重、厳格過ぎたり放縦過ぎたりと、常に行き過ぎる命令」（*Mes Pensées*, 1613）に満ちていた。その中でも、先王ルイが残した膨大な王債に対する財政再建のために財務総監に起用されたスコットランド人ジョン・ローが構想した「システム」の破綻は、大きな爪痕を残した。

ジョン・ローのシステム

ローの構想した「システム」は、累積していた膨大な王債問題を解決し、同時にフランスの経済・交易を活性化することを目指していた。その手段としてローが採用したのが、王立銀行が銀行券（紙幣）を、さらに、この銀行の支配下にある植民地会社が株券を発行することであった。彼は、銀行券で王債を償還し、それと同額の新株募集を植民地会社（ミシシッピ会社）にさせることで、債権者を株の投資家に転換しようとしたのである。この試みはある程度成功し、政府は歳入の一〇倍を超える債務を解消したのみならず、株価の高騰により、多くの貴族が株の購入へと殺到した。しかし、植民地事業の実質のともなわない株券の投機的なやり取りは、額面五〇〇リーヴルが一万八〇〇〇リーヴルにまで達した後、一七二〇年に「ミシシッピの泡沫《バブル》」とも呼ばれる株価の暴落と紙幣への信用低下などの経済的混乱を引き起こし、多くの貴族たちの破産を招いたのである。

『ペルシア人の手紙』

このような騒然とした摂政期の一七二一年に、モンテスキューの最初の著作、『ペルシア人の手紙』が公刊された。アムステルダムから匿名出版されたこの書物は、公刊前に原稿に目を通したデモレ神父の「パンのように売れるであろう」との予言通りの爆発的人気を博し、間もなく著者が判明すると、モンテスキューは一躍時代の寵児となった。この作品は、二人のイスラーム教徒のペルシア人がルイ十四世末期のフランスを訪問し、本国の知人とのやり取りとともに、滞在中のフランスの風俗や出来事を紹介する、という書簡体形式をとっており、公刊直前の「ミシシッピの泡沫」も扱われている。

登場人物のペルシア人たちは、渡航先のフランスで目撃したキリスト教の不寛容さを批判し、本国における不寛容政策がもたらしうる経済的損失を論じる。読者はここでナントの勅令の廃止を想起したであろう。さらにルイを「大した魔法使い」であり、紙幣発行によって潤沢となった財源に基づき、下賜金や年金、官職や栄誉職を振りまくことで「臣民の精神にまでも支配権を及ぼし」「自分の求めるままに臣民を考えさせる」と揶揄する。また王にすり寄る宮廷人は、寵愛を得ようと民の苦境を一切報告することがない。ローのシステムの崩壊については、「古着屋が衣服を裏返すように国家を裏返した」として、その無秩序と道徳の退廃を嘆いてみせる。他方で、享楽的で奢侈に満ちたパリでの生活の背後に、かかる需要を満たすべく手工業者が見せる労働と勤労の精神を好意的に紹介する。このように『ペルシア人の手紙』は、ヨーロッパ外との交流が本格化した時代を反映して、官能的なペルシアの後宮の異国情緒を盛り込むだけでなく、後に「若気の至り」と本人が回顧するほど風刺的な同時代フランスの観察・批評であったことが反響を呼び、ベストセラーとなったのである。

副院長職の売却とアカデミー・フランセーズへの入会

『ペルシア人の手紙』での成功に基づき、モンテスキューはパリの社交界に本格的に参入する。ダルジャンソンやサン・ピエール、エルベシウス、英国から亡命中だったボーリングブルックなどが出入りし、絶対王政に批判的で自由な討論を重んじる「中二階クラブ」にも参加したとされる。ボルドーの南郊ラ・ブレード城とパリとの往復生活の中で、ボルドー高等法院の副院長としての職務との両立は困難となり、一七二六年、多くの同僚の反対にもかかわらず、モンテスキューはこの名誉ある官職を売却することとなった。また彼は、ランベール侯爵夫人が主催するサロン「火曜日」にも頻繁に出向き、これが縁となって、宮廷の実権を掌握していたフルーリ枢機卿の反対を押し切って、一七二八年アカデミー・フランセーズの会員に選出された。『ペルシア人の手紙』では「絶え間なくお喋りする以外の任務を持たない」と揶揄《やゆ》された団体への入会演説を、彼は恭《うやうや》しく執り行ったが、その後はほとんど参加することがなかったという。前世紀にヨーロッパの覇権国であったスペインの衰退について、経済的観点から検討した論考を執筆したのもこの時期である（後に『法の精神』に収録）。

ヨーロッパ旅行

官職の売却によってまとまった財産を手にし、アカデミーの会員という地位を得たモンテスキューは、一七二八年から三一年にかけて、ヨーロッパ各地を旅行することとなった。当時のヨーロッパでは、貴族の子弟教育の集大成として、ヨーロッパ各地、特にフランスやイタリアに遊学させる慣行（グランド・ツアー）が存在した。とはいえ、モンテスキューは既にこの時三十歳を越えており、単に見聞を広めるのみならず、ヨーロッパ国際政治に外交官として関与する機会も窺っていたようである（結局は実現しなかった）。モンテスキューはその行程の前半部分について『旅行記』と題された原稿を残しているが、それによると、ウィーン、ハンガリー、イタリア諸都市として、ヴェネツィア、ミラノ、トリノ、ジェノヴァ、フィレンツェ、ローマ等に滞在し、チロルの山岳地帯を通って、インスブルク、アウグスブルグ、マンハイム、フランクフルト、ボン、ケルンなどドイツ諸都市を周り、ユトレヒト、アムステルダムを経由してイギリスに渡っている。モンテスキューのイギリス滞在については、残念ながらその滞在記録が失われてしまい、詳細はよく分かっていない。とはいえ、数年前のヴォルテールのイギリス滞在が『哲学書簡』(一七三四年)を生んだように、モンテスキューのイギリス滞在が、後に三権分立論として知られる『法の精神』の「イギリスの国家構造」に関する記述に結実したことは間違いない。

『ローマ人盛衰原因論』と世界君主政

モンテスキューは一七三四年に『ローマ人盛衰原因論』を公刊した。この書は、表題にもあるように、古代ローマの自由がいかなる条件の下で花開き衰退したのかを、共和制期の自由を維持する諸機構の形成と、支配領域の急激な拡大によるその機構の形骸化に重ねて検討するものである。そこでは、「人民の精神、元老院の力」「何人かの政務官の権威」が相互に「支持し、抑制し、緩和しあう」ことで権力の濫用が是正されたことが、自由や偉大さの維持の鍵として強調される。ここでは、後述する『法の精神』における君主制の基本構造を彷彿《ほうふつ》させる記述が展開されている。

さらに『ローマ人盛衰原因論』の持つ同時代的意味は、ほぼ同時期に執筆され、同時公刊が予定されながら「諸般の事情」で断念された論文「ヨーロッパにおける世界君主制(世界王国)についての省察」と重ねあわせることによって、一層鮮明となる。先に示唆したように、「世界君主制」概念は、ルイ十四世が主導した対外拡張戦争に対して諸外国が批判するために頻繁に使われた経緯があった。本論文、並びに『ローマ人盛衰原因論』では、現代のヨーロッパと古代ローマとの比較を通じて、「ある国民が諸外国に対して持続的に優位に立つ」「世界君主制」の樹立が現在では「かつて以上に困難になった」ことが主張されている。その根拠としてモンテスキューが挙げる、古代と異なる現代の新たな諸条件とは、ヨーロッパに複数の国家が併存し、技芸の発達・普及と商業活動の進展によって、各国の相互依存関係が進み、特定の国家の軍事的突出や拡大を妨げるようになったことである。このようなヨーロッパの国際秩序観は、その後の『法の精神』にも受け継がれていくのみならず、ヨーロッパ諸国の勢力均衡を重視しローマ型の拡大路線を慎むよう訴えたディヴィッド・ヒューム(一七一一―七六年)など、十八世紀の啓蒙思想の定番となっていく。それは、「ウェストファリア体制」と後に呼ばれるものを擁護する秩序観でもあった。

「イギリスの国家構造」としての三権分立論

モンテスキューの主著『法の精神』は、一七四八年に公刊されたが、その執筆には著者の弁によれば「二〇年」が費やされている(序言)。その中でも『ローマ人盛衰原因論』執筆の数年後と推測されるのが、先にも言及した、第一一篇六章「イギリスの国家構造について」である。この章は、近代的な三権分立論を展開したとして『法の精神』の記述の中でも広く知られ、しばしば本書の結論に相当すると理解されてきた。確かに、立法権力、裁判権力、執行権力が相互に抑制しあい均衡を生み出すことによって自由が確保される、という主張は、アメリカ合衆国の建国の際に大いに参照された。また本章の実質的議論として、国王、貴族院と庶民院の三身分間の相互抑制が詳細に検討された箇所には、古代のポリュビオスに由来する「混合政体」論の伝統を読み取ることも可能であろう。とはいえ、『法の精神』の目次を一瞥《いちべつ》すれば容易に分かるように、この章が全体に占める割合はごく僅かであるし、モンテスキュー自身、フランス人として本国フランス君主制を考察するにあたって、イギリスの事例を重視したに過ぎない。『法の精神』の立論を全体として理解するならば、フランスを範型とした「君主制」をめぐる議論にこそ注目する必要があろう。

「法の精神」とは

改めて『法の精神』という著作の全体的な構成について考える際、まずは、モンテスキューが「法」ないし「法の精神」をどう理解していたかを確認する必要があろう。彼によれば、法とは「事物の本性に由来する必然的関係」と定義される（一―一）。ここで想定されている事物は、「国土の自然条件、気候の寒冷、暑熱、温暖、国土の地味、位置、大きさ、民族の生活様式」「政体の許容しうる自由の度合、住民の宗教、その性向、富、数、交渉、風俗、習慣」など多岐に亘《わた》る。そして、モンテスキューは、「これらの関係のすべてが相集まって、いうところの『法の精神』をかたちづくっている」とも主張する（一―三）。したがって彼のいう「法」は、実定法に留まらない、あらゆる事柄の関係の連鎖・網の目のことであり、自然科学的な法則の意味をも内包する。その限りで、あらゆる存在はその法を持つし、そのような法との相関において自由の存否も定まってくる。彼にとって「自由」とは「法の許すすべてをなしうる権利」（一一―三）とされるからである。

かかる「法」ないし「法の精神」（類似の表現として第一九篇における「一般精神」がある）は、それぞれの国ごとの諸条件の違いに応じて、国ごとに異なる。したがって「ある一国民の法律が他の国民にもかなうことがあるとすれば、それは、きわめてまれな偶然による」ことになる（一―三）。モンテスキューは、個別事情を越え普遍的・抽象的原理から秩序を演繹したり、そのような原理に基づき、既存の秩序を組み替えたりする試みについて懐疑的である。「変更することの害」は「堪え忍ぶことの害」に勝る（二九―一八）が故に、「われわれをあるがままに放任して欲しい」（一九―六）とすら主張する。したがって、モンテスキューの基本的スタンスは、我々の身の回りの「事物の必然的関係」であり関係の網の目としての「法」を具体的に認識し、それに従うことによって「自由」も保証される、というものである。この関係の網の目は、諸要素の絶妙な均衡（「穏和の精神」）の上に成立しており（二九―一）、安易な改革はこの均衡を動揺させ、かえって誤った帰結をもたらすと考えるのである。習俗、風土の影響を重視する姿勢（第一四～一七、一九篇）もまた、政府の恣意的な権力行使を慎む姿勢と重なっている。そして、このような姿勢は、『法の精神』における政体分類論にも看取することができる。

政体分類論と専制

モンテスキューは統治形態を、共和制、君主制、専制に分ける。この三者は、主権の所在が人民の全体ないし一部に属するか（民主制と貴族制）、ただ一人に属するかによって、共和制と君主制・専制とに区別され、一人支配が確立された法に従っているか否かで、後二者が区別される。また政体の規模の大中小に応じて、専制、君主制、共和制が割り振られてもいる。このうちモンテスキューが同時代のフランスの範型とするのが君主制であり、専制と共和制は、程度の差こそあれ、退けられるべき統治形態である。まず専制は、広大な領土を、怠惰で無知で、官能的な一人の君主が法に基づかず、「恐怖」でもって支配するものとされる。本書が法ないし「法の精神」の探求を主題としていることからも窺えるように、専制には権力の濫用を阻止する機構も法もなく、したがって自由も存在しない。かかる望ましい統治の不在は、外形上はオリエントにおける支配がモデルとなっているものの、前世紀のルイの支配が意識されていると言えるし、同時代のフランスの統治のあり方に対する牽制でもある。

共和制

他方で、共和制（民主制と貴族制）に対するモンテスキューの態度はやや両義的である。共和制は、古典古代のポリスが典型となっており、政治学の歴史からすると、この統治形態こそ自由であり望ましい模範と考えられがちである。モンテスキューもまた、「自己放棄」「法と祖国への愛」という意味での共和制の「徳性（vertu）」（三―五、四―四）は、「今日ではもはや見られず、われわれの矮少な魂を驚かすような」多くの事を成すよう促してきたことを認める（四―四）。とはいえ、古代の勇武な清貧の時代とは異なり、現代は「手工製造業や商業、金融や富、そして奢侈」が話題となる商業社会である（三―三）。またこの「徳性」を各構成員が持つには、財産所有の平等かつ厳格な制約、奢侈の禁止、外国人の排除、戸口総監による徹底的な監視による習俗の維持など（四―八、五―一九）、「きわめて困難なことがら」（四―五）が必要であり、その実現可能性について、モンテスキューはいささか懐疑的である。

さらに共和制では、人民が法に従わずにその望むことを行っていることを「自由」と呼ぶことで、「人民の自由」と「人民の権力」との混同が生じやすい（一一―二）。モンテスキューによれば、「自由な国家」の確立のためには、「人民の権力」が濫用されないよう「事物の配列によって権力が権力を阻止」しなければならない（一一―四）。その限りで、共和制は権力の相互抑止においても多くの欠点を持っており（一一―六）「自由の錯乱」（一一―一六）「万人の専制」（八―六）に陥る危険性もあった。このような認識の背景には、前世紀のイングランドで発生した革命が、共和制の維持に必要な徳性をも持つことなく遂行され、安定した統治形態を維持できず、「さまざまの動き、衝撃や動揺ののちに、ほかならぬ廃止した政府に頼」る他はなかった（三―三）ことが、念頭に置かれている。モンテスキューにとって当時のヨーロッパに相応しいのは、共和制ではなく君主制なのである。

君主制

では、君主制はどのように定義されるのであろうか、それは主権を絶対視する王権側の定義とはかなり異なる。モンテスキューによれば、君主制とは、ただ一人が「法に基づいて」統治する政体であり、「ローマ帝国を征服したゲルマン諸民族」によって打ち立てられた「ゴチック政体」に由来するものである（一一—八）。「ゴチック政体」では、人民、貴族と聖職者、君主という三身分が、それぞれ固有の役割を担っており、三者が相互に対抗することで均衡が生じ「穏和の精神」が達成されてきた。このようにモンテスキューの提示する君主制は、君主が法に基づき統治し、歴史的に形成されてきた各身分の均衡の存在が重視されている点で、「社団国家」的である。これに対し、王権側が強調してきた君主制観は、『法の精神』においては「専制」に位置づけられているといってよいであろう。

さらに、君主制は、その起源において古代ギリシアやローマと結びつかず、共和制のように公共精神としての「徳性」を各人に要求せず、一種の利己心であり「虚栄心」に近い「名誉（honneur）」をこの政体を駆動させる原理としている。ここでは、個々の利己心の追求が意図せざる結果として全体の利益に繋がるというアダム・スミス的な世界が一部先取りされている（三一七)。君主制の中で第三身分は、共和制では禁じられていた「奢侈に基づく商業」を担う。ここでは貴族の「虚栄心」によって、奢侈品の消費と生産が促され、商業活動が活性化する。その結果、土地所有の不平等に由来する人口減少が緩和され、勤勉、技芸、流行、慇懃《いんぎん》さ、趣味などが開花する(二二—一五、一九—九)。さらに商業の国際的展開にともない、為替《かわせ》手形が発明され、これらと国力とが相関するに従い、君主は国際市場を無視した専制的な権力行使を控えざるをえなくなる(二二—一三)。

「奢侈に基づく商業」で財を成した第三身分は、売官制を通じて、貴族階級へと上昇し商業活動から決別することが予定されている(二〇—二二)。君主制における商業活動の肯定は、あくまでも貴族的価値がその上位にあることを条件としているのである。他方、君主の宮廷に寄生する廷臣に対しては否定的で、「名誉」を持つ貴族であれば、君主に屈服せず「他人の気まぐれからは独立した」ものであるとされる(三—八)。このように、貴族の「名誉」には、第三身分の拝金志向を是正すると同時に、君主の恣意的な権力行使を牽制しフランスの専制化を阻止する機能が期待されているのである。

実際、モンテスキューの論じる君主制において鍵を握るのは、貴族身分である。貴族身分の「従属的、依存的な中間権力」は「権力の流通する水路」として君主と人民を媒介し、君主の気紛れな意志や権力の恣意性を除去し、君主が従うべき基本法を確立する(二—四)。また、高等法院が「法の保管所」として「熟慮」と「ゆっくりとした歩調」を示し、君主の決定の拙速さを阻止することで、君主制の中に一定の秩序が確保される（六—六、五—一〇）。さらに、モンテスキューは、「名誉」を貴族に求めることに留まらず、貴族が貴族的あり方を保持しうるよう、貴族の特権や財産の保持にも執着する。そのための措置は時として「商業を阻害」するなどの「不都合」をもたらすが、それは「貴族身分のもたらす全般的な効用の前には消滅する」とするのである（五—九）。

公刊後の影響

『法の精神』は、ジュネーヴで一七四八年に匿名出版され、早速好評を博した。当初はフランス国内に持ち込むことが困難だったことから、パリでは品薄感も相まって評判が評判を呼び、大量の偽版が出回るほどの好評を博したという。当時まだほとんど無名であったヒュームが通読し、幾つか書簡のやり取りが行われた結果、一七五〇年に英語の抄訳版のスコットランドでの公刊に結実したことも知られる。相前後して、ローマの教皇庁やソルボンヌ神学部などの教会関係者からの批判が巻き起こった。「法の精神」を構成する要素の一つとして、モンテスキューは宗教を論じることもあったが、それは神学者としてではなく政治学者としての考察であり、ベイルの無神論を論駁し、宗教の存在意義を認めるなどの穏健なものでもあった（第二四篇）。さらにモンテスキューは、『「法の精神」の擁護』を匿名で公刊して批判が的外れであると応じた。しかし、ローマの禁書目録指定を阻止することはできなかったし、ソルボンヌも釈明を要求した。さらに一七五一年から『百科全書』の公刊が開始されると、ダランベールはモンテスキューに対してもこの集合知の試みに加わり「民主制」と「専制」について執筆するよう依頼している。これに対し、モンテスキューはこの企画を魅力的と評価しつつも依頼を断り、代わりに「嗜好」の執筆を引き受けたものの、一七五五年の彼の死によって未完に終わった。生前の評判とは対照的に、その葬儀に参列した者は少なく、知識人としてはディドロが参列したのみであったという。

『法の精神』に対しては、貴族の中間権力を擁護する立論に繰り返し攻撃が加えられた。事物の複雑な相互連関の中に「法の精神」を見出そうとするモンテスキューの試みを、例えばヴォルテールは、「迷宮の筋道」での袋小路に例え、「そこには、多くの物があるが、法の精神は滅多にない」と断罪し、「恥じ知らずを粉砕せよ」とばかりその一掃を願った。またジャン・ジャック・ルソーは『エミール』（一七六二年）において、現に存在するものについて論じるばかりで「存在すべきもの」を探求せず、「無用な学問を作り出した」としてモンテスキューを攻撃した。むしろルソーが『社会契約論』（一七六二年）において目指したのは、商業活動や奢侈に毒されていない、古代の共和制の有徳な世界であった。モンテスキューが時代遅れと退けたものをルソーは敢えて復活させようとしたのである。またルソーとは対照的に、ケネーなどフィジオクラートたちは、商業活動の中に調和的な秩序の存在を認めるモンテスキューの立論を肯定的に継承しつつも、その秩序の完成にとって貴族や各種団体の既得権益が足枷になっているとして、中間権力を廃し、後見的な専制君主と国民とが直接向き合う体制こそが望ましいとした。また、フランス革命直前にシエイエスは、『第三身分とは何か』(一七八九年)において、貴族が国民全体とは遊離した諸特権にしがみつき、共通の利益や一般的利益を無視した「国家の中の国家」となっていると批判した。シエイエスによれば、自由の維持にとっては、多元的諸身分の均衡よりも、「市民の諸権利、すべての人間に属する諸権利」の保障こそが枢要なのである。さらに革命後の一七九七年、王党派を追放した総裁政府は、布告においてモンテスキューに言及し、共和制において徳が必要であることを強調した上で、権力分立ではなく、立法権力と執行権力の結合こそが偉大な模範であると強調した。これらの立論は、革命後のフランスにおける「貴族的反動」というモンテスキュー像の素地となっていく。

こうした批判とは対照的に、アメリカの建国の父たちは、モンテスキューの権力分立論を、その前提となる身分制的な諸条件を欠いた新大陸において導入すると同時に、複数の共和制が一つの国家を形成するという一種の合意に基づき「連合共和制」を打ち立てる、というアイデアにも触発される。これは、小規模な共和制が中規模国家に対抗して存続する可能性として、モンテスキューが示唆したものでもあった。また、「十九世紀のモンテスキュー」と呼ばれたトックヴィルは、かかるアメリカの経験を手がかりとして、行政の集権と多数者の専制により、個々人の自由が矮小化し、「自ら考え、感じ、行動する能力を次第に失っていき、その結果、次第に人間以下に落ちていく」事態に対抗すべく、自発的結社や地方自治、陪審制に、それを克服する可能性を探る中で、モンテスキューの中間団体論に近い論陣を張るのである。このように『法の精神』は多くの人の目に触れ、また扱った論点が多岐に亘ったことから、その後の政治を論じる際の雛形の一つとなったと言っても良い。確かにその後の思想家は、『法の精神』の論述を鵜呑みにせず、それぞれの状況に応じた修正や批判を施してはいるが、それらもまた一種の変奏となっていくのである。

（関西大学教授）

参考文献一覧

Benrekassa, Georges *Montesquieu: la liberté et l'hitoire*, Librairie Générale Française,1987.

Binoche, Bertrand *Introduction á de l'esprit des lois de Montesquieu*, Presses Universitaires de France 1998.

Courtois J-P *Inflexions de la rationalité dans* <*l'Esprit des lois*>, Presses Universitaires de France, 1999.

Ehrard, Jean *L'Idée de nature en France dans la premiére moitié du XVIIIe siécle*, S.E.V.P.E.N. 1963.

Pocock, John Greville Agard *Barbarism and Religion*, vol.1-4, Cambridge University Press, 1999-2005.

Shackleton, Robert *Montesquieu, A Critical Biography*, Oxford University Press, 1961.

Sonenscher, Michael *Before the Deluge: Public Debt, Inequality, and the Intellectual Origins of the French Revolution*, Princeton University Press, 2007.

Spector, Céline *Montesquieu: pouvoirs, richesses et sociétés*, Presses Universitaire de France, 2004.
Spector, Céline *Montesquieu: liberté, droit et histoire*, Michalons, 2010.

赤木昭三・赤木富美子『サロンの思想史——デカルトから啓蒙思想へ』名古屋大学出版会、二〇〇三年
安藤隆穂『フランス啓蒙思想の展開』名古屋大学出版会、一九八九年
犬塚元編『岩波講座　政治哲学2　啓蒙・改革・革命』岩波書店、二〇一四年
エリアス、ノルベルト『宮廷社会』波田節夫他訳、法政大学出版局、一九八一年
押村高『モンテスキューの政治理論——自由の歴史的位相』早稲田大学出版部、一九九六年
小山勉『トクヴィル——民主主義の三つの学校』ちくま学芸文庫、二〇〇六年
川出良枝『貴族の徳、商業の精神——モンテスキューと専制批判の系譜』東京大学出版会、一九九六年
二宮宏之『フランスアンシアン・レジーム論——社会的結合・権力秩序・叛乱』岩波書店、二〇〇七年
バーク、ピーター『ルイ十四世——作られる太陽王』石井三記訳、名古屋大学出版会、二〇〇四年
樋口謹一編『モンテスキュー研究——京都大学人文科学研究所報告』白水社、一九八四年
福鎌忠恕『モンテスキュー——生涯と思想』（全三巻）酒井書店、一九七五年
ポーコック、J. G. A.『マキァヴェリアン・モーメント——フィレンツェの政治思想と大西洋圏の共和主義の伝統』田中秀夫他訳、名古屋大学出版会、二〇〇八年
ホント、イシュトファン『貿易の嫉妬：国際競争と国民国家の歴史的展望』田中秀夫監訳、昭和堂、二〇〇九年
松浦義弘『フランス革命とパリの民衆：『世論』から『革命政府』を問い直す』山川出版社、二〇一五年

安武真隆「モンテスキューにおける共和政の理念と君主政――『法の精神』における「富」と「名誉」」『政治研究』四一号、四一―八三頁、一九九四年
安武真隆「モンテスキューと共和主義」田中秀夫・山脇直司編『共和主義の思想空間：シヴィック・ヒューマニズムの可能性』名古屋大学出版会、二〇〇六年

凡例

一　本書は中公バックス版「世界の名著34　モンテスキュー」所収『法の精神』（井上堯裕訳、一九八〇年、小社刊）をもとに編集したものである。

一　原則として、原文におけるラテン語などの部分は〈〉で、イタリックの部分は傍点、引用および大文字の部分は「」、著書名は『』を使用した。訳注は（）の番号で示し、章および節ごとにまとめた。本文中の〔〕は原著者による注、（）は訳者による補記、または注である。

一　なお読みやすさを考慮し、一部句点を補い改行を加えた箇所がある。

法の精神*

＊表題について——一七四八、一七四九年の版には、次のような副題がつけられていたが、一七五〇年版以後、削られた。「法の精神について、または法が各政体の憲法（国家構造）、習俗、宗教、商業などともつべき関係について。著者は、それに相続にかんするローマ法、フランス法および封建法についての新たなる研究をつけ加えた」

目　次　＊印はこの翻訳で省略した章を示す

第八篇　三政体の原理の腐敗について　100

＊第二九篇　法の作成の方法について

封土に変化したか／第九章　どのようにして聖職者財産が封土に変えられたか／第一〇章　聖職者の富／第一一章　カール・マルテルの時代のヨーロッパの状態／第一二章　十分の一税の成立／第一三章　司教職および僧院の選任権について／第一四章　カール・マルテルの封土について／第一五章　同じ主題の続き／第一六章　王位と宮宰職の混同。第二王朝／第一七章　第二王朝の国王の選挙に固有のことがら／第一九章　同じ主題の続き／第二〇章　ルイ柔和王／第二一章　同じ主題の続き／第二二章　同じ主題の続き／第二三章　同じ主題の続き／第二四章　自由人が封土を所有することが可能となったこと／第二六章　封土における変化／第二七章　封土に生じた他の変化／第二八章　大官職および封土に生じた変化／第二九章　シャルル禿頭王の治世以後の封土の性質について／第三〇章　同じ主題の続き／第三一章　どのようにして帝国はシャルルマーニュの家系から離れたか／第三三章　封土の永続性の二、三の結果

はしがき①

本書の最初の四篇の理解のためには、私が共和国における徳性と呼んでいるものは、祖国への愛、すなわち平等への愛であることに注意せねばならない。それはけっして道徳的な徳性ではなく、キリスト教的な徳性でもなく、政治的な徳性であり、そして、それは、名誉が君主政体を動かす発条であるように、共和政体を動かすところの発条なのである。したがって、私は祖国と平等への愛を政治的徳性と呼んだ。私は新しい観念を得た。そこで新しい言葉を見いだすか、さもなくば、古い言葉に新しい意味を与えねばならなかった。このことのわからなかった人は、私に不条理なことを言わせることとなった。そして、世界のどの国においてであれ、人は道徳を欲するのであるから、これらの不条理なことは、世界のどの国においても言語道断と思われたであろう。

第二に、ある資質、魂の様相、あるいは徳性が、ある政体を動かす発条ではないということと、それがその政体にはまったく存在しないということとの間にはきわめて大きな差異があることに注意せねばならない。私が、ある大歯車、ある小歯車はこの時計を動かす発条ではないと言ったとしよう。だからといって人はそれらの大歯車や小歯車が時計の中にないと結論するだろうか。道徳的、キリスト教的徳性が君主制から排除されているなどというのではまったくない。政治的徳性が排除されているというのでもない。一言にしていえば、名誉は共和制に存在するが、共和制の発条はあくまでも政治的徳性なのであり、政治的徳性は君主制に存在するが、君主制の発条はあくまでも名誉なのである。

最後に、第三篇第五章において問題とされている有徳の人とは、キリスト教的な有徳の人ではなく、私の述べた政治的な徳をもっている政治的な有徳の人である。それは、おのれの国の法を愛し、おのれの国の法への愛により行動する人間である。私は、これらのことがらについて、この版では、観念をさらに明確にし、新たな解明を与えておいた。そして、徳性なる語を用いていた大部分の個所は、政治的徳性に代えた。

序　言

本書に書かれた無数のことがらのうちに、もし、予期に反して人を傷つけることがらがあろうとも、少なくとも悪意をもって書かれたことがらはない。生来、私は人を中傷する性向をもちあわせていない。プラトンはソクラテスの時代に生まれたことを天に感謝した。私もまた現に生きている政府のもとに生を与えられ、天が私をして愛すべく定められた人々に服従すべく望みたもうたことを、天に感謝しているのである。

私は、読者に寛容を求めたいことがあるのだが、それが与えられないのではないかとおそれている。それは、二十年にわたる労作を、寸刻の速読によって判断しないことである。あれこれの章句ではなく、本書の全体をほめ、またはけなしていただきたい。読者が著者の意図を探りたいと思われるなら、それは本書の構想の中にのみ、しかと見いだしうるのである。

私はまず人間を検討した。そしてこの法と習俗の無限の多様性の中にあって、人間はたんに、その気まぐれによってのみ導かれているのではないと信ずるにいたった。[2]

私は、原理を措定した。すると、個々の事例は、あたかもみずから、それらの原理にしたがうかに見えた。あらゆる国民の歴史は、それらの原理の帰結にほかならず、すべての個別的法律は、他の法律に結びついているか、より一般的な法律に従属していることがわかった。

古代にたちかえったとき、私は古代の精神をとらえることにつとめ、真に異なる事例を同類のものとみなしたり、同類のもののように見える事例の差異を見おとしたりしないようにした。

私は、自分の原理を、けっしておのれの偏見からひき出してはいない。私はそれを事物の本性から導き出したのである。

ここでは、真理の多くは、それらを互いに結びつけている連鎖を理解したのちにのみ、それと感得されるであろう。細部について熟考すればするほど、原理の確かさが感じられるであろう。これら細部についても、私はそのすべてを挙げたのではない。なぜならば、死ぬほど退屈な思いをさせずにだれがすべてを語りえようか。

ここには、当世の著作を特徴づけるあの才気をてらった表現は見あたらないであろう。事物をなにほどか視野の広がりをもって見さえすれば、才気などというものは、消えうせてしまう。それは、ふつう、精神がただ一つの面にのみつき進み、他のすべての面を見捨てることから生じるのである。

私はいかなる国であれ、そこに設定されてあるものを批判するために、本書を書いたのでははけっしてない。各国民は、ここに、自国の格率の道理を見いだすであろう。そして、その変更を提案する権利は、好運にも天才のひらめきをもって一国の国制を見とおすほどの能力をもって生まれた者にのみ具わっているという結論を当然にもひきだすであろう。

人民が啓蒙されているか否かは些事《さじ》ではない。為政者のもつ偏見は、国民がもつ偏見から始まる。無知蒙昧《もうまい》の時代には、最大の悪事をなすときにさえ、人々はなんの疑惑も抱かない。啓蒙の時代には、最大の善事をなすにさいしてすら、なお人々はおののくのである。人々は旧来の弊害を感知する。その矯正を理解する。しかし、人々は、そのうえに、矯正自体の弊害をも見てとるのである。最悪をおそれて悪を放置し、最善を疑って善を放置する。ただ総体を判断するためにのみ部分を考察し、結果のすべてを理解するために原因のすべてを検討する。

もし万人が、おのれの義務、おのれの君主、おのれの祖国、おのれの法律を愛する新たな理由を見いだし、また、みずからのおかれているおのおのの国、おのおのの政府、おのおのの地位にあることの幸福をよりよく感知するようになしうるならば、私は、自分を死すべきもの人間のうち、もっとも幸福なものと確信するであろう。

もし統治にあたる人々が、みずからの命ぜねばならぬことがらについて知識を増し、また服従する人々が、服従することに新たな歓びを見いだすようになしうるならば、私は、自分を死すべきもの人間のうちで、もっとも幸福なものと確信するであろう。

また、私は、死すべきもの人間のうちで自分こそもっとも幸福なものと確信するであろう、もし、人間がみずからの偏見をみずから癒《いや》すことのできるようになしうるならば。ここに、私が偏見と呼ぶのは、人をあることがらについて無知たらしめているものではなく、人をみずからについて無知たらしめているもののことである。

万人への愛を含むあの普遍的な徳を実践しうるのは、人間を教育する努力によってである。人間、この柔軟な存在は、社会にあっては他人の思考や印象に従うものであるから、みずからの本性を、他人がそれを示せば、認識することもでき、もし、それを隠すならば、その本性をその感覚にいたるまで喪失することすらひとしく可能なのである。

私は、幾度となくこの著作を始め、幾度となくそれを放棄した。書きあげた草稿を千度も風に飛ぶにまかせた。① 日々に、父の手が落ちるのを感じていた。② 構想を組みたてることもなく、対象を追いかけた。規則も例外も知ってはいなかった。真理を見いだしても、それは失われてしまった。ところが、一度自分の原理を見いだすや、探し求めていたものすべてが私のもとに集まってきた。そして、二十年間にわたり、私の著述は、始まり、成長し、前進し、終結した。

もしこの著作が成功を博すならば、それは主題の壮大さによるところが多いであろう。しかし、私は、まったく天分を欠いているとも思わない。フランス、イギリス、ドイツにおいて、かくも多くの偉大な人々が、私以前に書いたものを見たとき、私は感嘆したが、しかしけっして勇気を失わなかった。コレッジオとともに、私も言った。「そして私もまた、画家なのだ」③ と。

〔1〕〈風の手すさび〉(3)。
〔2〕〈二度、父の手が落ちた〉(4)。
〔3〕〈私もまた画家である〉(5)。
(1) この「はしがき」は、死後刊行の一七五七年版に初めてつけられた。
(2) モンテスキューは、ここで、彼の発見した、そして彼のしたがった研究方法を述べようとしている。
(3) ウェルギリウス『アエネイス』六・七五。
(4) 前掲書六・三三。ダイダロスが、わが子イカルスの落下の姿を彫刻しようと試みたが、苦しみのあまり手を落とした、という故事による。
(5) ラファエルの画を前にしてコレッジオの言ったといわれる言葉。

第一篇　法一般について

第一章　さまざまな存在との関連における法について

もっとも広い意味においては、法とは事物の本性に由来する必然的関係のことである。[1] この意味では、あらゆる存在がその法をもつ。神は神の法をもち、物質界は物質界の法をもち、人間にまさる知的存在（天使）はその法をもち、禽獣は禽獣の法をもち、そして人間は人間の法をもつ。[1] 盲目の宿命が、この世にわれわれの見るあらゆる結果を生み出したのだと言った人々[2]は、はなはだしい不条理を語ったのだ。なぜならば、知的存在を生み出した盲目の宿命以上のはなはだしい不条理がありえようか。

したがって、原初的理性があり、法とは、それとさまざまな存在の間にある関係、また、これらさまざまな存在相互間の関係である。

神は宇宙にたいし、その創造者および維持者として関係をもつ。それに従って神が宇宙を創造した法は、それに従って神が宇宙を維持するところの法である。神がこれらの規則に従って行動するのは、神はそれらを知っているからであり、神がそれらを知っているのは、それらを作ったからであり、それらを作ったのは、それらの規則が、神の叡知《えいち》と力とに関係しているからである。

われわれの見るごとく、世界は物質の運動により形成され、知性をもたぬにもかかわらず、つねに存在しつづけているのだから、その運動は、不変の法則をもっているはずである。そして、もし、この世界以外の他の世界を想像できるとしても、その世界も恒常的な法則をもっているだろう。さもなければ、それは破壊されてしまうだろう。

このように、恣意《しい》的な行為のごとくに見える創造も、無神論者の説く宿命と同じほどに不変の規則を前提としている。創造者がこれらの規則なしに世界を支配できるというのは、世界はそれらの規則なしには存在しえないのだから不条理であろう。

これらの規則は、恒常的に定められた関係である。ある運動体と他の運動体の間では、あらゆる運動が、質量と速度の関係にしたがって受けとられ、増大し、減少し、失われる。個々の多様性は斉一性であり、個々の変化は恒常である。

個々の知的存在は、その作った法をもちうるが、しかし、作らなかった法もまたもっている。知的存在の存在する以前にも、それら存在は存在可能であった。それゆえ、それらの存在は、可能的な関係を、したがって可能的な法をもっていた。実定法の存在する以前に、正義の可能的な関係は存在した。実定法が命じまたは禁ずることのほかには、正なることも不正なることもないというのは、[3] 円が描かれる前には、すべての半径は等しくなかったというのに同じである。

したがって、それを確定する実定法に先行して、衡平の関係の存在することを認めねばならない。その衡平の関係とは、例を挙げれば次のようなものである。人間社会があるとすれば、その社会の法に従うのが正しいであろう。ある知的存在が、他の存在からなんらかの恩恵を受けたならば、彼はそれに感謝すべきであろう。もしある知的存在が、他の知的存在を作り出したとすれば、作り出されたものは、その起源からして負うている従属の関係にとどまるべきであろう。他の知的存在に災いをなした知的存在は、同じ災いを受けるのがふさわしい等々。

しかしながら、知的世界は、物質的世界と同じようによく支配されているとはとてもいえない。なぜかというと、知的世界も法をもち、その法はその本性からして不変であるとはいっても、知的世界は、物質的世界がその法にしたがうようには、恒常的にその法にしたがわないからである。その理由は次のことにある。すなわち個々の知的存在は、その本性からして有限であり、したがって誤りうる。だが、他方、知的存在は、自分自身で行動するのがその本性である。したがって、それは、かならずしも恒常的に、その原初的な法にはしたがわない。それどころか、知的存在は、みずからがおのれに与えた法にさえ、いつもしたがうとはかぎらないのである。

禽獣は、運動の一般法則により支配されているのか、それとも固有の動因により支配されているのか、わかっていない。いずれにせよ、それは、物質界のその他の部分よりも、神にたいしてより近い関係をもってはいない。そして感覚は、それらが、それら同士の間か、他の個別的存在との間か、あるいはそれ自身にたいしてもつ関係においてしか役だたない。

快感の魅力によって、それらは、自己の存在を維持し、同じ魅力によって、それらの種を維持する。それらは、自然法（則）をもっている。なぜならば、それらは、感覚によって、たがいに結びつけられているから。それらは実定法はもたない。なぜなら、悟性によって結びつけられてはいないのだから。しかし、それらは、その自然法（則）に恒常的にしたがうのではない。植物には、悟性も感情も認められないが、その植物のほうが、より完全に法則にしたがう。

禽獣は、われわれのもつような最高度の優越性はもたない。しかし、われわれのもたぬ利点をもっている。それらは、われわれのように希望はもたないが、恐怖もまたもたない。それらは、われわれのように死に至るが、しかし、そのことを知りはしない。それらは、大部分が、われわれよりもよくおのれを保存し、その情念をわれわれのように悪用することはない。

人間は、物質的存在としては、他の物体と同じく、不変の法により支配されている。知的存在としては、彼は、神の定めたこの法をたえずおかし、またみずからの定める法を変更する。彼は、みずから道を定めねばならない。しかもなお彼は限られた存在であり、あらゆる有限の知性と同様、無知や誤謬を免れない。彼のもつ貧弱な悟性、それすらも人間は失う。感性をもつ被造物として、人間は数知れぬ情念にとらわれる。かような存在は、あらゆる瞬間にその創造者を忘れることがありえた。神は、宗教の法をもって、彼をみずからのもとに呼びもどした。かような存在は、あらゆる瞬間にみずからを忘れることがありえた。哲学者は、彼に道徳の法をもって警告した。社会の中に生きるよう作られていながら、彼は社会のなかで他人を忘れることがありえた。

立法者は、政法、市民法をもって彼をその義務にたちかえらせた。

第二章　自然法について

これらすべての法の以前に、自然の法がある。自然の法と呼ばれるのは、それらがわれわれの存在の構造のみに由来するからである。それら自然法をよく理解するには、社会の成立以前の人間を考察せねばならない[4]。自然の法とは、このような状態において人間の受けとると思われる法であろう。

われわれのうちに創造者の観念を刻み込み、われわれを神に導くところのあの法が、その重要性によって――自然法の順序に従ってではない――自然法中第一の法である。人間は自然状態においては、知識をもつというよりも、むしろ認識能力をもっているだろう。その最初の観念は、思弁的観念でないことは明らかである。彼は自己の存在の起源を探るよりも前に、その維持を考えるであろう。このような人間は、まずその弱さしか感じず、その臆病さははなはだしいものがあるだろう。もし、この点について、経験の必要があるとするならば、森の中に住んでいた未開人が発見されている[2]。あらゆるものが彼らをおののかせ、あらゆるものが彼らを逃走させる。

この状態では、各人はみずからを劣ったものと感じる。各人が互いに平等と感じることはほとんどない。したがって彼らは、互いに攻撃することを求めず、平和が第一の自然法であろう。

ホッブズが、人間に第一に与えた相互に相手を征服しようとする欲望は、理にかなっていない。

支配と征服の観念はきわめて複雑で、他の多くの観念に依存しているから、それは人間が第一にもつ観念ではあるまい。

ホッブズは、もし人間が、本来、戦争状態にないならば、なにゆえ人間はつねに武装して歩くのか、また、なにゆえ家を戸じまりするのに鍵をもってするのか、と問うている。しかし、そう問うとき、彼は、社会設立後にしか生じえないもの、そのとき互いに闘い、互いに守る動機を人間に見いださしめるものを、社会設立以前の人間に付与しているということに気づいていないのだ。

劣弱の感情に加えて、人間は、その肉体的必要の感情をもつであろう。そこで第二の自然法は、人間に食物を求める気持を起こさせるものであろう。

私は、恐れは人間を互いに避けさせるだろうと述べた。しかし、互いに恐れていることがそれとわかる徴《しるし》は、人間をまもなく、互いに接近しあうよう導くであろう。他方、人間は動物が同じ種の他の動物が接近するときに感じるあの快感によっても、互いに接近しあうようにされるであろう。さらに両性が相互の差異によってかきたてあうあの魅力が、この快感を増大させるであろう。したがって、両性がつねに互いにささげる自然な願いが第三の自然法であろう。

人間は、初めにもつ感情のほかに、それに加えて知識をもつようになる。そうして、人間は他の動物のもたぬ第二の絆《きずな》をもつ。そこで、人間は互いに結びつく新しい動機をもち、社会生活を営む欲求が、第四の自然法をなす。

第三章　実定法について

人間は、社会生活を営むや、劣弱さの感覚を失う。[5]　かつて相互間にあった平等は終わり、戦争状態が始まる。

各個別社会はその力を自覚しはじめ、そのことは民族間の戦争状態をつくりだす。各社会においては、個人がその力を自覚しはじめ、彼らは、その社会の主な利益を自分個人の有利に転じようと努める。それは、彼らの間に戦争状態をつくりだす。

これら二種の戦争状態が人間の間に法律を制定させる。かくも広大で異なった民族の存在が必然であるようなこの惑星の住民として考察するならば、人間は、これら民族が互いの間にもつ関係においての法律をもつ。それが「万民法」である。[6]　一つの維持さるべき社会に生活するものとして考察するならば、彼らは、統治するものが、統治されるものとの間にもつ関係における法律をもつ。それが「政法」である。彼らはさらに、あらゆる市民が相互間にもつ関係においても法律をもつ。それが「市民法」である。[7]

万民法は、当然、次の原則の上に成り立つ。諸民族は、おのおのの真の利益を損うことなく、平時においては、最大限の善を、戦時においては、最小限の悪を互いになすべきである。

戦いの目的、それは勝利であり、勝利の目的、それは征服であり、征服の目的、それは維持である。この原則と先の原則から、万民法を構成するすべての法律が派生せねばならぬ。

すべての民族が万民法をもっている。捕虜を食うイロコイ族さえ、一つの万民法をもっている。彼らは外交使節を送り、あるいは受けいれ、交戦権、講和権を知っている。悪いのは、この万民法が真の原則にのっとっていないことなのだ。

あらゆる社会にかかわる万民法のほかに、各社会ごとに、政法がある。社会は、政府なくしては存続しえないであろう。まことにグラヴィナ（一六六四～一七一八。イタリアの詩人、法学者）の至言のごとく、あらゆる個別的力の統合がいわゆる「政治状態」を構成するのである。

全体の力は、ただひとりの手中にも、あるいは複数者の手中にもおかれうる。ある人々は、自然は、父親の権力を設けたのだから、唯一者の政体がもっとも自然に適合していると考えた。[8]しかし、父権の例は、なにも証明しない。なぜなら、もし父の権力が唯一者の政体と関係があるとしても、父の死後には、兄弟の、あるいは兄弟の死後には、従兄弟の権力が、複数者の政体と関係があることになってしまうからである。政治的勢力は、必然的に数家族の結合を含む。

むしろ、自然にもっとも適合した政体とは、それが設定される人民の体質に、その固有の体質がよりよく一致する政体であると言うほうがよい。

すべての意志が互いに結びつかなければ、個別の力は結びつきえない。これまたグラヴィナの至言のごとく、これら意志の統合が「市民状態」と呼ばれるものである。

法とは一般に、地上のすべての民族を支配するものとしては、人間理性である。そして、個々の国民の政法、市民法は、ほかならぬこの人間理性の適用された特殊のケースでなくてはならない。

それら個別の法律は、それらが作られた民族に、きわめて適合したものでなければならないから、ある一国民の法律が他の国民にもかなうことがあるとすれば、それは、きわめてまれな偶然による。

それら法律は、設立されている、あるいは設立しようとしている政体の性質と原理とに見合うのでなければならない。法律は、あるいは政法のように政体を構成し、あるいは市民法のごとく政体を維持するのである。

それらは、国土の自然条件、気候の寒冷、暑熱、温暖、国土の地味、位置、大きさ、民族の生活様式——農耕民であるか、狩猟民であるか、遊牧民であるか——と関連したものでなければならない。それらは、政体の許容しうる自由の度合、住民の宗教、その性向、富、数、交渉、風俗、習慣と見合うものでなければならない。最後に法律は、それらの相互間の関係をもつ。法律は、それら自体の起源、立法者の意図、それが制定された基礎となる事物の秩序と関係している。法は、まさにこれらすべての観点において考察されねばならない。

これこそ、私が本書でなそうと企てていることである。私はこれらすべての関係を検討するであろう。これらの関係のすべてが相集まって、いうところの「法の精神」をかたちづくっているのである。

私は、政法と市民法を切り離さなかった。なぜなら、私は、法律を扱うのではなく、法の精神を扱うのであり、この精神とは、法律が他の事物ともちうるもろもろの関係にあり、私は、したがって、法の自然な秩序よりも、むしろこれら事物や関係の秩序にしたがわねばならなかったからである。

私は、まず、法律が各政体の本性および原理との間にもつ関係を検討しようと思う。政体の原理は、法律に絶大な影響をもつから、それを十分に知るように努めようと思う。そして、もし、一度原理を確定しえたら、もろもろの法律は、泉から湧き出るように、その原理から流れ出るのが見られるであろう。その後に、私は、より特殊と思われる他の関係に移ろうと思う。

〔1〕 法は、死すべきもの、不死のもの、万物の女王であるとプルタルコスは述べている。『道徳論集』「君主は学者たるを要すること」

〔2〕 ハノーヴァーの森で発見され、ジョージ一世治下のイギリスで見られた未開人がこの証拠である。

(1) **loi**(法)は、英語の **law** と同じく、「法律(命令、掟)」の意味と「法則(たとえば物体の運動法則)」の意味とをもつ。また **nature** も、「本性(本質)」と「自然」の二つの意味をもつ。

(2) スピノザらを指す。

(3) 草稿には、「ホッブズとともにいうのは」とあり、消されている。なお、普遍的な正義の存在については、『ペルシア人の手紙』「第八三の手紙」参照。

(4) モンテスキューにとっては、自然状態は、推論のための仮想状態にすぎず、その実在を信じてはいない。『ペルシア人の手紙』「第九四の手紙」参照。

⑤ モンテスキューは、自然状態から社会状態への移行について、社会契約の観念をおいていない。
⑥ droit des gens. 国際法のこと。
⑦ 政法 droit politique と市民法 droit civil. 公法・私法の区分にほぼ同じ。
⑧ フィルマー『家父長権論』やボシュエ『聖書による政治学』などの絶対王権論を指す。

第二篇　政体の本性から直接に由来する法について

第一章　三政体の本性について

三種の政体がある。それは、「共和制」「君主制」「専制」である。[1] その本性を見いだすには、もっとも教育のない人々が、それらについてもつ観念で十分である。私は、三つの定義、というよりも事実を思い浮かべている。第一に、共和政体とは、人民全体、あるいはたんに人民の一部が主権をもつ政体であり、第二に、君主政体とは、唯一人が、しかし定まった制定法に則して統治する政体であり、第三に、これに反して、専制政体においては、唯一人が、法も準則もなく、おのれの意志と気まぐれにより、すべてをひきまわす。

これが、私のいう各政体の本性である。この本性から直接に結果するところの、したがって、第一の基本法であるところの法が、なんであるかを見なければならない。

第二章　共和政体について、また民主制にかんする法について

共和制において、人民全体が主権をもつならば、それは民主制であり、主権が人民の一部の手中にあるならば、それは貴族制と呼ばれる。

人民は、民主制においては、ある面では君主であり、他の面では臣下である。

人民は、その意志である投票によってのみ君主たりうる。主権者の意志は、主権者自体である。投票権を定める法律が、したがって、この政体においては基本的である。事実、そこで、どのようにして、だれによって、だれについて、なににかんして、投票が行なわれるべきかを規定することは、君主制において、だれが君主であり、どのようにして、君主は統治すべきかを規定するのと同様に重要である。

リバニオス（三一四〜三九〇。ギリシアのソフィスト）は、アテナイでは人民集会にはいりこむ外国人は死刑に処された、と述べている[1]。このような男は、主権を簒奪《さんだつ》する者だからである。

集会を成立させるに要する市民数を定めておくことは枢要である。さもないと、人民が語っているのか、たんに人民の一部が語っているのかがわからないだろう。ラケダイモン（スパルタの正式な名称）では一万人の市民が必要とされていた。小都市として生まれながら、偉大となるべく定められていたローマ、運命のあらゆる推移や変転を体験すべく定められていたローマ、あるときにはほとんどその全市民を市域外に有し、あるときは全イタリアと一部の領土を市域内に有したあのロー

マでは、この数はついぞ定められることがなかった。[2] そして、このことが、その没落の一大原因であった。

主権をもつ人民は、自分でよくなしうることはすべて自分で行なわねばならない。そして、自分ではよくなしえないことは、代理者により行なわねばならない。

代理者は、人民が任命するのでなければ、人民のものではけっしてない。したがって、人民が代理者すなわち執政官を任命することが、この政体の根本原則である。

人民は、君主と同様に、ときには君主以上に、顧問会議すなわち元老院により、導かれねばならない。しかし、それが信頼されるには、人民がそのメンバーを選ぶのでなければならない。あるいは、アテナイのように、人民が自分でそのメンバーを選ぶか、あるいはローマで、ある時期に行なわれたように、その選出のために人民の設けた執政官によって、それを選ぶにしても。

人民が、自分の権威の一部をゆだねるべき人々を選ぶについては、感嘆すべきものがある。人民は、もっぱら知らずにはいられぬことがらや、その識見の範囲内の事実によって、決めさえすればよいのだ。ある男が、しばしば戦いにおもむき、かくかくの戦果を収めたなどのことを、人民はよく知っており、したがって、よく将軍を選ぶことができる。人民は、ある裁判官が勤勉であり、多くの人が、彼に満足して退廷し、汚職の確認されたことはなかったなどのことをよく承知している。法務官《プラエトル》を選ぶには、これらのことで十分だ。人民がある市民の豪奢と富にうたれたとする。按察官《アエディリス》を選びうるにはそれで十分だ。これらすべてのことは、宮殿にいる君主よりも、公共広場にいる人民のほうが、よく知ることのできることがらである。しかし、人民は政務を処理し、場所、機会、時期を知り、それを利用することができるだろうか。否、人民には、それはできないだろう。

もし、人民のもつ、ひとの長所を見分ける自然な能力を疑うものがあれば、アテナイ人とローマ人の行なったあの一連の驚くべき選択に眼を向けるのみでよいだろう。おそらく何人《なんぴと》もそれを偶然に帰することはあるまい。

人も知るように、ローマでは、人民は平民を公職にのぼす権利を自分自身に与えておきながら、平民を選ぶことを決意できなかった。アテナイでは、アリステイデス（前五世紀のアテナイの将軍、政治家）の法により、執政官をすべての階級から選ぶことができたがクセノフォンの言うところによれば、下層民が、自分たちの安寧や栄光に関係をもちうる公職を要求することは、けっしてなかった。[3]

市民の大部分が、選挙に参加するに十分な能力をもちながら、選挙されるに足るほどの能力はもたないのと同じように、人民は、他人に管理の報告をさせるに十分な能力はもつが、みずから管理するには適していない。

政務は進まねばならず、あまりに早すぎず、あまりに遅すぎない歩調で進まねばならない。ところが人民は、つねに行動しすぎるか、したりない。ときにはそれは、十万の腕をもって、すべてをくつがえし、ときには、十万の足をもっても、昆虫のようにしか歩まない。

民衆国家（民主制国家を指す）においては、人民はいくつかの階級に分割される。偉大な立法者は、この分割の仕方でその名を世に顕わした。そして、民主制の繁栄と持続は、つねにそれにかかっていた。

セルウィウス・トゥリウスは、その階級編成にあたって、貴族制の精神にしたがった。ティトゥス・リウィウス[4]とディオニュシオス・ハリカルナセウス[5]のローマ史を読めば、彼がどのようにして、投票権をおもだった市民の手中においたかがわかる。彼はローマ人民を六つの階級を構成する百九十三の百人組《ケントゥリア》に分けた。そして金持だが少数のものを第一級の百人組に、それよりは貧しいがより多数のものをそれに続く百人組に入れたうえで、貧困者の大群を最後の百人組に投げ込んだ。そして、各百人組が一票の票しかもたなかったから[6]、投票するのは人というよりも資力と財産であった。

ソロンは、アテナイの人民を四つの階級に分けた。彼が民主制の精神に導かれて、これらの階級を設けたのは、選挙人を定めるためではなく、被選挙人を定めるためであった。そして、全市民に選挙権を残しつつ、彼は、裁判官はこれら四階級のおのおのから選びうるが、執政官は、富裕な市民のいる上位三階級からのみ選びうることを望んだ[7]。

投票権をもつものの区分が、共和制において、基本法の一つであるように、投票の仕方を定める法律は、他の一つの基本法である。

籤《くじ》による投票は民主制の性質をもち、選択による投票は貴族制の性質をもつ。

抽籤《ちゅうせん》はだれをも苦しめない選び方である。それは、各市民に、祖国に奉仕したいというもっともな希望を残す。

しかし、それは、それ自体として欠陥をもっているから、偉大な立法者たちは、それを規制し、矯正するために競いあった。

アテナイでは、ソロンが、全軍職は選択により任命され、元老院議員と裁判官は、籤で選ばれるよう定めた。

彼は、大きな出費を要する政務官職は選択により与えられ、他の職は籤で与えられることを望んだ。

しかし、抽籤を修正するために、彼は、立候補した者の中からしか選べないこと、選ばれた者は、裁判官により審査されること、[8]だれもが、選ばれた者を不適格として弾劾《だんがい》しうることを規定した。[9]それは、同時に、抽籤にも選択にも相通じていた。政務官職の終わりには、人は、自分の行動した仕方について、いま一度審査を受けなければならなかった。無能な人々は、抽籤に自分の名を出すのを、大いにきらったにちがいない。

投票の票の投じ方を定める法律も、民主制におけるもう一つの基本法である。投票が秘密であるべきか、公開であるべきかは、大問題である。キケロは、[10]ローマ共和国の末期に、投票を秘密にした法律[11]が、その没落の主要原因の一つであったと記している。それは、諸共和国で、いろいろに行なわれているから、私の思うに、次のように考えねばならないであろう。

おそらく、人民が投票するときには投票は公開でなければならず、[12]このことは民主制の基本法とみなされねばならないだろう。細民は要人により啓発され、すぐれた人々のもつ重みにより制御されねばならない。したがってローマ共和国では、投票を秘密にすることで、すべてをこわしてしまった。いまや、自滅の道を歩む民衆を啓発することは不可能であった。しかし、貴族制において貴族団が、[13]また民主制において元老院が[14]投票するときには、そこでは、術策を防止することだけが問題なのだから、投票はいくら秘密でも秘密すぎることはありえない。

術策は、元老院においては危険である。それは、貴族団においても、危険である。だが、その本性が、情念により行動することにある人民においては、それは危険ではない。人民がまったく統治に参加していない国々においては、人民は、政治に熱狂するように、俳優に熱狂するだろう。共和国の不幸は、もはや術策のないときだ。それは、人民を金銭により堕落させたときに生じる。人民は冷血となり、金銭には執着するが、政治には執着せず、統治に、またそこに提案されることに関心をもたず、黙然として、報酬をまつ。

さらに、人民のみが法律を作るというのが、民主制のいま一つの基本法である。しかしながら、元老院が発令しうることが必要な場合も、数知れずある。また法律を制定するまえに、それを試してみるのが適当なこともしばしばある。ローマの国制とアテナイのそれは、きわめて賢明であった。元老院の決議は、一年間、法律としての力をもったが、人民の意志によってしか、恒久的な法律とはならなかった。[15]

第三章　貴族制の本性に関連する法について②

貴族制においては、主権は一定数の人々の掌中にある。彼らが法を作り、執行させ、残る人民は、彼らにたいして、せいぜい君主制において臣民が君主にたいするがごとくでしかない。

そこでは選挙は、けっして抽籤によりなされてはならない。その不都合な点のみが出るだろう。じっさい、すでにもっともひどい差別の立てられている政体においては、あるものが抽籤で選ばれようと、それで多少ともいまわしさの減るというものではない。人がうらやむのは貴族であって、執政官ではない。

貴族が多数のときには、貴族団の決しえない政務を処理し、その決する政務を準備する元老院が必要である。その場合には、いわば貴族制は元老院にあり、民主制が貴族団にあり、人民は無であるといえよう。

もし、なにか間接的な方法で、人民をその絶望からひき出しうるならば、貴族制においては、きわめて好ましいことだろう。そのような例として、ジェノアのサン・ジョルジョ銀行③は大部分が人民のうちの主だった人々により運営され⑯、人民にある程度の政治への影響力を与え、政治は、人民の非常な繁栄をもたらしている。

元老院議員は、欠員となったものをみずから補充する権利をけっしてもってはならない。この権利ほど、悪弊を恒久化しうるものはない。ローマ初期には、一種の貴族制であったが、そこでは、元老院は、みずから欠員を補充することはしなかった。新元老院議員は、戸口総監《ケンソル》より任命された[17]。

共和制において、度はずれた権威が、突然一市民に与えられると、君主制、あるいは君主制以上のものが形成される。君主制においては、法律が国制に具わっており、あるいはそれに適合している。政体の原理が君主をおしとどめる。しかし一市民が度はずれた権力をわがものとした共和制においては、法律はそれを予想しておらず、彼をおしとどめるのになにもなしえないから、この権力の悪弊はより大きい[18]。

この規則にたいする例外は、国家の構造が、度はずれた権力をもった政務官職を必要とするような場合である。ローマとその独裁官《ディクタトル》、ヴェネツィアとその国家審問官は、その例である。それは、おそるべき政務官職で、国家を暴力をもって自由へとひきもどす。しかし、これら政務官職は、なぜこれら二つの共和国で、こうも違うのだろうか。それは、ローマがその貴族制の残骸を人民から守ろうとしていたのに反し、ヴェネツィアは、その国家審問官を、貴族に対抗して貴族制を維持するのに用いているからである。そのことの結果として、ローマでは、独裁はわずかしか続くはずがなく、それは、人民は激昂により行動するが、意図をもっては行動しないからである。この政務官職は、果敢に行使されねばならなかった。要は人民を罰することにではなく、人民を威嚇《いかく》することにあったし、独裁官は、ある一事のみについて設けられ、その一事との関係でしか無制限の権威をもたず、さらにそれはつねに予想されえぬ事態に対応するために設けられたからである。これに反しヴェネツィアでは、常置の政務官職が必要である。それは、そこでは陰謀が始まり、進められ、中止され、再び始められうるし、個人の野心が一家族の野心に、一家族の野心が数家族の野心に転じるからである。それが罰する罪は、つねに根深く、かくれてひそかに企てられるから、かくされた政務官職が必要である。それは、人に知られた悪を阻《はば》むのではなく、人の知らぬ悪をも予防することを任務とするから、この政務官職は、万事についての捜査・糾問権をもたねばならない。要するに、この政務官職は、疑わしい罪に報復するために設けられている。ところがローマの独裁官は、それを犯したものが自白している罪についてさえ、刑罰よりもむしろ威嚇を用いたのであった。

　すべての政務官職において、権力の強大は、その持続期間の短さにより、補いつぐなわれねばならない。一年というのが大部分の立法者の定めた期間である。それよりも長い期間は危険であり、短い期間は事物の自然に反している。自分の家政をそんなふうに治めようとだれがするだろう。ラグーザ（シチリア島の都市）では、共和国の首長は毎月、他の役人は毎週、要塞の司令官は毎日変わる。[19]このようなことは、おそるべき強国にとりまかれ、たやすくその小役人たちが買収されてしまうおそれのある小共和国でしかありえない。[20]

　最良の貴族制は、権力に参加しない人民の部分がきわめて少数かつ貧困で、支配する部分がそれを抑圧するのに何の興味ももたないような貴族制である。例をあげれば、アンティパトロスは、アテナイで二千ドラクマをもたぬものは投票権から除かれると定め、ありうるかぎり最善の貴族制をつくった。[21]なぜならば、この基準額はきわめて少額で、ごくわずかの人しか排除せず、都市でなんらかの評価を受けている人は、ただひとりとして除外しないものだったからである。

したがって貴族の家族は、できるかぎり人民的でなければならない。貴族制は民主制に近づくほど完全であり、君主制に近づくほど不完全となる。

すべてのうちもっとも不完全なのは、農民が貴族の奴隷であるポーランドの貴族制のように、服従する人民の部分が支配する部分への市民的隷属下にある場合である。

第四章　君主政体の本性との関連における法について

従属的、[4]依存的な中間権力が、君主政体、すなわち、唯一人が基本法に則して支配する政体の本性をなす。従属的、依存的な中間権力と私は言った。じっさい、君主制においては、君主が、政治的、市民的権力の源泉だからである。これら基本法は必然的に、権力の流通する水路を想定する。なぜならば、もし国家に、唯一人の一時的で気まぐれな意志しか存在しなければ、なにものも固定的ではありえず、したがって、いかなる基本法もありえないからである。

もっとも自然な従属的中間権力は、貴族の権力である。貴族身分は、いわば君主制の本質のなかにはいりこんでおり、君主なくして貴族なく、貴族なくして君主なし、が君主制の基本的な格率である。貴族なくしては、専制君主が出現する。

ヨーロッパのいくつかの国で、いっさいの領主裁判を廃止しようと考えた者がいた。彼らは、自分たちがイギリス議会の行なったことをしようとしているのだということを理解していなかった。もし君主制において領主、僧族、貴族、都市の特権を廃止するならば、まもなく民衆国家か、さもなくば専制国家が出現するであろう。

ヨーロッパのある大国の法廷⑤は、幾世紀来、たえまなく領主の封地裁判権や聖職者の裁判権に打撃を加えている。われわれは、きわめて賢明な裁判官たちを非難しようとは思わない。だが、それにより、国制がどれほど変わりうるかの判断は残しておく。

私は聖職者の特権に頭から好意的であるつもりはまったくない。しかし一度はっきりと彼らの裁判管轄を確定してほしいと思う。それを設定する理由があったかどうかを知ることが問題なのではなく、問題なのはそれが設定されているか、国の法律の一部をなしているか、他の法律とあらゆる点で連関しているか、独立と認められる二つの権力の間に条件が相互的であってはならないのか、また善良な臣下にとって、君主の裁判権を擁護することと、あらゆる時代にわたってこの裁判権に課せられてきた限界を擁護することとは同じではないか等である。

共和制において、僧族の権力が危険であるとすれば、君主制、とくに専制に移りつつある君主制には、それは適したものである。法を失って以来のスペイン、ポルトガルは、もし恣意的権力をはばむこの唯一の勢力がなかったら、どうなっていたろうか。それは、他の障壁のないときには、つねによい障壁である。専制は、人間性におそるべき害をなすから、それを制限する悪さえもが善なのである。

大地をおおいつくさんかに見える海も、岸の草や小石にはばまれるように、その権力の無際限に見える君主も、最小の障害にははばまれ、彼の本来の倨傲《きょごう》を抑え、哀訴、嘆願の声にしたがうのである。

イギリス人は、自由を伸長するために、君主制を構成するすべての中間権力をとりさった。彼らがこの自由を守ろうとしているのは、たしかに正しい。もしそれを失うことがあれば、彼らは地上でもっとも隷属的な民族の一つとなるだろう。

ロー氏は、共和国の国制についても君主国の国制についてもひとしく無知であったがために、かつてヨーロッパで見られた専制のもっとも強力な推進者のひとりとなった。[6]彼の行なったあまりに急激で、異常な、未曽有《みぞう》の変革に加え、彼は、中間諸身分をとり除き、政治団体を廃止しようとした。彼は、その幻の償還により君主制を解散し、[22]国制自体を買い戻そうと欲したかのようであった。

君主制には、中間身分があるだけでは十分でない。さらに、法の寄託所が必要である。この寄託所は、政治団体のほかにはありえず、それは法が作られたとき告知し、忘れられたとき思い出させる。[7]貴族に生来の無知、その無関心、民政についての軽蔑は、法をその埋もれる塵埃からたえずひき出す政治団体を、緊要のものとしている。君主の顧問会議は、適当な寄託所ではない。それはその本性からして、執行する君主の一時的な意志の寄託所であり、基本法の寄託所ではない。そのうえ国王の顧問会議はいつも変わる。それは恒常的でない。それは多人数でありえないだろう。それは十分なほどに人民の信頼を得ていない。[8] それは、したがって、難局にあって人民に道を示し、あるいは人民を服従に導きうる状態にはない。

専制国家には、基本法がないから、法の寄託所もない。そのことからして、これらの国家では、宗教が通常かくも強力なのであり、それは、宗教が一種の寄託所、永続性をかたちづくっているのである。もし、宗教でなければ、慣習が法の代わりに遵守される。

第五章　専制国家[9]の本性に関連する法について

専制権力の本性からして、それを行使する唯一の人間は、それを同じくただひとりの者に行使させる。その五官により、たえず彼がすべてであり他人は無であると語り聞かされているような人間は、当然怠惰であり無知であり享楽的である。したがって彼はその政務を放棄する。しかし、もし彼が政務を複数の者にゆだねるとすれば、それらの者の間に争いが生じるであろう。彼らは第一の奴隷となるべく陰謀をたくらむであろう。君主は行政に介入せざるをえないであろう。したがって、初めから彼と同等の権力をもつひとりの宰相《ヴィジール》に権力を引き渡すほうが簡単である。[23] 宰相の設定はこの国家では基本法である。

噂によると、ある法王[10]はその選挙にあたって、自分の無能力を熟知していたので、初めは、限りなく故障を申したてた。彼は結局引き受け、全政務を甥に引きわたした。彼は驚嘆し、「こんなにやさしいとは、とても信じられなかった」と語ったものだ。東洋の君主についても同様である。牢獄で宦官により、身も心も弱められ、しばしば、自分の身分さえわきまえぬままにされ、そこから、王位につけるべくひき出されると、彼らは最初は驚く。しかし、宰相を設け、後宮でもっとも獣じみた欲望にふけり、うちひしがれた廷臣どものただ中で、もっともばかげた気まぐれに熱中するとき、彼らは、こんなにもやさしいとは、夢にも思わなかったというだろう。

帝国が広ければ広いほど、後宮は大きくなり、したがって、君主はよりいっそう欲望に酔いしれる。こうして、これらの国では、君主は統治すべき人民をもてばもつほど、統治を考えず、政務が大きければ大きいほど、政務を議することは少なくなる。

〔1〕『雄弁術集』一七、一八。
〔2〕『ローマ盛衰原因論』第九章参照。
〔3〕Wechelius 版〔一五九六年刊〕の六九一～六九二ページ。
〔4〕(『ローマ史』) 一。
〔5〕(『古ローマ史』) 四・一五以下。
〔6〕セルウィウス・トゥリウスのこの精神が、共和国においてどのようにして維持されたかについては『ローマ盛衰原因論』第九章参照。
〔7〕ディオニュシオス・ハリカルナセウス『イソクラテス頌』Wechelius 版第二巻九七ページ。ポルックス(『辞典』) 八・一〇・一三〇。
〔8〕デモステネスの演説「いつわりの使者」およびティマルコスにたいする演説参照。

(9) 一つの席に二つの籤をひくことさえ行なわれた。一つの籤は、その席を与えるものであり、他の一つは、第一のものがしりぞけられた場合にその後を継ぐものを指名するためのものであった。
(10) 『法律論』一、三。
(11) それは「票の法」と呼ばれた。各市民は二枚の票を与えられた。第一の票には、**antiquo**（反対）を意味するAが、第二の票には、**uti rogas**（賛成）を意味するUとRが記されていた。
(12) アテナイでは、手を挙げた。
(13) ヴェネツィアのように。
(14) アテナイの三十人僭主は、アレオパゴス会議員の投票を公開にしようとしたが、それは議員たちを彼らの気ままに操るためであった。リュシアス『アゴラトスにたいする反駁』八。
(15) ディオニュシオス・ハリカルナセウス『古ローマ史』四、九参照。
(16) アディソン（**Joseph Addison.** 一六七二～一七一九）氏の『イタリア旅行記』一六ページ参照。
(17) 最初は、執政官（コンスル）により指名された。
(18) これこそが、ローマ共和国を覆したものである。『ローマ盛衰原因論』第一四、一六章参照。
(19) トゥールヌフォール（一六五六～一七〇八）『旅行記』
(20) ルカ（イタリアのトスカナ地方の都市）では、執政官はわずか二ヵ月しかその地位に任ぜられなかった。
(21) ディオドロス（『ビブリオテカ』）一八、**Rhodoman**版、六〇一ページ。
(22) アラゴン王フェルナンド（フェルナンド二世、一四五二～一五一六、国土回復を完成）は、みずから修道会の長となった。そして、そのことだけで国家構造は変質した。

㉓ 東洋の国王はかならずヴィジールをもつとシャルダン氏は述べている。

① この政体の分類は、伝統的な三分類、君主制、貴族制、民主制とは異なっている。モンテスキューの分類は経験的、具体的で、政体の機能に重点をおいている。

② モンテスキューは、貴族制の例として、主にヴェネツィア、ジェノアなどのイタリア都市国家を念頭においている。

③ 国債所有者の代表からなる会議で、政府や銀行家から独立した広汎な財政上の権限をもっていた。ジェノアはその活動によりたえまない政治的動揺にもかかわらず、財政的には比較的安定を保つことができた。

④ 「従属的」という形容詞、および次の「従属的、依存的な中間権力と私は言った」というくり返しは、印刷中に加えられた。中間権力の従属性を強調することにより、絶対王権の原則との対立を緩和したのである。

⑤ フランス高等法院のこと。

⑥ ローは、その財政制度実現のために強力な王権が望ましいとした。また、貴族・僧族の免税特権廃止を提案した。『ペルシア人の手紙』「第一三二の手紙」参照。

⑦ 高等法院が念頭におかれている。高等法院貴族、封建主義者としてのモンテスキューの一面が如実に現われている。

⑧ 草稿では、「それは、まったく人民の信頼を得ていない」とある。印刷中に、表現を弱める訂正が行なわれた。

⑨ 専制国家の例として考えられているのは、ペルシアなどの東洋の諸国である。

⑽　草稿は、この法王の名をクレメンス十世（在位一六七〇～七六）と明示している。

第三篇　三政体の原理について

第一章　政体の本性と原理の違い

各政体の本性に関連する法を検討した次には、その原理に関連する法を見なければならない。政体の本性と原理とには、次の違いがある。[1] すなわち、その本性とは、それをかくあるべくしているものであり、その原理とは、それを動かすものである。前者はその固有の構造であり、後者はそれを動かす人間の情念である。

ところが法は、各政体の本性と同様に、その原理にも関連していなければならない。したがって、まずこの原理がなんであるかをさぐらねばならない。本篇で私のしようとしていることはそれである。

第二章　さまざまな政体の原理について

すでに述べたように、共和政体の本性は、人民全体か、あるいは、ある数家族が主権をもっていることであり、君主政体の本性は、君主が主権をもつがそれを定まった法により行使することであり、専制政体の本性は、ただひとりが自分の意志と気まぐれにより支配することである。それらの政体の三つの原理を見いだすには、このことだけで十分である。原理はそこから自然に派生してくる。共和政体から始め、まず民主政体について述べよう。

第三章　民主制の原理について

君主政体や専制政体がおのれを持し、おのれを保つには、清廉篤実は多くを要さない。前者では法の力が、後者ではいつもふりあげられた君主の腕が、すべてを処理し、抑制する。しかし、民衆国家には、いま一つの発条が必要であり、それは「徳性」である。

私の述べることは、歴史の全体により確証されており、事物の自然にきわめて適合している。なぜなら、法を執行させる者が自身を法の上にあると考える君主制においては、法を執行させる者が自身もそれに服しており、その重みを担っていると感じる民衆国家よりも、徳性を必要とするところが少ないのは明らかだからである。

さらにまた、悪しき助言や不注意から法を執行させることをやめた君主は、容易に誤りをただすことができることも明らかである。君主は顧問会議を変えるか、この不注意自体をただせばよい。だが、民衆政体において法が執行されなくなったときには、そのような事態は共和国の腐敗からしか生じないから、国家はすでに失われている。

イギリス人が彼らの間に民主制を樹立しようとして払ったむだな努力の数々は、前世紀におけるかなりよい見物だった。[1] 政務にかかわった人々が徳性をもたず、彼らの野心は、もっとも大胆な者[2]の成功にいらだち、党派心は他の党派心によってのみ抑圧されたから、政府はたえず変わった。驚いた人民は民主制をさがし求めたが、どこにも見つからなかった。結局、さまざまの動き、衝撃や動揺ののちに、ほかならぬ廃止した政体に頼らねばならなかった。

スラがローマに自由を回復しようとしたとき、ローマはもうそれを受けとることができなかった。ローマは、もはや徳性のわずかな残滓しかもたず、その後も、それはより少なくなるばかりだったから、カエサル、ティベリウス、カイウス、クロディウス、ネロ、ドミティアヌスと続いた支配者の交替ののちにも、めざめるどころか、より奴隷化するばかりだった。打撃は、もっぱら圧制者にのみ加えられ、圧制自体には加えられなかった。

民衆政体のもとに生きていたギリシアの政治家は、自分を支える力として、徳性の力以外に認めなかった。今日の政治家は、製造業や商業、金融や富、そして奢侈そのものについてしか語らないのだ。

この徳性が熄《や》むときには、野心はそれを容れうる心にしのびこみ、貪欲はあらゆる心にはいりこむ。欲望はその対象を変え、人は愛していたものを愛さなくなる。法によって自由であった者が、法にたいして自由たることを望む。各市民は、あたかも主人の家を逃れた奴隷のごとくである。格率であったものを苛法と呼び、準則であったものを拘束と呼び、先見の明であったものを不安と呼ぶ。ここで貪欲というのは吝嗇《りんしょく》であって、所有欲ではない。かつては、私人の福利が国庫をなしていたのだが、いまや、国庫が私人の家産となる。共和国は、ぬけがらであり、その力はもはや若干の市民の権力と万人の放恣でしかない。

アテナイは、多大の光栄をもって支配していたときも、多大の屈辱をもって従属していたときも、その市内には同じ兵力をもっていた。ペルシア人にたいしギリシア人を守ったとき、スパルタと覇権を争ったとき、シチリアを攻撃したとき、アテナイは二万の市民をもっていた。[3]デメトリオス・ファレレウス（前四世紀の哲学者、政治家）が、市場で奴隷を数えるようにその数をかぞえたとき、[4]それは二万の市民をもっていた。フィリッポスが、ギリシアを支配しようとしてアテナイの城門に現われたとき、[5]アナテイはまだ時を失したにすぎなかった。デモステネスを読めば、それを覚醒させるのにどんな苦労がいったかがわかる。そこではフィリッポスは自由の敵としてではなく、快楽の敵として、おそれられていた。[6]かつて、かくも多くの敗北に抗し、破壊の後に再生するのが見られたこの都市は、カイロネイアで敗れ、永遠に打ちまかされてしまった。フィリッポスが捕虜の全員を送り返したとしても、それがなんであろう。彼は、男たちを送り返したのではない。アテナイの兵力に勝つのはつねにやさしかったが、その徳性にうち勝つのはつねに同じほどに難しかった。

カルタゴは、いかにして自己を保持しえたろうか。ハンニバルが最高官《プラエトル》となり高官たちが共和国を略奪するのを妨げようとしたとき、高官たちは彼をローマ人にたいして告発しようとしたではないか。呪われたる者！　国家をもたずして市民たらんと欲し、その破壊者の手でおのれの財産を守ろうとするとは！　ほどなくローマは、彼らに、人質としてその有力市民三百人を要求した。ローマは、武器と艦船を引き渡させ、ついで彼らに宣戦した。武装を解かれたカルタゴで絶望によってなされた事どもを見れば、⑺兵力のある場合、もし徳性があれば、カルタゴがどれほどのことをなしえたかがわかるであろう。

第四章　貴族制の原理について

民衆政体において、徳性が必要であるように、貴族政体においても、徳性は必要である。しかし後者においては、徳性はそれほど絶対的に必要とされないのは事実である。

民衆は貴族にたいし、臣下が君主にたいするのと同様であるが、貴族の法により抑制されている。したがって、この民衆は民主制における民衆ほどには徳性を必要としない。しかし、貴族たちはどのようにして抑制されるだろうか。自分の同輩にたいして法を執行させねばならない者は、初めは、自分自身にたいして行動しているように感じるだろう。したがって、その構造の本性からして、この団体内には徳性が必要である。

貴族政体は、それ自体において、民主制のもたぬある力をもっている。そこで貴族は一つの団体を形成し、この団体はその特権によって、自己固有の利益のために民衆を抑圧する。この点からして、法が執行されるには法が存在するだけで十分である。

しかし、この団体にとって、他者を抑圧することが容易であればあるほど、同じほどに自己自身を抑制することは困難である。[8] 貴族政体の構造の本性はこのようなものであるから、その構造自体が、同一の人間を法の支配下におき、同時にまた法の支配から解放しているかに見える。

ところが、このような団体が、自己を抑制しうるのは、次の二つの仕方でしかない。すなわち、貴族を人民とある点で平等なものにするような偉大な徳性によってか、あるいは、貴族を少なくとも彼ら自身の間で互いに平等にする一種の節度である、より小さな徳性によってかである。前者は偉大な共和国を形成することができ、後者は、貴族の保全をもたらす。

節度が、したがって、これら政体の魂である。私のいうのは、徳性にもとづく節度であって、無気力や精神の怠惰に由来する節度ではない。

第五章　徳性はけっして君主政体の原理ではないこと

君主制においては、政治はありうべき最小限の徳性をもって、大事をなさしめる。もっともすぐれた機械の場合のように、技術は、可能なかぎりわずかな運動、力、滑車しか使わない。祖国愛、真の栄光の希求、自己の放棄、もっとも貴重な利益の犠牲、そして、古代人に見いだされるが、われわれは聞き知っているにすぎない、あのもろもろの英雄的な徳性、こういったもののすべてから国家は独立して存続する。

君主制においては、法律がこれらすべての徳性に代わり、徳性は、なんら必要でない。国家が、君主たちにそれを免ずるのだ。そこでは、ひそやかになされた行為は、いわばどうでもよいことなのである。

あらゆる罪はその本性からして、公共的であるにもかかわらず、真に公共的な罪と、私的な罪が区別される。私的な罪と呼ばれるのは、それが社会全体よりも一私人を傷つけるからである。

ところが、共和国においては、私的な罪はより公共的である。つまり、私人よりも国家の構造に、より打撃を与える。そして、君主国においては、公共的な罪はより私的である。つまり、国家の構造自体よりも、私人の命運に、より打撃を与える。

私の述べたことで、気を悪くされないようお願いする。私はあらゆる歴史にのっとって語っているのだ。有徳の君主の存在がまれではないことを、私はよく承知している。しかし、君主制においては、人民が有徳であることは、きわめて困難だと言っているのだ。[9]

あらゆる時代の歴史家が、君主の宮廷について語っているところを読んでいただきたい。あらゆる国の人々が、宮廷人のいやしむべき性格についてかわしている会話を思いおこしていただきたい。それは、思弁的な事実ではなく、悲しむべき経験的事実なのだ。

無為徒食の中の野心、尊大さにひそむ低劣、働かずに富もうとする欲望、真理への嫌悪、へつらい、裏切り、不実、あらゆる約束の放棄、市民の義務の軽蔑、君主の徳性への恐怖、その惰弱への期待、そして、それにもまして、徳性に向けられるたえまない嘲笑が、大部分の宮廷人の、時と所をこえて、きわだった特徴をなしていると思う。ところが、一国の要人の大多数は不実な人間で、下に立つものが有徳の人である。前者はペテン師で、後者はだまされっぱなしに甘んずるなどということはきわめて困難なことだ。

もし、人民の間にだれか不幸な正直者[10]がいたら、君主は、彼を登用しないよう注意せねばならぬ、とリシュリュー枢機卿はその政治的遺言の中でほのめかしている。[11]徳性がこの政体の発条でないことは、かくのごとく真である。たしかに徳性は排されてはいない。しかし、それは発条ではないのだ。

第六章　どのようにして君主政体において、徳性の欠如は補われるか

君主政体を諷刺しているのだと思われないように、私は急ぎ大股に進もう。そうではない。それは一つの発条を欠いていても、他の発条をもっている。「名誉」、すなわち、各人各身分のもつ偏見が、前述の政治的徳性の位置を占め、あらゆる点でその代役をつとめる。[2]それは君主政体において人々を、もっともすぐれた行為にかりたてることができる。それは、法の力と結びついて、徳性と同じように、人々を統治の目的にと導くことができる。

このようにして、よくととのった君主制においては、すべての人が、ほぼ善良な市民であるが、有徳の人たる者を見いだすことはまれであろう。有徳者[12]たるには、そうあろうとの意図[13]をもち、国家をおのれのためよりも、それ自体のために愛さねばならないのだから。

第七章　君主制の原理について

先に述べたように、君主政体は、身分的権威、地位、そして、生まれによる貴族制をすら前提としている。名誉の本性は、偏愛と寵遇を求めることにある。名誉は、したがって、このことからして自然にこの政体に位置づけられている。

野心は、共和制においては有害であるが、君主制においてはよい効果をもつ。それはこの政体に生命を与える。そしてそれは、この政体ではたえず抑圧できるから、危険でないという利点をもつ。

この政体は、あたかも、万物を中心からたえず遠ざける力と、それらを中心に連れもどす重力とがある宇宙の仕組のようだといえるだろう。名誉は、政治体のあらゆる部分を動かす。それは、その作用によって政治体の諸部分を結びつけ、各自は自己の特殊利益に向かっていると信じながら、共同の善に向かっていることになる。

たしかに哲学的にいえば、この国家のすべての部分を導いているのは、いつわりの名誉である。しかしこのいつわりの名誉は、真の名誉がそれをもちうる私人にとって有益なのと同じように、公共にとって有益なのである。

そして人間に、その行為の反響以外のなんの報償もなしに、困難で努力を要するあらゆる行為をさせるとは、なんとたいしたことではなかろうか。

第八章　名誉はけっして専制国家の原理ではないこと

専制国家の原理は、名誉ではけっしてない。そこでは、人間はすべて平等だから、だれも他人よりも自分を優先することはできない。そこでは、人間はすべて奴隷だから、だれも物よりも自分を優先することはできない。

そのうえ名誉は、固有の法と規則をもち、たわむことを知らず、それ自体の気まぐれに強く依存しており、他人の気まぐれからは独立したものであるから、国制の一定した、確固とした法をもつ国家にしか見いだしえない。

名誉は専制君主の下でどうして許容されようか。それは、生命を軽視することを栄光とするが、専制君主が力をもつのは、もっぱら彼が生命を奪いうるからである。名誉はどうして、専制君主を許容しえようか。それは、したがうべき規則と、持続される気まぐれをもつが、専制君主はなんらの規則をもたず、その気まぐれは他のすべてを破壊する。

名誉は、専制国家においては知られず、そこではしばしばそれを表現する言葉もないが[14]、それは君主制においては支配的である。それは、そこでは全政治体に、法律に、そして、徳性にさえ生命を与える。

第九章　専制政体の原理について

共和制においては徳性が、君主制においては名誉が必要であるように、専制政体においては「恐怖」が必要である。そこでは、徳性はなんら必要でなく、名誉は危険であろう。

君主の莫大な権力は、そこでは、君主がそれをゆだねる者に一括して移る。自己を大いに高く評価できる人々は、そこでは、革命を起こすことができるかもしれない。したがってそこでは、恐怖があらゆる人の心をうちひしぎ、野心の感情のかけらすらも消し去らねばならない。

穏和政体は、望むがままに危険なく、その発条をゆるめることができる。それは、その法とその力自体によって維持される。しかし、専制政体において、君主が一瞬でも腕をふりあげるのをやめるときには、また、君主が最高位を占めるものを瞬時にうち滅ぼしえないときには、[15]すべてが失われてしまう。なぜなら、政体の発条である恐怖がもはや存在せず、人民はいまやなんらの保護者ももたなくなるからである。

スルタンはそうすることにより権威が制限される場合には、前言や誓言を守ることを強制されないとカーディー（回教国における裁判官）が主張しているのは、明らかにこの意味においてである。[16]

人民は法により裁かれ、権門は、君主の気まぐれにより裁かれねばならない。最下位の臣下の首は安全で、高官《パシャ》の首は、つねに危険にさらされていなければならない。このおそるべき政体について、身ぶるいせずには語りえない。近年、ミール・ワイス（?〜一七一五。アフガン族の首領）によって王位を奪われたペルシアの王は、十分血を流さなかったがために、政体が征服をまたず崩れ去ってゆくのを見た。[17]

歴史の語るところによれば、ドミティアヌス帝のおそるべき残忍無道は、知事たちをはなはだしくおびやかし、そのために彼の治世の下に、人民はいささか立ち直ったほどであったという。[18]このように奔流は、岸の片側を荒らしながら、他の側には田園を残し、遠目には、そこに牧草地さえ見えるのである。

第一〇章　穏和政体と専制政体における服従の差異

専制政体においては、政体の本性が極度の服従を要求する。そして、君主の意志は一度知られるや、他の球にむかって投げられた球のもつべき効果とまったく同様に、まちがいなく効果を発揮せねばならない。手心、変更、妥協、限界、準用、交渉、建言などはまったく存在しない。同じことをあるいはよりよいことを提案することもまったくない。人間は他の意志する被造物に服従する被造物である。

そこでは、人は、未来のできごとについての不安も表明できなければ、不幸な成り行きを運命の気まぐれのせいにして弁解することもできない。そこでは、人間の宿命は、けもののように、本能、服従、処罰である。

自然な感情、すなわち、父への尊敬、子供や妻への慈愛、名誉の法、健康の状態などを申し立ててもなんの役にもたたない。命令を受けた、それだけで十分なのだ。

ペルシアでは、国王がある者に刑を宣告した場合には、何人《なんぴと》ももはや、その者について国王に語ることも恩赦を求めることも許されない。もし、たとえ国王が酔っぱらっていたり、正気でなかったとしても、それでも、判決は執行されねばならないだろう。[19] そうでなければ、国王は矛盾をおかすだろうが、法は矛盾をおかしえないのだから。このような考え方は専制政体においては、いつの時代にもあった。アハスエロス（在位前四八六〜前四六五。ペルシア国王クセルクセスの別名）のくだしたユダヤ人を絶滅せよとの命令は撤回されえなかったので、彼らに自己を防衛する許可を与えることに決まった。

しかしながら、ときとして君主の意志に対置できるものが一つある。[20] それは宗教である。もし、君主が命ずれば、人は父を捨て、父を殺しさえするだろう。しかし、もし君主がそれを求め、命じても、人は酒を飲みはしない。宗教の法は、君主の頭上にも、臣下の頭上にも与えられるのだから、超越的な法である。しかし、自然法については、ことは同じではない。君主はもはや人間ではないと考えられているのだから。

穏和君主国においては、権力はその発条をなすところのものによって制約されている。私の言おうとするのは、帝王のごとく、君主をも人民をも支配する名誉のことである。君主に宗教の法をもち出して云々しようなどとはだれもするまい。廷臣は、そんなことをすれば、自分をこっけいだと思うだろう。たえず、君主にたいしては、名誉の法が援用されるだろう。そのことから、服従に必然的な変化が生じる。名誉は本来気まぐれにしたがうものであり、服従もその気まぐれのことごとくに追随するであろう。

これら二つの政体において、服従の仕方は異なるとはいえ、しかしながら、権力は同一である。

国王は、いずれの方向に向かおうと、優位を占め、均衡をくつがえし、服従される。差異のすべては、君主制では、君主は啓蒙されており、重臣たちは、専制国家におけるよりも、はるかに手腕にたけ、熟練をつんでいることにある。

第一一章　以上のすべてについての再考察

三政体の原理は以上の通りである。これは、ある特定の共和国で、人々が有徳であるということを意味してはいない。人々が有徳でなければならぬということを意味しているのである。これはまた、ある特定の君主国の下で人々が名誉をもっていることも、ある専制国家では、恐怖をもっていることも、証明するものではない。それは、名誉や恐怖をもたねばならないことを証明しているのであって、それらなくしては、政体は不完全であろう。

〔1〕この違いはきわめて重要であって、私は、それから多くの帰結をひき出すであろう。それは無数の法律の鍵である。
〔2〕クロムウェル。
〔3〕プルタルコス『ペリクレス伝』、プラトン『クリティアス伝』
〔4〕その結果、二万一千人の市民、一万人の外国人、四十万人の奴隷がいた。アテナイオス（『食通大全』）第六巻参照。
〔5〕アテナイは二万の市民をもっていた。デモステネス『アリストギトン』参照。

〔6〕彼らは、劇場のためにと定められた金を戦費に変更することを提案する者は死刑をもって罰する法律を作っていた。
〔7〕この戦争は、三年間続いた。
〔8〕この団体においては、公的な罪は罰せられうるであろう。それは全員の関心事だから。だが、私的な罪は罰せられないであろう。全員の関心事は、それを罰しないことにあるからである。
〔9〕私がここで語っているのは、政治的徳性についてであり、それは、一般の福祉へと導かれるという意味では道徳的徳性である。私的な道徳的徳性についてはほとんど語っておらず、啓示的真理と関係するあの徳性については、まったく語っていない。このことは、第五篇第二章でよくわかるだろう。
〔10〕前注の意味に理解していただきたい。
〔11〕下層の人々を用いてはならぬ、彼らはあまりに厳しく、また、やかましすぎると彼は述べている。
〔12〕有徳者というこの言葉は、ここでは、政治的意味においてのみ理解されている。
〔13〕注〔9〕を参照。
〔14〕ペリー（『大ロシアの現状』）四四七ページ参照。
〔15〕軍事的貴族制において、しばしば起きるように。
〔16〕リコー『オスマン帝国現状誌』
〔17〕この革命の歴史については、デュセルノー神父の書参照。
〔18〕彼の政体は軍事的であった。それは専制政体の一種である。
〔19〕シャルダン『ペルシアその他アジア諸地方への旅行』（『ペルシア紀行』）参照。
〔20〕前掲書。

(1) ピューリタン革命、名誉革命を指す。
(2) 名誉を君主制の発条とする考えは、すでに『ペルシア人の手紙』「第八九、九〇の手紙」に見られる。

第四篇　教育の法は政体の原理と関連していなければならないこと

第一章　教育の法について

教育の法はわれわれの受けとる最初の法である。そして、それはわれわれを市民たるべく準備するのであるから、各個別家族は、それらすべてを包含する一大家族の観点から治められねばならない。

国民全体が一つの原理をもっているならば、それを構成する部分、すなわち家族もそれをもつであろう。教育の法は、したがって各種の政体において異なるであろう。君主制においては、それは名誉を目的とするだろう。共和制においては徳性を、専制においては、恐怖を目的とするだろう。

第二章　君主制における教育について

君主制において人が主要な教育を受けるのは、幼児に教育を授ける学校においてではけっしてない。教育がなんらかの形で始まるのは、社会にはいったときからである。社会が、いたるところでわれわれを導くべきこの普遍的な支配者、すなわち、人の名誉と呼ぶところのものの学校なのである。

そこでは人は、つねに次の三つのことを見聞きする。徳にはある高貴さを、品行にはある率直さを、振舞いにはある礼儀正しさをもたねばならぬ。

そこで、われわれに示される徳性とは、いつも、他人にたいして負うものというよりも、自己自身にたいして負っているものである。それは、われわれを同胞市民のほうに呼びよせるよりも、むしろ同胞市民から区別しようとするものである。

そこでは人間の行為は、善《よ》いものとしてではなく、美しいものとして評価される。正しいものとしてではなく、偉大なものとして、理にかなったものとしてではなく、非凡なものとして、評価される。

名誉がそこになにか高貴なものを見いだすや否や、名誉は、それを正統づける裁判官か、さもなくば、それを正当化する詭弁家となる。

名誉は、婦人にたいしての手管《ギャラントリー》を、それが真情の観念、あるいは征服の観念と結びついているときには、許容する。それが、君主制において、つねに習俗が、共和政体におけるほど純粋ではないことの真の理由である。

名誉は、狡知《こうち》を、それが魂の偉大さや事業の偉大さの観念に結びついているときには、許容する。政治において、政治上の術策が名誉を傷つけないのと同じである。

名誉が、へつらいを禁ずるのは、それが立身出世の観念から切り離され、もっぱらそれ自体の低劣さの感情にのみ結びついているときだけである。

私は、品行について、君主制の教育は、それに、ある率直さをもたせねばならないと言った。したがってそこでは、話に真実のあることが求められる。しかしそれは真実への愛からだろうか。まったくそうではない。それが求められるのは、真実を語るのになれた人間は、豪胆で自由に見えるからである。じっさい、このような人間は、事実にのみ支配され、他人がそれをどう受けとるかには、支配されないかのように見える。

このことが、そこでは、この種の率直さが推奨されればされるほど、他方では、真実と単純さしか目的としない民衆の率直さが、いっそう軽蔑されることの理由である。

最後に、君主制における教育は、振舞いに、ある礼儀正しさを要求する。共同して生活すべく生まれた人間は、また互いに気に入るべく生まれたのである。したがって、礼儀を守らぬものは、共に生活しているすべての人々の感情を害し、もはやなんの善行をもなしえないほどに、信用をおとすであろう。

しかし、通常、礼儀正しさが源を発するのは、あまり清らかな泉からではない。それは自分をきわ立たせたいという願望から生まれる。われわれが礼儀正しいのは、うぬぼれからである。われわれは、自分が卑しい身分になく、人に見捨てられたこの種の人々と生まれてこのかた生活したことがないことを証明する立居振舞を身につけていることで、自尊心を満足させるように感じる。

君主制においては、礼儀は宮廷に同化されている。過度に偉大な人間は、他のすべての人間を矮小《わいしょう》に見せる。したがって、敬意は万人に向けられねばならず、礼儀は、礼儀正しく振舞う者も、礼儀正しくされる者をも、同じく満足させることになる。なぜなら、礼儀は、人が宮廷人であること、あるいは、宮廷人たるにふさわしいことをわからせるものだからである。

宮廷風とは、自分自身の偉大さを捨てて、かりものの偉大さを身につけることにある。宮廷人には、自身のものよりも、かりもののほうがよりいっそうよい。それは、慇懃《いんぎん》無礼の風を与える。そして、この慇懃無礼ぶりは、遠くにまで広がるが、この偉大さの源からの距離につれて、その尊大さは、知らず知らずのうちに減少してしまう。

宮廷には、万事について繊細な趣味が見られる。それは大資産のあり余る富をたえず使っていることに由来するのであり、快楽の多種多彩、そしてわけてもそれへの倦怠に、また快いものであればなんであれ受け入れ、混乱をさえきたした座興の多様に由来しているのである。

これらすべてのことがらについて、教育は、この政体で求められるすべての徳性、すべての資質を具える、あのいわゆる育ちのいい人間をこしらえることを志向する。

そこでは、名誉はいたるところに介入し、思考法、感じ方のすべてにはいりこみ、原理をさえ支配する。

この奇妙な名誉の結果、徳性とは名誉の望むもの、そして名誉の望むがままのものでしかないことになる。名誉は、われわれの命ぜられていることすべてについて独断的に規則を定める。それはわれわれの義務を勝手気ままに伸縮する。それらの義務の起源が、宗教にあろうと政治にあろうと、あるいは道徳にあろうとかまいはしない。

君主制においては、君主の意志への服従ほど、法、宗教、そして名誉の強く命ずることがらはない。しかし、この名誉は、君主は、名誉を汚すような行為をわれわれに命じてはならぬと定めている。さもないと、そのような行為は、われわれが国王に仕えることを不可能とするであろうから。

クリヨンは、ギーズ公を暗殺することは拒んだが、彼と決闘することをアンリ三世に申し出た。聖バルテルミーの虐殺ののちに、シャルル九世は、全州総督《グヴエルヌール》にユグノーの虐殺を命じたが、バヨンヌを統治していたドルト子爵は、国王に次のような返書を書いた。[1]「陛下、私は住民と兵士たちの中に、善き市民、勇敢な兵士を見るのみで、死刑執行人はひとりとして見いだしえません。したがって、彼らとともに私は、われわれの腕と生命を、なしうべきことがらのためにお用いくださるよう、陛下に懇願いたすしだいであります」。この偉大で高潔な精神は、卑劣な行為を不可能とみなしていたのだ。

名誉が貴族に命ずることで、戦いにおいて君主に仕えることにまさるものはない。じっさいそれは、卓越した職業だ。その危険、勝利はもとより、不運さえもが、偉大さに導く。しかし名誉は、この法を課しながら、その裁定者たろうとする。もし自分が害されれば、名誉は戦場からひきあげることを要求し、あるいは許すのである。

名誉はもろもろの職を区別なく求めたり、拒んだりできることを望む。それは、この自由を立身出世自体より上位におく。

名誉はこのように、その最高の準則をもっており、教育はそれにしたがわねばならない。[2] その主要なものは次のようなものである。第一に、自分の地位を尊重することは、たしかに許されるが、自分の生命を大事にすることは、絶対に禁じられている。

第二には、一度ある地位におかれたならば、ほかならぬこの地位よりも一見自分を低く見せるようなことは、いっさいしてはならないし、されるのを我慢してはならない。

第三には、名誉の禁じることは、法が共に禁じていないときには、いっそう厳しく禁じられ、名誉の求めることは、法が求めていないときには、より強く求められる。

第三章　専制政体における教育について

君主制において、教育がもっぱら魂を高めることに努めるのと同じように、専制国家においては、それはもっぱら魂を低めることしか求めない。そこでは教育は奴隷的でなければならない。何人も、同時に奴隷でなくて暴君たることはありえないから、奴隷的な教育を受けることは、支配者たることにおいてさえもよいことであろう。

極度の服従は、服従する者の無知を前提とする。それは命令する者の無知をも前提とする。彼は検討し、疑い、理性を働かす必要はない。望みさえすればよい。

専制国家においては、各戸が独立した帝国である。教育は主として他人と生活することから成り立っているが、したがって、専制国家においては、きわめて限られている。それは魂に恐怖を吹きこみ、精神にきわめて単純な若干の宗教的原理の知識を与えることに帰着する。そこでは、知識は危険であり、競争心はいまわしい。そして、徳性についていえば、奴隷にふさわしいなんらかの徳性があるとは、アリストテレスは信じていない。[3] これはこの政体における教育を非常に限定するものであろう。

したがって、この政体においては、教育はいわば皆無である。なにかを与えるにはすべてを奪わねばならず、よい奴隷をつくるには悪い臣下をつくることから始めねばならない。

いったい、どうして、教育が公共の不幸に加わる善良な市民を育てることに努めるなどということがありえようか。もし、その市民が国を愛するならば、政体の発条をゆるめようとの誘惑にかられるであろう。そして、もしそれに成功しなければ、彼はわが身を滅ぼすことになるであろうし、もし、成功すれば、わが身と、君主、帝国を滅ぼす危険をおかすことになるだろう。

第四章　古代人とわれわれのもとでの教育の効果の差異

古代民族の大部分は、徳性を原理とする政体のもとに生きていた。そして、徳性が力をもっているときには、彼らは、今日ではもはや見られず、われわれの矮小な魂を驚かすようなことがらを行なった。

彼らの教育はわれわれの教育に比較して、いま一つの利点をもっていた。それはけっして、のちに打ち消されることがないという点だった。エパミノンダス（前四世紀、テーベの将軍、政治家）は、生涯の最晩年においても、教育されはじめたころとまったく同じことを語り、聞き、見、そして行なっていた。

今日われわれは、三つの異なった、ときには相反する教育を受ける。すなわち、父の教育、師の教育、社会の教育である。最後の教育で教えられることは前二者の観念のすべてを覆す。それは、いくらかは、われわれのもとに見られる宗教的義務と社会的義務との間の対照的な相異に原因する。それは古代人の知らぬことだった。

第五章　共和政体における教育について

教育のもつ力のすべてを必要とするのは、共和政体においてである。専制政体での恐怖は、脅迫と刑罰からひとりでに生まれる。君主制での名誉は、情念によりはぐくまれ、また逆に情念をはぐくむ。だが、政治的徳性とは、自己の放棄であって、それはつねにきわめて困難なことがらである。

この徳性は、法と祖国への愛と定義できる。この愛は、自己自身の利益より、公共の利益を不断に優先することを求め、あらゆる個別の徳性を生む。あらゆる個別の徳性は、この公共の利益の優先にほかならない。

この愛は、わけても民主制に特有なものである。民主制においてのみ、政体は各市民にゆだねられている。ところが政体も、この世のすべてのものに同じである。それを維持するには、それを愛さねばならない。

国王が君主制を愛さない、専制君主が専制をにくむなどという話は聞いたことがない。

したがって、共和制においては、すべてはこの愛を確立することにかかっている。そして、この愛を鼓吹することに、まさに教育は注意深くなければならない。しかし、子供たちが、この愛をもつようになる一つの確実な手段がある。それは親自身がそれをもつことだ。

親は、ふつう、子供に知識を自由に与える力をもっている。情念を与えるについては、なおさらだ。

もし、そうならないのなら、それは、父親の家で形づくられたものが外部の印象で破壊されるからだ。

堕落するのは、生まれつつある国民（若い世代）ではない。それが滅びるのは、大人たちがすでに腐敗しているときのみである。

第六章　ギリシア人のいくつかの制度について

古代ギリシア人は、民衆政体のもとに生きる民族は有徳なものとして教育されねばならぬことの必要を痛感していて、徳性を鼓吹するために、特異な制度をつくった。リュクルゴスの伝記中、彼がラケダイモン人に与えた法律を見ると、セヴァランブ人の物語[1]を読んでいるかに思えるだろう。クレタの法律がラケダイモンのそれの原型であり、プラトンの法律は、その修正であった。

すべての伝統的慣習をゆるがし、あらゆる徳を攪乱することによって、全世界におのれの叡智を示すことになるのだということがこれら立法者たちにわかるには、彼らに、どれほど広大な天賦の才が必要であったかについて、わずかでも注意していただきたい。リュクルゴスは、盗みと正義の精神とを、もっとも苛酷な隷属と極度の自由とを、もっとも残忍な感情と最大限の節度とを混ぜあわせることによって、彼の都市に安定を与えた。彼はそこから、あらゆる資源、技芸、商業、貨幣、城壁をとりのぞいたかのようであった。そこでは人々は、よりよくなりうる希望もなしに野心を抱いていた。そこでは、人々は自然の感情をもち、それでいて子でも夫でも父でもなかった。純潔から羞恥さえもがとりさられた。スパルタが偉大と栄光に導かれたのは、この道によってであるが、しかしそれは、その政治組織を剥奪するにいたらねば、戦いで勝ってもなにひとつ得られないほどの、その制度の完璧さをもってのことだった[4]。

クレタとラコニア（スパルタ）は、これらの法により統治された。ラケダイモンは、マケドニア人に降伏した最後の都市であり、クレタ[5]はローマ人の最後の餌食《えじき》となった。サムニウム人（古代イタリアの民族、前三世紀初めローマに征服された）も同じ制度をもっていた。そして、その制度は、あのローマ人に、二十四回もの戦勝を要せしめたのである。[6]

ギリシアの制度に見られたこの異様なことを、われわれは、わが現代の塵滓《じんし》と腐敗の中に[7]ふたたび見いだした。君子人である立法者が、ある人民をつくりあげた。そこでは、スパルタ人の間で勇気が自然であったように、誠実が自然に見える。ペン（ウィリアム・ペン。一六四四〜一七一八。アメリカ植民地の指導者）氏は、まさに現代のリュクルゴスである。リュクルゴスが戦争を目的としたのにたいし、ペン氏は平和を目的としたが、それにもかかわらず、ふたりは、おのおのの人民に従わせた特異な道、自由な人間にたいしてもった影響力、打破した偏見、支配した情念において相似ている。

パラグァイがもう一つの例を示している。人々は、命令することの喜びを人生唯一の冥利《みょうり》と考えているとして、教団[2]を非難しようとした。しかし、人間をより幸福にしつつ支配するのは、つねに立派なことであろう。[8]

この教団にとって、それがこの地方に人類愛の観念に結びついた宗教の観念を最初にもたらしたものであったことは、光栄あることである。スペイン人による荒廃を修復して、教団は人類がかつて受けたもっとも深い傷の一つを癒しはじめた。

この教団が名誉と呼ぶものすべてに抱く高雅な感情、それを説く者よりも、それに耳を傾ける者を謙虚たらしめる宗教への情熱が、教団に大事業をくわだてさせた。そして、それに成功した。

教団は森の中に散らばった住民を呼び戻した。彼らに食糧を確保し衣服を与えた。もしそれによって、人々の間に生産活動を増加したにすぎないにしても、教団は多くをなしたといえるだろう。

このような制度をつくろうとする者は、プラトンの共和国に見られる財の共有、あの神々への崇敬、習俗維持のための外国人からの分離、市民ではなく都市国家による通商をうち立てるであろう。彼らはわれわれの技芸を与えてわれわれの奢侈を捨て、われわれの必要物を与えてわれわれの欲望を捨てるであろう。

彼らは貨幣を禁じるだろう。貨幣の効果は、自然の定めた境界をこえて財産を殖《ふ》やし、集めたものを無益に維持することを教え、欲望を無限に増加させ、そして自然は、われわれの情念を刺激し互いに堕落させあうような手段はきわめて限られたものしか与えなかったのに、その自然にとって代わることにある。

「エピダムノス人は、野蛮人との交渉によりその習俗が腐敗するのを感知すると、都市のために、都市の名において、あらゆる商取引を行なう行政官を選出した[9]」。そのとき、商業は国制を腐敗させることなく、国制は社会から商業の利益を奪うことがない。

第七章　どのような場合にこれら特異な制度はよいか

この種の制度は、共和制には適当でありうる。政治的徳性がその原理だからである。しかし、君主制において人々を名誉に導き、専制において恐怖をかき立てるには、こんな世話は必要でない。

これらの制度はまた、共通の教育を与えることができ、全人民を一家族のごとく養育することのできる小国⑩にしか存在しえない。

ミノスの、リュクルゴスの、プラトンの法律は、全市民が相互に特別の注意をはらうことを前提としている。大国に見られる混乱、無関心、諸事の広がりのなかでは、それは期待されえない。

これらの制度においては、前述のように、貨幣は追放されねばならない。しかし、巨大な社会では、取引の多数、多様、障害、規模、購入の容易さ、交換の遅滞によって共通の尺度が必要とされる。いたるところにこの尺度の力を及ぼし、あるいはその力を守るため、人々がつねに力を付与してきたところのものをもたねばならない。

〔1〕 ドビニエ『歴史』参照。
〔2〕 ここで述べていることは、現にあることであって、あるべきことではない。名誉は偏見であって、宗教はこの偏見を、あるいは破壊し、あるいは規制するように作用する。
〔3〕 『政治学』一。
〔4〕 フィロポイメンは、ラケダイモン人にその育児法を捨てさせた。そうしなければ、彼らは、つねに偉大な魂、高潔な心をもちつづけるだろうことを知っていたからである。プルタルコス『フィロポイメン伝』。ティトゥス・リウィウス（『ローマ史』）三八。

(5) それは、三年の間、その法とその自由を守った。それは、もっとも偉大な国王たちよりも、よく抵抗した。ティトゥス・リウィウス前掲書九八・九九・一〇〇、フロールス『ローマ史要』

(6) フロールス前掲書一。

(7) キケロ〈ローマの塵滓の中で〉。

(8) パラグァイの先住民は、だれか特定の支配者に服従してはいない。彼らは、貢租を五分の一しか払わず、身を守るために火器をもっている。

(9) プルタルコス(『倫理論集』)「ギリシアにかんする問答」

(10) ギリシアの諸都市のように。

(1) 『セヴァランブ人の物語』。架空のオーストラリア先住民を扱った、トマス・モアの『ユートピア』に似た空想小説。ドニ・ヴァレス著、一六七二年刊。

(2) イエズス会のこと。イエズス会は十六世紀末以後、パラグァイ南部に、先住民を指導し共和国をつくった。そこでは、共同労働の組織と財産の共有が行なわれ、スペイン植民者の収奪を防ぐために、厳重な隔離政策がとられた。

第五篇　立法者の制定する法は政体の原理と関係していなければならないこと

第一章　本篇の大意

われわれは、教育の法が各政体の原理と関連していなければならないことを見た。立法者が社会全体に与える法についても同様である。この法と原理との関係は、政体のあらゆる発条を緊張させる。そして、原理もまたそれから新しい力を受けとる。あたかも、物理的運動において、作用がつねに反作用を伴うように。

われわれは、各政体におけるこの関係を検討しようと思う。そして徳性を原理とする共和制国家から始めよう。

第二章　政治的国家[1]における徳性とは何か

徳性とは、共和国においては、きわめて単純なことである。それは共和国への愛である。それは感情であって、もろもろの知識の帰結ではない。国家の最下位の者も、最上位の者も同様に、この感情をもつことができる。民衆はひとたびすぐれた格率をもつと、いわゆる育ちのよい人々よりも長きにわたってそれに執着する。腐敗が民衆から始まることはまれである。しばしば、民衆はその知力の中庸から、既存の事物へのより強い愛着をひき出す。

祖国愛は習俗を善良に導き、習俗の善良は祖国愛に導く。われわれは、個別の情念を満たすことができなければできないほど、よりいっそう普遍的な情念に身をささげる。なぜ修道僧たちはこうも自分たちの修道会を愛するのだろうか。まさしくそれを耐えがたいものとしているその点によってである。その規律は、ふつうの情念が身の支えとするいっさいのものを彼らから奪いさる。したがって、彼らを苦しめるこの規律自体への情念だけが残る。それが厳しければ厳しいほど、すなわちそれが彼らを自然の性向から切り離せば離すほど、規律は規律の残し与える性向に、いっそうの力を与えることになる。

第三章　民主制における共和国への愛とは何か

民主制における共和国への愛とは、民主制への愛である。民主制への愛とは、平等への愛である。

民主制への愛とは、さらに質素への愛である。そこでは、各人が同じ幸福、同じ利益をもたねばならないから、同じ快楽を味わい、同じ希望を抱かねばならない。それは、社会全体の質素からしか期待しえないことだ。

平等への愛は、民主制において、野心を、ただ一つの欲望に、すなわち、他の市民よりも祖国により大きな奉仕をするというただ一つの幸福に限定する。皆が祖国にひとしく奉仕することはできない。しかも、だれもがひとしく奉仕しなければならない。こうして、生まれたとき、人は祖国にたいして、けっして払い終わることのできぬ莫大な負債を契約する。

したがって運よくなしえた奉仕や、すぐれた才能によって平等が失われるかに見えるときにさえ、差別はそこでは平等の原則から生まれるのである。

質素への愛は、所有欲を、自分の家族のために必要物を確保し、さらには祖国のために余剰物を確保するのに必要な関心だけに限ってしまう。富は力を与えるが、人はそれを私のために用いることはできない。さもなければ、彼は平等でなくなる。富はまた享楽をもたらすが、人はそれを楽しむことはできない。享楽もまた、平等に打撃を与えるであろうから。

それゆえ、すぐれた民主制は、家政の質素さを確立することによって、アテナイやローマにおいてなされるように、公共の出費に門を開いた。そのとき、壮美、豊麗が質素さそのものの奥底から生まれた。そして、神々にささげものをするには、手がきれいであることを宗教が求めるように、人々が祖国に身をささげるには、その習俗が質素であることを法律は望んだ。

個人の良識と幸福は、多くその才能と資産の中庸にかかっている。法が多くの中庸の人々をつくりだしえた共和国は、賢明な人々により構成され、賢明に統合されるであろう。幸福な人々により構成され、それはきわめて幸福であろう。

第四章　どのようにして平等と質素への愛を鼓吹するか

平等への愛、質素への愛は、すでに法によって平等と質素がともに確立された社会に人々が生きている場合には、ほかならぬ平等と質素そのものによって、極度にまで高められる。

君主制や専制国家においてはだれも平等を志向しない。それは考えられさえしない。だれもがそこでは優越をめざす。もっとも低い境遇の人々も、そこからぬけ出そうとするのは、ひたすら他人の支配者たらんがためである。

質素についても同じことである。それを愛するにはそれを楽しまねばならない。質素な生活を愛するのは、快楽により堕落した人々ではけっしてなかろう。もし、自然でふつうのことだったら、アルキビアデス(2)は、全世界の驚嘆をひきおこしはしなかったろう。質素を愛するのは、他人の豪奢をねたみ賛嘆する人々でもないだろう。金持か、自分と同じ貧乏人しか眼中にない人々は、貧困を終わらせうるものを愛することも知ることもなく、ひたすら自分の貧困を嫌悪する。

したがって、共和国において人々が平等と質素を愛しうるためには、まず法がそれらを確立していなければならないというのは、きわめて正しい格率である。

第六章　どのようにして民主制において法は質素を保たねばならないか

すぐれた民主制においては、土地の配分が平等であるだけでは十分でない。ローマ人のもとでのように、その配当分が小さくなければならない。「わずかな土地でも、ひとりの人間を養うには十分だと考える市民だけが、神の気に入るのだ」とクリウスは兵士たちに言った。[1]

資産の平等が質素を維持するように、質素は資産の平等を保つ。これら二つのものは、異なるとはいえ、いずれか一方がなければ他方も存続できないほど、密接なものである。それらのおのおのが原因であり、結果である。もしいずれか一方が民主制から姿を消せば、他方もかならずそれにしたがう。

たしかに、民主制が商業を基礎としている場合には、若干の個人が巨大な富をもちながら、習俗が腐敗しないということが起こりうるのは事実である。それは、商業の精神が、それに伴って、質素、倹約、節制、労働、賢明、平穏、秩序、規律などの精神をもたらすからである。こうして、この精神が存続するかぎりは、その生み出す富は、なんの悪い効果も生み出さない。富の過大がこの商業の精神を破壊するときに、悪が生じる。突然、それまではまだ感じられなかった不平等の混乱が一挙に生じるのが見られる。

商業の精神を維持するには、おもだった市民がみずからそれにたずさわっていなければならない。この精神が単独で支配し、他の精神と交雑されてはならない。すべての法律がそれを助長せねばならない。同じそれらの法律が、その規定によって、商業が資産を増大させるにしたがって資産を分割し、貧しい市民にはすべて相当に安楽なくらしを与え、他の市民と同様に働くことができるようにし、ゆたかな市民はすべて中庸の状態におき、財産を維持し、あるいは獲得するには、働く必要のあるようにしなければならない。

商業的共和国においては、相続にさいし、すべての子供にひとしい分け前を与える法律は、きわめてよい法律である。それによって、父親がどれほどの資産をこしらえようとも、その子供たちは、かならず彼よりも金持ではないから、奢侈を避け、彼のように働くよう仕向けられることになる。私は、商業的共和国についてのみ語っているのである。そうでない共和国については、立法者は多くの他の規則を設けねばならないからだ[2]。

ギリシアには二種類の共和国があった。一方はスパルタのように軍事的であり、他方はアテナイのように商業的であった。前者では、市民は無為であることが望まれ、後者では労働への愛を与える努力がなされた。ソロンは、無為を罪として、各市民が生計をたてている方法を報告することを望んだ。事実、すぐれた民主制においては、人は必要なものについてしか支出してはならないのだから、各人がその必要とするものを所有していなければならない。なぜなら、もしそうでなければ、いったいだれからそれを得られるだろうか。

第九章　どのように君主制において法はその原理と関連しているか

名誉がこの政体の原理なのだから、法はそれと関係していなければならない。

法は、いわば名誉の父でもあり子でもあるところの、あの貴族を維持するよう努めねばならない。

法は、貴族を世襲制としなければならないが、それは君主の権力と民衆の無力の間の中間項たるがためではなく、それら両者の絆たるがためである。

相続人指定の制度[3]は財産を同一の家族内に保全するものであるが、それは、他の政体では不適当だが、この政体においては、きわめて有用であろう。

血族買戻し権は、あるひとりの血族の浪費が売り渡した土地を貴族の家に返すであろう。貴族の土地は、貴族の人格と同様に特権をもつだろう。君主の尊厳は王国の尊厳と切り離しえない。貴族の尊厳もまたほとんど封地の尊厳から切り離すことはできまい。

これらの特権は貴族に固有で、もし、政体の原理に衝撃を与えることを望まず、貴族の力と民衆の力をともに弱めることを望まないならば、民衆にまで及ぶことはけっしてないだろう[4]。

相続人の指定は商業の妨げとなる。血族買戻し権ははてしない訴訟を必要とする。そして王国のすべての売却された土地財産は、少なくとも一年間はなんらかの仕方で、無主の土地となる。封土にまつわる特権は、その害を蒙るものにとってはきわめて重荷な権力を、貴族に与える。それらは貴族身分に固有の不都合ではあるが、この不都合は、貴族身分のもたらす全般的な効用の前には消滅する。しかし、もしそれらを民衆にも分かち与えるならば、すべての原則を無益にもゆるがすことになる。

君主制においては、財産の大部分を子供のただひとりに残すことが許されうる。この許可は、君主制においてしか適当でない。

法は、この政体の構造と両立しうるあらゆる商業を助長しなければならない。[3]それは、臣下が、たえず再生される君主と宮廷の欲求を、疲弊することなく満たしうるがためである。法は、賦課の徴集方法に、ある秩序を与えねばならない。それは、徴集方法が貢租そのものよりも負担とならぬためである。

貢租の重みは、まず労働の過重を生み出す。労働の過重は衰弱を、衰弱は怠惰の精神を生み出す。

第一一章　君主制の優秀さについて

君主政体は、専制にたいして大きな利点をもっている。君主の下にその国制に根ざすいくつかの身分があるのがその本性であるから、国家はより安定しており、国制はよりゆるがしがたく、統治者の一身はいっそう安全である。

キケロはローマの護民官の設置が共和国にとって救いであったと信じている。「じっさい、首領をもたぬ民衆の力は、さらにおそるべきものである。首領は、自分が政治の主人公だということを感じており、政治を考える。ところが、民衆は、ひとたびたけり狂うと、自分がどんな危険に身を投じているかがまったくわからない」と彼は言っている。[4]この考察は、専制国家と君主制にもあてはめることができる。前者は、護民官をもたぬ民衆であり、後者においては、民衆はいわば護民官をもっている。

じっさい、いたるところで見られるように、専制政体の変動のさいには、人民は自分自身に導かれ、ものごとを行きつくかぎり遠くまで運んでしまう。彼らの犯す秩序の破壊は、ことごとく極端である。それにたいし、君主制においては、ものごとが過度にまで推し進められることはきわめてまれである。首領は自分自身のために不安になる。彼らは見捨てられることをおそれる。従属的な中間権力は、民衆が強くなりすぎることを望まない。[5] 国家の諸身分のすべてが腐敗することはまれである。君主はこれらの諸身分に依存している。したがって、不穏分子は、国家をくつがえす意志も希望ももたないから、君主を倒すことはできもしなければ、望みもしない。

このような状況では、知恵と権威にめぐまれた者が調停に立つ。人々は、妥協案をとり、和解し、誤りを正す。法律は力をとりもどし、ふたたび遵守されるようになる。

それでわが国の歴史は革命なき内戦に満ちているが、専制国家の歴史は内戦なき革命に満ちている。

ある国々の内乱の歴史を書いた人々が、そしてさらにほかならぬ内乱をくわだてた人々が、十分に証明しているように、君主がある身分に奉仕の代償として与える権威は、君主にとってほとんど疑惑の余地なく信頼のおけるもののはずである。なぜならば、道を誤ったときでさえも、彼らはもっぱら法とおのれの義務をこいねがい、激昂し血気にはやる反乱者をかき立てるよりは、むしろ押えたのである。[6]

リシュリュー枢機卿は、おそらくはわが国の諸身分をあまりにおとしめすぎたと考えたのであろう。国を支えるのに、君主と大臣たちの徳性に頼ろうとした。[7]彼は、彼らにあまりに多くのことを要求しているから、じっさいこれほどの注意力、知力、気概、識見をもちうる者は天使をおいてはありそうにない。それで、今後すべての君主国が滅びさる日までに、このような国王や大臣が出現しうるとは、ほとんど期待しえないことであろう。

すぐれた社会秩序のもとに生活する人民は、規則も首領ももたず森の中をさまよう人々よりも幸福であるように、同じく、その国の基本法のもとに生きる君主は、その人民の心も自分の心も規制しうるなにものももたぬ専制君主よりも幸福である。

第一三章　専制の観念

ルイジアナの野蛮人は、果実がほしいと思うと、木を根元から切り倒して果実をとる。これが専制政体だ。[8]

第一四章　どのように法は専制政体の原理と関連するか

専制政体は恐怖を原理とする。だが、臆病で無知で気力を失った人民にはたくさんの法律は必要でない。

そこでは万事が二、三の観念にもとづいている。だから新しい観念は必要でない。家畜を調教する場合、あなたは調教師や教科や進度を変えることを避ける。またその頭脳に二、三の運動を刻みこむが、それ以上はしない。

君主が後宮に閉じこめられている場合、閉じこめている連中を落胆させずに逸楽の住いを出ることはできない。彼らは君主の一身と権力が他人の手中に移るのに耐えられない。そこで、君主がみずから戦いにおもむくことはまれであり、また代理の将をもって戦う勇気をもつこともめったにない。

このような君主は、宮殿でなんらの抵抗にも会わぬことに慣れているから、武器を手にしての抵抗に激怒する。そこで彼は通常怒りか復讐の念にみちびかれる。他方、彼は真の栄光の観念をもつことができない。したがって、そこでは、戦争はその自然の暴虐の限りをつくして闘われ、万民法は他の政体よりもせまい範囲しかもたないにちがいない。

このような君主はあまりに欠陥が多いので、おのれの生来の暗愚を白日にさらすことをおそれざるをえない。彼は身をかくし、世人はその居所を知らぬ。幸運にも、このような国では、人々もまた自分たちを統治する者の名前しか必要としないようにできている。

カルル十二世は、ベンデリ[7]にあって、スウェーデンの元老院が若干の抵抗を示したのを知るや、長靴の片方を彼らに送りつけ、それに命令させるであろうと書き送った。この長靴は専制君主のごとく統治したことだろう。

もし君主が囚《とら》われれば、彼は死んだものとみなされ、別の者が王座に登る。捕虜の結んだ条約は無効である、その後継者はそれを承認しないであろう。じっさい、彼は法律であり国家であり君主であるのだから、そして君主でなくなればなにものでもないのだから、もし死んだものとみなされなければ、国家は崩壊してしまうだろう。

トルコ人をしてピョートル一世と単独講和を行なうことを決意させた最大の事情の一つは、モスクワ人が宰相《ヴィジール》に、スウェーデンでは別の王を王座につけたと言ったことであった。[9]

国家の保全とは、君主の保全、あるいは、むしろ君主の閉じこめられている宮殿の保全にほかならない。直接に宮殿か首都をおびやかすものでなければ、なにごとも無知で尊大で偏見にみちた人々に影響することはない。そして、事件の連鎖などというものは、彼らは追うことも、予見することも、考えることすらできない。政治とその発条、その法は、ここではきわめて限られているにちがいない。そして国政は民政と同じほどに簡単である。[10]

すべては、国政、民政と家政を折り合わせ、国家の役人と後宮の役人を折り合わせることに帰着する。

そのような国家は、それが世界で唯一とみなされうるような場合、砂漠にとりまかれ野蛮人と呼ぶ他の民族から切り離されている場合に、最良の状態にあるといえるだろう。国民的軍隊にたよることができないのだから、おのれの一部を破壊するのがよいだろう。

専制政体の原理が恐怖であるとすれば、その目的は静寂である。だが、それは平和ではない。それはまさに敵に占領されんとする都市の沈黙である。

力は国家になく、国家を建てた軍隊にあるのだから、国家を守るにはこの軍隊を維持しなければならないであろう。だが、この軍隊は君主にとって恐るべきものである。したがって国家の安全と国王一身の安全をどうやって折り合わせるのか。

どうかごらん願いたい、モスクワ政府が、いかに熱心に専制からぬけだそうと努めているかを[8]。専制は、人民自体にとってよりも、この政府にとって、より重荷なのである。それは大軍団を解散した。刑罰を軽減した。裁判所を設けた。法律を知りはじめた。人民を教育した。だがなにか特有の原因があって、モスクワ政府はそれが逃れようとした不幸に、おそらくはいま一度連れ戻されるであろう。

これらの国家では、他のどの国家よりも宗教が大きな影響力をもつ。宗教は恐怖に付加された恐怖である。回教徒の諸帝国では、人民は、君主にたいして抱く驚くべき尊敬を、一部は宗教からひき出している。

トルコの国家構造をわずかなりと修正しているのは、宗教である。臣下は、国家の栄光と偉大に、名誉によっては結びつけられていないが、力と宗教の原理によって結びつけられている。

あらゆる専制政体のうち、そこで君主がすべての土地の所有者であり、その臣下すべての相続人であるとみずから宣言するところの政体ほど、おのれ自身を弱めるものはない。それはかならず土地耕作の放棄をもたらす。そしてさらに、国王が商人であるならば、あらゆる種類の経済活動が壊滅する。

これらの国では、人々はなにものをも修繕せず改善しない[11]。家を建てるのは一代限りのためで、溝も掘らねば木も植えない。土地からすべてをひき出して、なにも返さない。全土が荒野で、全土が砂漠である。

土地所有権と財産相続権を奪う法律が権門の強欲と貪婪《どんらん》を減じると、みなさんはお思いになるだろうか。だがそうではない。そのような法律は、この強欲、この貪婪をさらに刺激するであろう。無数の酷虐を行なうよう仕向けるであろう。盗むか隠すかできる金銀しか自己の財産としてもてないと思うからである。

すべてが失われてしまわぬよう、君主の貪欲がなんらかの慣習により抑制されるのがよい。トルコではスルタンは民衆の相続財産から通常三パーセントを取ることで満足している[12]。だが、スルタンは土地の大部分を軍隊に与え、それを気のむくままに処分するので、また、帝国の官吏の相続財産のすべてを没収するので、そしてある男が男の子をもたず死んだ場合にはスルタンが所有権をもち娘は用益権しかもたないので、この国の財産の大部分は不安定な仕方で所有されているにすぎなくなる。

バンテン[9]の法律によれば[13]、国王はすべての相続財産、妻、子供、家さえも奪う。この法律のもっとも残酷な規定を逃れるためには、子供が父親の相続財産の不幸な一部分とならないよう、子供たちを八歳、九歳、十歳、あるいはそれよりも幼いうちに結婚させねばならない。

基本法のまったくない国家においては、王位の継承は定まりえないであろう[10]。そこでは、王冠は、君主によって、王家の内、あるいは外から選ばれる。長子が継承すると定めてもむだであろう。君主はつねに別の者を選ぶことができるであろう。継承者は君主自身によってか、その大臣たちによってか、あるいは内乱によって決定されるであろう。こうして、この国家は君主制よりも解体の原因を一つ多くもつことになる。

王家の各王子がひとしく選ばれる能力をもっているのだから、王座についた者は、まずトルコの場合のようにその兄弟を締め殺させる。あるいはペルシアの場合のように視野を狭窄させる。あるいはムガールの場合のように常軌を逸脱させる。あるいは、もしこれらの予防措置をとらなければ、モロッコのように、王座が空くたびにおそろしい内乱が起きる。

モスクワ公国の国制を定めた基礎法によれば、[14]ツァーはその後継者を一家の内からでも外からでも望むがままに選ぶことができる。このような継承制度は無数の革命をひきおこし、継承が恣意的であると同じく、王座を不安定なものとする。継承順位は、人民にとって知るべきもっとも重要なことがらの一つであるから、最善の順位は、出生と出生の一定の順序のようにもっとも明瞭にわかるものである。このような規定は陰謀をとどめ野心を抑える。もはや病弱な君主の心をとらえようとはせず、また瀕死の者に語らせることもない。

継承順位が基本法により定められている場合には、ただひとりの王子が継承者であって、その兄弟は王位を争ういかなる権利も、名実ともにもたない。父王の個人的意志を推測することも主張することもできない。したがって、国王の弟にせよ他の臣下のだれにせよ、捕えたり、暗殺させたりする必要はない。

だが、君主の兄弟が君主の奴隷であるとともに敵対者でもある専制国家においては、用心深く彼らの身柄を拘束しておいたほうがよい。とくに、宗教が勝利や成功を神の裁きとみなす回教国ではそうである。そこで、これらの国では、何人《なんぴと》も権利によって君主たることはなく、ただ事実によって君主たるのみである。

親王らが、もし王座に登らねば殺されるか幽閉されることを知っている国々では、野心はわれわれの間でよりもはるかに強くかき立てられる。われわれのところでは、親王たちは、野心にとっては十分満足なものでないにせよ、おだやかな欲望ならばたぶんよりよく満たすこともできる境遇を享受している。

専制国家の君主は、つねに結婚を悪用してきた。彼らは通常数人の妻をめとり、とりわけ世界で専制が風土化している部分、アジアではそうである。そこで彼らはきわめて多数の子供をもつから、子供にたいしてほとんど愛情を抱かないし、子供もその兄弟に愛情を感じない。

王の一家は国家に似ている。この家族は弱すぎ、その家長は強すぎる。家族は大規模のように見え、じっさいは無に帰する。アルタクセルクセス（三世。ペルシア王前三五八即位）⑮は、彼にたいして陰謀をくわだてたというので、その子供すべてを処刑した。五十人の子供がその父にたいして陰謀をたくらむとはありそうにないことだ。父親が愛妾を長男に譲ることを拒んだので陰謀をたくらんだというのでは、なおさらあやしい。なにかあの東洋の後宮の奸計があったと考えるほうが簡単である。そこでは、策略と悪心と狡知が沈黙のなかに支配し、厚い夜の闇につつまれている。そして、日一日と耄碌する老いた国王は、宮殿の第一の囚人なのである。

以上われわれの述べたことのすべてからすれば、人間の本性はたえず専制政体に反抗するものと思われよう。しかし、人間の自由への愛、暴力にたいする憎しみにもかかわらず、大部分の民族がこの政体のもとに服従している。それは容易に理解しうる。穏和政体を構成するには、諸力を結合し、調節し、抑制し、作動させねばならない。いわば、ある力に脚荷《バラスト》を与え、他の力に抵抗しうる状態におかねばならない。それは立法の傑作であって、偶然がつくりだすことはまれであり、また、人が思慮にまかせてつくりださせることもまれである。専制政体は、これに反して、いわば、だれの眼にも明白である。それはどこでも一様である。それをうち立てるには情念を必要とするだけであるから、だれだって間に合うのだ。

〔1〕兵士たちは、征服した土地のもっと大きな分け前を要求した。プルタルコス『倫理論集』「諸王諸将軍警句集」

〔2〕そこでは、妻の嫁資を非常に制限しなければならない。

〔3〕君主政体の構造は商業を民衆にしか許さない。『ユスティニアヌス法典』「商業および商人について」の第三の法律参照。この法律は良識に満ちている(5)。

〔4〕『法律論』三・一〇。

〔5〕第二篇第四章の最初の注参照(6)。

〔6〕レス枢機卿（政治家。一六一三～七九）の回想録や他の歴史書。

(7) 政治的遺言。
(8) 『宣教書簡集』第二集三一五ページ。
(9) プーフェンドルフ『世界史』の続篇、スウェーデンについての項、第一〇章。
(10) シャルダン氏によれば、ペルシアには国務顧問会議がない。
(11) リコー『オスマン帝国現状誌』一九六ページ参照。
(12) トルコ人の相続については、『ラケダイモン今昔』(ラ・ギュティエールの旅行記、一六七六年)参照。また、リコー前掲書参照。
(13) 『両インド会社設立に貢献したる旅行記録集』第一巻。ペグー(ビルマ南部の都市。十六、七世紀にはトゥングー朝の首都として栄えた)の法律は残酷さが少ない。子供のある場合には国王は三分の二しか相続しない。同書第三巻一ページ。
(14) さまざまの基礎法、とくに一七二二年の法律(帝位継承法)参照。
(15) ユスティヌス(『ヒストリアエ・フィリピカエ』)参照。
(1) 民衆国家(すなわち民主制共和国)の誤記とする説がある。
(2) 前四五〇ころ~前四〇四。アテナイの政治家。アテナイでは放恣をもって有名だったのに、スパルタでは、その質素によって人々を驚かしたという。
(3) 財産の遺贈または贈与にさいして、受贈者にその財産の譲渡を禁じ、その死後、指定の第三者に遺贈することを義務づける制度。
(4) アンシャン・レジームのフランスでは、相続人指定や血族買戻し権などは貴族の特権ではなく、平民も行使できた。したがってモンテスキューは、貴族の特権を擁護するあまり、貴族の特権でないものまで、貴族の排他的な権利としようとしている。

⑤貴族は商業に従事するとその資格を失う。この貴族の商業からの排除は現実には緩和されつつあり、また議論を呼んでいた。モンテスキューはここでも、きわめて「封建的」な立場をとっている。

⑥第二篇第四章は、中間権力を扱っているが、これに該当する注はない。この章は印刷中に修正されたため、この不一致が生じた。

⑦現在、ソ連モルダヴィア共和国にある古都。ただし、カルル十二世がこの手紙を書いたのは、ベンデリからではなく、トルコのアドリアノープルの近くデモティカからである。

⑧ピョートル大帝（在位一六八二〜一七二五）の改革を指す。

⑨十六世紀初め、ジャワに成立した回教の地方王国。

⑩王位継承を定める原則は、フランス王制の基本法のもっとも重要な要素をなしている。

第六篇　市民法および刑法の簡単さ、裁判の形式、刑罰の決定との関係における諸政体の原理の帰結

第二章　各種政体における刑法の単純さについて

裁判はどこでも、トルコで行なわれているように、行なわれるべきだとたえずいわれている。そうだとすれば、この世で人の知らねばならぬもっとも重要なことを明瞭に理解したのは、あらゆる国民のうち、もっとも無知な国民にほかならぬというわけなのだろうか。

自分の財産を返却させるために、あるいはなんらかの権利侵害にたいし賠償を得るために、市民の払う労苦との関係でみれば、裁判の諸手続は、おそらくあまりにわずらわしすぎると思われるだろう。だがもし、それを市民の自由と安全との関係においてみるならば、それはあまりにも簡易にすぎると思われるだろう。そして、裁判に伴う苦労や出費、その遅滞、その危険さえもが、各市民がおのれの自由のために払う代価であることがおわかりいただけるだろう。

トルコでは、臣下の財産、生命、名誉にほとんど注意がはらわれることはなく、そこではあらゆる係争が、どっちにしてもさっさと片づけられる。片づける仕方は、片さえつけばどうでもよ

い。パシャはまず、事情を説明されると、気のむくまま、でたらめに訴訟人たちの足のうらに棒打ちを食わせ、家に追い返す。

だからその国では、訴訟熱心であることは、たしかに危険なことだろう。訴訟熱は、自分に理を与えられたいという熱烈な欲求、憎悪、精神の働き、粘り強い追求を必要とする。それらは、恐怖以外の感情をもってはならず、万事が突然人の予知しえない大変動に導くこの政体では、すべて避けるべきものである。各人が自分の噂を役人に聞かれてはならず、身の安全はおのれを小さく無にすることにのみかかっていることを知らねばならない。

しかし最も卑賤な市民の首も尊重される穏和政体では、長い調査の後にしか、その名誉と財産を奪うことはしない。その生命を奪うのは、祖国自体が彼を告発するときのみである。そして、祖国が告発する場合も、祖国は彼に生命を守るいっさいの可能な手段を必ず残すのである。

こうして、ある人間がおのれを、より絶対化しようとするときには、[1] 彼はまず法律を単純化することを考える。このような国では、君主は、彼がまったく気にとめることのない臣下の自由よりも、まず個々の不都合さに眼を奪われる。

共和制には、少なくとも君主制と同じほどの裁判手続きが必要なことがわかる。そのいずれの政体においても、それらの手続きは、市民の名誉、財産、生命、自由が重視されるほど増大する。

共和政体においては人間はすべて平等である。専制政体においても平等である。それは、前者においては人間がすべてだからであり、後者においては無だからである。

第九章　各種政体における刑罰のきびしさについて

苛酷な刑罰は、名誉や徳性を発条とする君主制や共和国よりも、恐怖がその原理である専制政体により適している。

穏和国家では、祖国愛や非難をこうむることへのはじらいとおそれが、多くの犯罪をとどめる自制の動機となる。悪しき行ないにたいするもっとも重い罰は、それを自認させられることであろう。したがって、市民法がより容易に矯正をなしえ、さしたる力は必要としないであろう。

これらの国では、すぐれた立法者は、罪を罰することよりもそれを予防することに努め、体刑を科するよりも習俗を植えつけることに意を用いるであろう。

中国の著述家たちの繰りかえし指摘していることには、[2]彼らの帝国では、体刑が増加するのが見られるほど革命は近いという。それは、習俗が失われるにつれて体刑をふやしたということだ。

ヨーロッパのすべての、あるいはほとんどすべての国で、自由に近づくか遠ざかるかにしたがって、刑罰が減少したり増大したりしたということを証明するのはたやすいであろう。

専制国家においては、人々はあまりに不幸なので、生命を惜しむよりも死の苦痛をおそれる。だから、そこでは、体刑はよりきびしくなければならない。穏和国家では、人々は、死自体を恐怖するよりも、生命を失うことをおそれる。だからそこでは、たんに生命を奪うだけの体刑で十分だ。

極端に幸福な人間と、極端に不幸な人間は、ともにひとしく苛酷となる傾向がある。修道僧と征服者がその証人だ。中庸と幸・不幸の混合だけが、やさしさとあわれみを与える。

個別の人間に見られることが、諸国民にも見られる。きわめてきびしい生活を営む未開民族においても、また、ただひとりの人間がとほうもなく幸運にめぐまれ、他のすべてが不運におしひしがれている専制政体の国民においても、人々はひとしく残虐である。やさしさは穏和政体にみなぎる。

史書に、スルタンの残虐な判決の例を読むとき、われわれは一種の苦痛をもって人間本性の邪悪を感じる。

穏和政体では、すぐれた立法者にとっては、すべてが刑罰として役立つ。スパルタでは、妻を他人に貸すことができず、他人の妻を借りることができず、処女のほかは家にいっしょにいられないというのが、主な刑罰の一つであった。なんと奇妙なことではないか。要するに、法律が刑罰と呼ぶものは、すべてじっさいに刑罰なのだ。

第一六章　罪と罰との正しい均衡について

刑罰相互間に調和のあることが肝要である。なぜなら、小さな罪よりも大きな罪を避け、社会をゆるがすことのより小さいことがらよりも、それに打撃を与えることのより大きいものを避けるのが肝要だから。

「コンスタンティヌス・ドゥカスと自称するペテン師が、コンスタンティノープルで大反乱をひきおこした。彼はとらえられ、笞刑《ちけい》に処せられた。しかし、彼が有力者たちを非難したら、誹謗《ひぼう》者《しゃ》として火刑に処せられた[3]」。反乱の罪と誹謗の罪とに、このように刑罰を按配《あんばい》したとは、奇妙なことである。

このことはイギリス国王チャールズ二世の次の言葉を思い出させる。彼は、さらし台にひとりの男がかけられているのを通りがかりに見て、どうしてさらされているのかときいた。「陛下、それは彼が陛下の大臣たちにたいして、誹謗文書を書いたからです」と答えた。「なんたる大馬鹿者だ。わしにたいして書かなかったのか。そうすれば、なにもされはしなかったろうに」と国王は言った。

「七十人の人間が、皇帝バシレウスにたいし、陰謀をたくらんだ。彼は、彼らを鞭打たせた。髪と毛を焼かせた。鹿が彼の腰帯を角でひっかけたので、供のひとりが剣を抜き、腰帯を切って彼を救った。彼はその男の首をはねさせた。余にむかって剣を抜いたからだと彼は言った[4]」。同じ皇帝のもとで、この二つの判決が下されたなどと、だれが考えることができよう。

わが国においても、大道で盗みをした者と、盗みかつ殺した者とに、同じ刑罰が科せられているのは大きな欠陥である。公共の安寧のためには、刑罰になんらかの差別を設けるべきであることは明らかである。

中国では、残虐な盗人は肢体を八つ裂きにされるが、他の盗人は、そうされない[5]。この差別の結果、中国では、盗みは行なわれるが、殺人は行なわれない。モスクワ公国では、盗みと殺人の刑が同じなので、つねに殺人が行なわれる。[6] そこでは、死人に口なしと人々は言う。

刑罰に差別がない場合には、恩赦の可能性に差別を設けねばならない。イギリスでは殺人はまったく行なわれない。盗人は植民地送りを期待できるが、人殺しにはそれができないからだ。

恩赦状は、穏和政体の有力な発条である。君主のもつこの赦免を行なう権能は、賢明に執行されれば、すばらしい効果をもちうる。専制政体の原理は、許さず、そして何人にとってもけっして許しえないものであるが、君主からこの利点を奪ってしまう。

第一七章　罪人にたいする拷問、または訊問[1]について

人間は邪悪であるから、法は、人間をじっさいよりも善良なものとみなさざるをえない。それで、ふたりの証人の供述があらゆる罪を処罰するのに十分なのである。法は、それら証人たちを、あたかも彼らが真理の口をかりて語っているかのごとくに信用する。また結婚中に妊娠した子供は、嫡出児と判断される。法は、母親をあたかも貞潔そのものであるかのように信用する。しかし、罪人にたいする訊問は、これらの例のように、やむをえぬことがらではない。今日、われわれは、きわめて文明化したある国民[7]が、なんの不都合もなくそれを廃止したのを見ている。だから、それは本質的に必要ではないのだ。[8]

非常に多くの賢人才子がこの慣行に反対の論を書いているから、私は彼らの後で語るのはつつしもうと思う。訊問は、恐怖をかきたてるものならなんでも政体の力となる専制政体では、適当であろうと述べようと思っていた。ローマ人、ギリシア人のもとでの奴隷は云々と述べようと思っていた。だが私を非難して叫ぶ自然の声が聞こえる。

〔1〕 カエサル、クロムウェル、その他多くの人々。
〔2〕 のちに示すように、中国は、この点では共和国ないし君主制と同じ状態にある。
〔3〕 コンスタンティノープルの総主教ニケフォルスの『歴史』
〔4〕 前掲書。
〔5〕 デュ・アルド（『支那帝国の記述』）第一巻六ページ。
〔6〕 ペリー『大ロシアの現状』
〔7〕 イギリス国民。
〔8〕 アテナイの市民は、反逆罪の場合を除いて訊問にかけられることはありえなかった（リュシアス『アゴラトゥスにたいする駁論』）。訊問は、判決の三十日後に行なわれた（クリウス・フォルトゥナトゥス『修辞学』第二篇）。予備訊問はなかった。ローマ人については、『反逆罪にかんするユリウスの法律について』の第三法および第四法の示すように、反逆罪の場合でなければ、出生、顕位、軍職への従事が、訊問をされぬ保証となった。この慣行にたいして西ゴートの法律が課した賢明な制限参照。
① アンシャン・レジームのフランスでは「訊問」question とは拷問のことであった。それは、数々の

非難や王権側からの制限、廃止の試みにもかかわらず、フランス革命まで存続した。訊問には二種類あり、一つは「予備訊問」question préparatoire と呼ばれ、これは被疑者から自白を得るために行なわれたものであり、いま一つは「事前訊問」question préalable で、これは死刑執行に先だって共犯者の存在を聞きだすために行なわれたものである。

第四章　君主制における奢侈禁止法について

「ゲルマン民族のスイオン人は富を尊敬する。その結果として、彼らはただひとりの統治のもとに生活している」とタキトゥスは述べている。[1] このことは、奢侈がわけても君主制に適したものであり、君主制には奢侈禁止法があってはならないことをよく示している。

君主制の基本構造からして、富は不平等に配分されているから、まさしく奢侈が存在しなければならない。もし金持がたくさん消費しなければ、貧乏人は飢え死にするだろう。さらに、金持は財産の不平等に比例して消費するべきであり、先に述べたように、奢侈もこの割合で増大しなければならない。ある者の富が増大するのは、それが市民の一部から肉体的必要物を奪い去ったからにほかならない。だからそれは彼らに返されねばならない。

このように、君主制国家が維持されるには、奢侈は農民から職人、商人、貴族、司法官、大領主、主な徴税請負人、王族へと段階を追って増加しなければならない。さもなければすべては失われてしまうだろう。

いかめしい執政官や法律家や、初期の時代の観念で頭がいっぱいの人々からなるローマの元老院で、ある者が、アウグストゥスの治世下に、習俗と女性の奢侈を矯正することを提案した。アウグストゥスがどんな策によって、これら元老院議員たちの時代おくれの要求をかわしたかをディオンの書に見るのは、おもしろい。[2] つまりアウグストゥスは、君主制を樹立し、共和制を解体しつつあったのだ。

ティベリウスの時代に、按察官たちは元老院で昔の奢侈禁止法の復活を提案した。[3] 知力にめぐまれたこの君主は、それに反対した。「国家は、現にあるがままの状態においては存続しえないであろう」と彼は言った。「ローマはどのようにして生きながらえようか。諸州はどのようにして生きながらえようか。われわれは質素さをもっていた。今日、われわれは全世界の富を消費している。人々は、われわれのために主人と奴隷を働かせている」。もはや奢侈禁止法のあってはならぬことを彼はよく理解していた。

同じ皇帝のもとで、州知事の妻が規律を乱すからというので、州知事が妻を任地に伴うのを禁止することが元老院に提案されたとき、それは否決された。「古人のきびしさの模範は、もっと快適な生き方に変わった」[4] と人々は言った。人々は別の習俗が必要なのを感じていた。

奢侈は、だから君主制国家では必要である。それは専制国家でも必要である。前者では、それは人が自分のもつものを自由に使用することであり、後者では、自分の隷従に伴う利点を濫用することである。他の奴隷に暴威をふるうべく主人に選ばれた奴隷は、その日かぎりの好運も明日の定めは不確かとあって、高慢さと欲望と日々の逸楽を満たす以外の楽しみをもたない。

以上すべては一つの考察に導く。共和国は奢侈によって終わり、君主国は貧困によって終わる。[5]

第六章　中国における奢侈について

ある国では、その国に特有の理由から奢侈禁止法が必要となる。風土の力によって人民があまりに数を増しすぎ、他方それを生活せしめる手段はあまりに不確実ということが起こりうる。その場合には、人民全体を土地の耕作に専念させたほうがよく、これらの国では、奢侈は危険であり、奢侈禁止法は厳重であらねばならない。したがって、奢侈を奨励すべきか、禁止すべきかを知るには、まず住民の数と、住民を生活させることの難易の関係に注目しなければならない。イギリスでは、土地は、土地を耕す者や衣料を供給する者を養うに要するよりはるかに多量の穀物を産する。それで、そこにはつまらぬ工芸が、したがって奢侈が存在しうる。フランスでは、農民と製造業にやとわれている者を養うに十分な麦が生じる。そのうえ、外国貿易がつまらぬ物品に代わって多くの必要な物品をもたらすから、そこでは奢侈はほとんどおそれるに足りない。

中国では、逆に、女性は多産で、人口は非常に増殖するから、土地はどんなに耕作されても、かろうじて住民を養うに足りる程度である。したがって、そこでは奢侈は有害であり、いかなる共和国にもおとらず、労働と節倹の精神が要求される。[6] 必要な工芸に専念し、享楽のそれは避けねばならない。

それが、中国の皇帝たちの発したすぐれた勅令の精神である。唐朝のある皇帝（武帝）は、次のように言った。[7]「わが古人は、次のことを格言としていた。もし、耕さぬ男、紡がぬ女がいれば、帝国のうちにはだれか寒さや飢えに苦しむ者があるだろう」。そして、この原則にもとづいて、彼は無数の僧院をとりこわさせた。

第二十一王朝の第三代の皇帝（明の世祖永楽帝）はある鉱山で貴石を発見し、それをもってきた者に、その鉱山を閉鎖させた。[8]人民に衣食を与えることのできぬ物のために、人民を働かせ、疲労させることを欲しなかったのである。

「われわれの奢侈ははなはだしく、人民は売ることを余儀なくされたおのれの息子や娘の靴を、刺繍をもって飾るほどである」と賈誼（Kiayi. 前二〇〇～前一六八。漢の政治家・文人）は文帝[1]（Wenti. 前漢五代皇帝、在位前一八〇～前一五七）に述べている。[9]ただひとりの人間の衣服を作るのに、かくも多くの人間が用いられるならば、どうして多くの人間が衣服を欠くことのないようにできようか。ひとりの農民にたいして、土地の収益を食う十人の人間がいるとする。どうして多くの人間が食物を欠くことのないようにできようか。

第七章　中国における奢侈の宿命的な結果

中国の歴史を見ると、あいついだ二十二の王朝があったことがわかる。ということは、中国は無数の限られた革命は数に入れなくとも、二十二の全般的な革命を経験したということになる。

最初の三王朝は、賢明に統治され、その支配領域も後代にくらべてよりせまかったので、かなり長く持続した。だが、一般にこれら王朝はすべて、初めはかなりうまくいっていたといえる。徳性、注意、警戒心が中国には必要である。王朝の始まりには、それらがあり、末期にはそれらが欠ける。じっさい、戦いの疲労のなかで養われ、快楽に溺れた一族を玉座からひきおろすことに成功した皇帝たちが、かくも有益であることを身をもって知った徳性を保とうとし、かくも不吉であることをその眼で見た逸楽をおそれるのは自然であった。だがこの初めの三代か四代の皇帝のあとには、腐敗、奢侈、怠惰、快楽が、後継者をとらえてしまう。彼らは宮殿にとじこもり、その精神は弱まり、その寿命は縮まり、家系はおとろえる。大官が頭をもち上げ、宦官が信頼を得る。人々は子供しか玉座につけない。宮殿は帝国の敵となる。宮殿に住む無為の徒が、働く人民を破滅させる。皇帝は、簒奪者に暗殺されるか、滅ぼされ、その簒奪者は王朝を建てるが、彼の三代目か四代目の後継者は、いずれふたたび同じ宮殿に閉じこもることになる。

〔1〕『ゲルマン人の習俗について』
〔2〕ディオン・カッシオス（『ローマ史』）五四。
〔3〕タキトゥス『年代記』三。
〔4〕〈古人のきびしい生活は、多くの点で、よりよく、より快いものに変わった〉。タキトゥス『年代記』三（・三四）。

〔5〕〈まもなく貧困を生むであろう富裕〉フロールス（『ローマ史要』）三。
〔6〕そこでは、奢侈はつねにはばまれた。
〔7〕デュ・アルド神父の記している勅令のなかで。『支那帝国の記述』第二巻四九七ページ。
〔8〕デュ・アルド神父の著作、前掲書第一巻中「中国史」の第二十一王朝についての記述参照。
〔9〕デュ・アルド神父の記している弁論のなかで。前掲書第二巻四一八ページ。
（1）原文では、モンテスキューは、誤読して、この二人の名をつなげてしまい「皇帝 Kiayventi は述べている」と書いている。

第八篇　三政体の原理の腐敗について

第一章　本篇の大意

各政体の腐敗は、ほとんどつねに原理の腐敗に始まる。

第二章　民主制の原理の腐敗について

民主制の原理は、人々が平等の精神を失うときのみならず、極度の平等の精神をもち、各人が自分を支配するために選んだ者と平等たろうと欲するときにも腐敗する。そうなると人民は、自分が委任した権力すら我慢できず、元老院に代わって審議し、執政官に代わって執行し、全裁判官を罷免し、なにもかも自分自身でやろうとする。

共和国にはもはや徳性は存在しえない。人民は執政官の職能を行なおうと望む。だから執政官はもう尊敬されない。元老院の審議はもう重みをもたない。そこで人々は元老院議員にもはや敬意を示さず、したがって老人にも敬意をはらわない。老人を尊敬しなければ父親も尊敬しないだろう。夫も、それ以上の尊敬には値せず、主人も服従されない。だれもがこの自由放埒《ほうらつ》を愛するにいたるであろう。命令の拘束は、服従のそれと同様に衰弱するであろう。女、子供、奴隷は、だれにも服従しないだろう。もはや習俗はなく、秩序への愛もなく、ついには徳性もないであろう。

クセノフォンの『饗宴』に、人民が平等を濫用した共和国のきわめて素朴な描写が見られる。招待客は、めいめい、なにゆえ自分に満足しているかの理由を述べる。「私は貧乏だから自分に満足しているとカルミデスは言う。金持だったときには、中傷家どもにお世辞を使わなければならなかった。自分が彼らに害をなすよりも、彼らから害をうけやすい状態にあることを承知していたからだ。国はいつも、なにかかにか新しい税金を要求してきた。家を留守にもできなかった。貧乏になってからというものは、私は権威を得た。だれも私を脅かさず、私のほうが他人を脅かす。外に出ることも家にいることもできる。すでに金持は自分の席を立ち、私に歩を譲る。今は私は王だが、かつては奴隷だった。かつては国に税金を払っていたが、今は国が私を養ってくれる。もうなにかを失う心配はなく、もうける期待があるのみだ」

人民がその身をゆだねた人々が、おのれの腐敗を隠すために人民を腐敗させようとするとき、人民はこのような不幸に陥る。彼らは、人民が彼らの野心を見抜かないように、もっぱら人民には人民の偉大さのみを語る。彼らの強欲に気づかないように、人民の強欲を煽りたてる。

腐敗は腐敗をこととする者たちの間で増大し、すでに腐敗した者たちの間で増大するであろう。

人民は全国庫金を分けあうだろう。そして、その身の怠惰に国事の管理を結びつけたように、その身の貧困に奢侈のたのしみを結びつけたがるであろう。しかし、その怠惰と奢侈をもってしては、人民にとっての対象たりうるものは、国庫以外にないであろう。

もし投票が金のために行なわれるのを見たとしても驚いてはならないだろう。人民からさらにしぼりとらなければ、人民に多くを与えることはできない。だが、もっとしぼりとるには、国家を転覆せねばならない。人民が、おのれの自由からより多くの利益をひき出しているかに見えれば見えるほど、彼らは自由を失うべきときにより近づいているだろう。そのとき、人民はただひとりの専制君主のもつ悪徳のすべてをそなえた、数多くの小専制君主から構成されるようになる。やがて、自由の残り物が耐えがたい負担となる。ただひとりの圧制者がたちあらわれ、人民はすべてを、その腐敗の利益さえも失うにいたる。

たしかに、ギリシアの諸共和国を腐敗させた人々は、かならずしも僭主にはならなかった。ギリシア人すべての胸中に、共和政体をくつがえそうとする者にたいするぬきがたい憎しみがあったことのほかに、彼らは、武術よりも弁舌に、よりいっそう愛着していたからである。その結果として、無政府状態は、僭主制に転化する代わりに壊滅状態に堕した。

しかし、かのシラクサ——僭主制に転化した多くの小寡頭制[1]のただ中にあったシラクサは、史書にはほとんど記されていないが、元老院をもっていて[2]、通常の腐敗のもたらすことのない特有の不幸をこうむった。この都市は、つねに放縦[3]と抑圧のもとにあり、その自由とその隷従にひとしく作用され、つねに自由と隷従とを嵐のように受け、その対外的力にもかかわらず、つねに極小の外力によって革命が起こるべく定められていた。そして、その内に多数の人民を擁していたが、彼らは僭主をもつか、みずからが僭主たるかという、残酷な二つの道しかもたなかった。

第三章　極度の平等の精神について

天が地からかけはなれているように、真の平等の精神は、極端な平等の精神からほど遠い。前者は、万人が支配し何人も支配されぬようにすることではなく、同輩に服従し、同輩を支配するようにすることにある。それは、支配者をまったくもたぬことを求めるのではなく、支配者として同輩しかもたぬことを求める。

自然状態では、人間はたしかに平等なものとして生まれる。だが人間は、自然状態にとどまることはできないであろう。社会は平等を失わしめる。そして人間は法によってのみふたたび平等となる。

組織された民主制とそうでない民主制との違いは大きい。前者においては、人は市民としてのみ平等であるのにたいし、後者では、さらに、執政官として、元老院議員として、裁判官として、父親として、夫として、主人としても平等であることになる。

徳性の自然な位置は自由のかたわらにある。だがそれは極端な自由のかたわらには、隷従のかたわらにそれがないと同様に存在しない。

第五章　貴族制の原理の腐敗について

貴族制は、貴族の権力が恣意的となるときに腐敗する。支配する者にも、支配される者にも、徳性は存在しえなくなる。

支配する諸家門が法を守っている場合には、それは、複数の君主をもつ君主制であり、その本性からして、良好な君主制である。これら君主のほとんどすべてが、法律により拘束されている。しかし、もし法を守らなければそれは、複数の専制君主をもつ専制国家である。

この場合には、共和国は、貴族にかんしてのみ、そして貴族間にのみしか存在しない。共和国は統治者団にあり、専制国家が被治者団にある。それは、この世でもっとも分離した二つの団体をつくり出す。

極度の腐敗は貴族が世襲的となった場合である。[4] 彼らはもはやほとんど節度をもちえない。彼らが少数ならば、彼らの権力はより大きいが、その安全は減少する。彼らがより多数ならば、彼らの権力はより小さく、安全はより大きい。その結果、その首に過度の権力と危険のかかる専制君主にいたるまで、権力は漸増し安全は漸減する。

したがって、貴族が多数であることは、世襲的貴族制においては、政体をより穏和にするだろう。だがそこには、徳性はほとんどないだろうから、無関心、怠惰、放任の精神に陥り、その結果、国家は力も発条も失うことになるだろう。[5]

貴族制は、もし法律が貴族たちに支配の楽しみよりも、その危険や労苦をより痛感させるようであるならば、あるいは、国家がなにかおそれねばならぬ外敵をもっているので、安全は内部から不安定は外部から生じるような状態にあるならば、その原理の力を保つことができる。ある程度の信頼感が、君主国の栄光と安全をもたらすように、それとは逆に、共和国はなにかをおそれていなければならない。[6] ペルシア人にたいする恐怖が、ギリシアでは法を維持した。カルタゴとローマは相互におどしあい強めあった。不思議なことだ、これらの国家は安全になればなるほど、静水のように腐敗しやすいのである。

第六章　君主制の原理の腐敗について[1]

人民が、元老院、行政官、裁判官からその機能を奪いとるとき民主制が滅亡するのと同様に、君主制は、国王がしだいに諸団体の特権や都市の特権を奪うとき腐敗する。前者においては、それは万人の専制にいたり、後者においては、ただひとりの専制にいたる。

ある中国の著述家は次のように述べている。「晋と隋の王朝を滅ぼしたのは、君主が、古人の行なったようにそれのみが君主にふさわしいところの一般的な監察にかぎらないで、万事を直接自身で統治しようとしたことにある」[7]。この中国の著述家は、ここにほとんどすべての君主制の腐敗の原因を語ってくれている。

君主制は、君主が事物の秩序にしたがうよりも、それを変えることによって、より自分の力を発揮していると信じるとき、またある者からその本来的な職能を奪い、それを他の者に恣意的に与えるとき、そして意志よりもまぐれを好むとき、崩壊する。

君主制は、君主がすべてをただ自分のみに帰し、国家をおのれの首都に、首都をおのれの宮廷に、宮廷をおのれ一身に呼びよせるとき、滅亡する。

最後に、君主がみずからの権威、みずからの身分、そして人民への愛を軽んじるとき、また、専制君主が自分の身が危険にあると信じていなければならないように、君主は自分の身が安全であると判断できなければならないということがよくわからないとき、君主制は滅びる。

第七章　同じ主題の続き

君主制の原理は、最高の官位が最高の隷従のしるしであるとき、そして権勢者から人民の尊敬を奪い、彼らを恣意的な権力のいやしい道具とするとき、腐敗する。

それはさらに、名誉と高位とが矛盾をきたし、人が醜名と顕職を同時に身にまというるとき、腐敗する。(8)

それは、君主がおのれの正義を苛酷と化すとき、ローマ皇帝のごとくおのれの胸上にメドゥサの頭をおくとき、(9) コンモドゥス帝がおのれの像に与えさせた、あの威嚇的でおそるべき姿を(10)身につけるとき、腐敗する。

君主制の原理は、卑劣極まる者どもが、隷従により得られた権勢にうぬぼれ、君主にすべてを負うているのだから祖国にはなにも負うていないと考えるとき腐敗する。

だが、いつの時代にも見られたように、君主の権力が大きくなるほど、その安全は減少するのが事実とすれば、この権力をそれが変質するほどまでに腐敗させることは、君主にたいする大逆罪ではないだろうか。

第八章　君主政体の原理の腐敗の危険

国家がある穏和政体から他の穏和政体へ、たとえば共和制から君主制、あるいは君主制から共和制へと移るのには、不都合はない。だがそれが、穏和政体から専制へと急落するときにはそうではない。

ヨーロッパの諸民族の大部分は、まだ習俗によって治められている。だが、もし権力の長い濫用や大征服によって、専制がある程度までうちたてられるならば、習俗も風土もそれに抗しえないであろう。そして、世界のこのうるわしい部分でも、人間性は世界の他の三部分で加えられている侮辱を、少なくとも一時的にはこうむることになるであろう。

第九章　いかに貴族は王権を守ろうとする傾向があるか

イギリスの貴族は、チャールズ一世とともに、玉座の瓦礫《がれき》の下に埋もれた。そしてそれより前、フィリップ二世がフランス人の耳に、自由なる語を聞かしめたとき、王冠は、つねにこの貴族により支持された。彼らは、国王に服従することを名誉とするが、人民と権力を分かつことは最大の屈辱と考える。

周知のように、オーストリア王家は、たゆむことなくハンガリア貴族を抑圧することに努めてきた。オーストリア王家は、ハンガリア貴族がいつの日にか、いかに価値あるものとなるかを知らなかった。オーストリア王家は、これら民族のもとに、そこにはない貨幣を求め、そこにいる人間を見なかった。その国家をかくも多くの君侯が互いに分割しあったとき、その王国の諸部分は動かず、なんの行動もせず、いわば次々と崩壊した。生命はこの貴族にしかなかった。彼らは憤りすべてを忘れてしまい、死にそして許すことがその名誉だと信じた。[2]

第一〇章　専制政体の原理の腐敗について

専制政体の原理は、その本性からして腐敗しているから、たえず腐敗する。他の政体が滅亡するのは、偶然の事件がその原理を破るからである。ところが専制政体は、なにか偶然的な原因がその原理の腐敗を妨げなければ、その内的な悪により滅亡してしまう。したがって、それが維持されるのは、ただ風土や宗教、環境、人民の天分などからひき出される諸条件が結びついて、それがこの政体をして、なんらかの秩序に従わせ、なんらかの規制に耐えることを強制するときのみである。これらの事態は政体の本性を強制するが、変えはしない。その残虐性はそのまま残る。しばらくの間飼いならされたのである。

第一一章　原理の良好と腐敗の自然的効果

政体の原理がひとたび腐敗すると、最良の法も悪法となり国家に反するものとなる。その原理が健全であれば、悪法もよい法の効果をもつ。原理の力がすべてを導く。

クレタ人は最高の執政官たちの法への従属を保つために、きわめて奇妙な手段を用いた。それは、蜂起という手段であった。一部の市民が蜂起し、[11]高官たちを追放し、ついで私的な資格で帰国させた。これは、法にしたがって行なわれたものとみなされていた。権力濫用を妨げるために、反乱を制度として定めるこのような制度は、あらゆる共和国をくつがえしてしまうにちがいないと思われるだろう。だが、それはクレタの共和国を破壊しはしなかった。以下がその理由である。[12]

古人は、祖国をもっとも愛する国民について語ろうとするとき、クレタ人を引合いに出すのがつねであった。「祖国、クレタ人にとってかくもやさしき名」とプラトンは言っている。[13] 彼らは、祖国を、母親の子供にたいする愛情を意味する名詞をもって呼んでいた。[14] ところが、祖国愛はあらゆることがらを正す。

ポーランドの法律にも、蜂起が定められている。だが、それに由来するもろもろの不都合は、クレタの人民のみがこのような救済法をうまく用いることのできる条件にあったのだということを、明確に示している。

ギリシアで行なわれていた体育訓練も、同じく政体の原理の良好に依存した。「彼らに、世界でかくも際立った位置を保たしめた、あの名高いアカデミアを開いたのは、ラケダイモン人とクレタ人であった。初めは羞恥心が動かされた。しかし、それは公益に場所をゆずった」とプラトンは述べている。[15] プラトンの時代には、この制度は賞嘆すべきだった。[16] それは、偉大な目標、すなわち軍事技術に結びついていた。しかしギリシア人がもはや徳性をもたなくなったとき、それは軍事技術自体を破壊した。人々が競技場におりるのは、もはやおのれを練成するためではなく、おのれを腐敗させるためであった。[17]

プルタルコスの述べているところによれば、[18] 彼の時代には、ローマ人たちは、これらの競技がギリシア人の陥った隷従状態の主要な原因であったと考えていた。事実は、反対にギリシア人の隷従状態がこれらの競技を腐敗させたのである。プルタルコスの時代には、[19] 人々が裸体でたたかう闘技場や闘技は、青年を卑劣にし、恥ずべき愛にみちびき、軽業師に仕立てただけだった。だが、エパミノンダスの時代には、闘技は、テーベ人をしてレウクトラの戦いに勝利せしめた。[20]

国家が原理を失っていないときには、よくない法律はほとんどない。そして、エピクロスが富について語ったように「腐るのはけっして酒ではなく、器である」

第一六章　共和国の特性

その本性からして共和国は小さな領土しかもたない。そうでなければ、それはほとんど存続できないだろう。巨大な共和国には、大きな財産が存在し、その結果、人心には節度がほとんどない。一市民の手中におくには、あまりに大きすぎる寄託物がある。利害が互いに特殊化する。ある者が、まず祖国なしでも幸福でありえ、偉大でありえ、栄光を身にまというるものだと感ずる。すると、ほどなく彼は自分だけが、祖国の廃墟の上に偉大たりうるのだと思うようになる。

巨大な共和国では、公共の福祉は、無数の考慮の犠牲とされる。それは諸々の例外に従属させられる。それは、偶然事に依存する。小共和国では公共の福祉は、よりよく感じとられ、よりよく知られ、各市民のより身近にある。濫用はより広がることが少なく、したがって保護されることも少ない。

ラケダイモンをあれほど長く持続させた理由は、すべての戦争の後で、それがつねに、そのもとの領土のままにとどまったことにある。ラケダイモンの唯一の目標は自由であった。その自由の唯一の利益は栄光であった。

その法律と同じように、その領土で満足することが、ギリシア諸共和国の精神であった。アテナイが野心を抱き、ラケダイモンにそれを伝えた。だが、それは奴隷を支配するというよりも、自由な人民をひきいようとするものであり、同盟を破るというよりも、同盟の首位に立とうとするものであった。より拡大を志向する精神をもつ政体である君主制が勃興したとき、すべてが崩壊した。

特殊な諸条件のないかぎり、[21] 共和政体以外のどのような政体も、ただ一都市内で持続することは困難である。かくも小さな国の君主は、自然と圧制に向かうであろう。彼は強大な権力をもちながら、それを利用したり、尊敬させたりする手段をもたないからである。したがって、彼は大いにその人民をおしひしぐであろう。他方、このような君主は、たやすく外部勢力、または、内部勢力により抑圧されるだろう。人民はいかなるときであれ、相集まり、彼にたいし同盟しうるであろう。ところが、一都市の君主は、その都市から追われれば事件はそれで終わってしまう。もし彼がいくつもの都市をもっていれば、事件は始まったにすぎない。

第一七章　君主制の特性

君主制国家は、中庸の大きさでなければならない。もし小さければ、共和国の型態をとるであろう。もし、きわめて広大であれば、国家の主だった人々は、彼ら自身の力で強大であり、君主の眼のとどくところになく、宮廷の外に自分たちの宮廷をつくり、他方、法と習俗によって迅速な処刑からは身を守られているから、服従することをやめることができるだろう。あまりに遅くあまりに遠く離れた刑罰を彼らはおそれないだろう。

こうして、シャルルマーニュは、その帝国を築くや否や、分割せざるをえなかった。地方総監(＝伯《コムト》)たちが服従しなかったのか、彼らをよりよく服従させるためには帝国をいくつかの王国に分割しなければならなかったのか、理由がそのいずれにあろうとも。

アレクサンドロスの死後、その帝国は分割された。あのギリシアとマケドニアの武将たち――自由であったか、さもなくば、少なくとも広大な征服地に散らばった征服者たちの首領であった彼らが、どうして服従などしえたろうか。

アッティラの死後、その帝国は解体した。もはや抑制を受けなくなった多くの王たちが、今一度鉄鎖につくなどはありえなかった。

無制限の権力を迅速に確立することが、このような場合には、解体を防止する方策である。拡大のもたらした不幸につづいで、さらに新たな不幸！

河は流れて大海に混じりあう。君主制は、滅ぼしあって専制にいたる。

〔1〕プルタルコスの『ティモレオン伝』と『ディオン伝』参照。
〔2〕ディオドロスの語っている六百人の会議がそれである。
〔3〕僭主たちを追放して、彼らは外国人や傭兵を市民とした。このことは内乱をひきおこした。アリストテレス『政治学』五・三。民衆がアテナイ人にたいする勝利の原因であったので、共和国は変化した。前掲書五・四。ふたりの若い執政官の情念がこの共和国の型態を変えた。彼らの一方が他方から若い男の子を誘拐したので、恋人を奪われた男は、奪った男の妻を口説きおとした。前掲書七・四（五・四の誤り）。
〔4〕貴族制は寡頭制に変化する。
〔5〕ヴェネツィアは、世襲的貴族制の欠陥を、その法によって、もっともよく矯正した共和国の一つである。
〔6〕ユスティヌスは、アテナイにおける徳の消滅の原因をエパミノンダスの死に帰している。もはや対

抗心を失ったので、〈兵営よりも食卓に多く気を配り〉、彼らは収入を祭に費やした。そのとき、マケドニア人が暗闇から姿を現わした。ユスティヌス（『ヒストリアエ・フィリピカエ』）。

〔7〕デュ・アルド神父のもたらした明代の著作の選文集『支那帝国の記述』第二巻六四八ページ。

〔8〕ティベリウスの治世に、人々は彫像を建て、密告者を勝利の飾りで飾った。そのことは、この栄誉をはなはだしくいやしいものとしたので、それに値する人々は、それを軽蔑し、退けた。ネロが陰謀と称されるものを発見し、罰したことにたいして、ペトロニウス・トゥルピリアヌス、ネルヴァ、ティゲリヌスに、どうして勝利の飾りを与えたかについては、タキトゥス『年代記』一四参照。また、将軍たちが、どうして名誉を軽蔑したので戦うことを潔しとしなかったかについては、同じくタキトゥス前掲書一三参照。

〔9〕この国では、君主は、その政体の原理がなんであるかをよく心得ていた。

〔10〕ヘロディアヌス（『マルクス・アウレリウス死後のローマ帝国史』）。

〔11〕アリストテレス『政治学』二・一〇（二・七の誤り）。

〔12〕彼らはつねにまず外部の敵にたいして団結した。それを、人々は、「クレタ人の団結」（syncrétisme〈sugkrētismos シンクレティズム〉と呼んだ。プルタルコス『倫理論集』

〔13〕『国家』九。

〔14〕プルタルコス前掲書「老人は公事に関与すべきか」

〔15〕『国家』五。

〔16〕体育訓練は、舞踏と格闘技の二つに分けられていた。クレタには、クーレースたちの剣の舞いがあり、ラケダイモンには、カストールとポルックスのそれがあった。アテナイには、パラースの剣の舞

いがあって、それは、また戦いに行く年頃でない者にきわめて適していた。格闘技は戦いの似姿であるとプラトンは述べている〔『法律』七〕。彼は、古代が二種の舞踏――平和の舞いと戦いの舞い――しかつくり上げなかったことを賞讃している。後者が、どのようにして、戦闘技術に適用されたかについては、プラトン同書参照。

⑰〈レダの愛するラケダイモンのみだらな闘技場を〉。マルティアリス『短詩集』四・五五。

⑱『倫理論集』「ローマにかんする問答」

⑲『倫理論集』

⑳プルタルコス『倫理論集』「食卓の会話」二。

㉑たとえば、二大国にはさまれた小君主は、大国相互の嫉妬により、身を保つ。だが、その存在はあやうい。

(1) この章でモンテスキューは、フランスにおける絶対王権の強化、集中を暗に批判している。

(2) オーストリア継承戦争（一七四〇～四八）を指す。諸列強の連合軍に敗れたテレジアはハンガリーに逃れるが、ハンガリー貴族とその軍隊の支持を得て反撃に出、苦境を脱した。

第九篇　防衛力との関係における法について

第六章　国家の防衛力一般について①

一国が防衛できる状態にあるためには、その国にたいして行なわれうる攻撃の速度と、その攻撃を無効たらしめうる措置の迅速さとが釣り合っているような、国土の大きさでなければならない。まず攻撃する側は、どこにでも出現しうるのだから、守る側もまた、どこにでも出現できなければならない。したがって国土の大きさは、自然が人間に与えた一点から他の点に移動する速度に相応するように、中庸をえていなければならない。

フランスとスペインはまさに適当な大きさである。各軍は相互にきわめてよく連絡しあっているので、まず一挙に必要な地点に行くことができる。軍隊はそこに集結し、敏速にある国境から他の国境へ移動する。実行するのに時間のかかるおそれのあるようなことがらはなにもない。

フランスでは、驚嘆すべき幸運によって、首都は、各国境の弱さに正確に比例して、よりその近くに位置している。だから君主は、首都にあって、その国の各部分を、それが外敵にさらされていればいるほど、よりよく観察することができる。

ところが、ペルシアのような広大な国が攻撃された場合には、分散した軍隊が集結しうるのに数ヵ月を要する。そして二週間の強行軍をさせるような調子で、こうも長い間、強行軍をさせはしない。国境にいる軍隊が撃破されれば、退去地点が近くないので、それは確実に分散してしまう。勝った敵軍は、抵抗を受けることなく進撃を重ね、首都の前面に現われ、それを攻囲する。そのころになってようやく、地方の総督たちは、援軍を送るよう知らされる。革命近しと判断する者たちは、服従しないことによって革命をはやめる。なぜなら、もっぱら処罰が近くにあるから忠誠であった連中は、それが遠ざかるや否や忠誠でなくなるからである。彼らは自分の個人的利益にしたがって動く。帝国は解体する。首都は占領される。そして征服者は総督たちと地方諸州を争う。

君主の真の力は、彼が征服を行なうことのたやすさよりもむしろ、彼を攻撃することのむずかしさにある。また、あえていうならば、その地位の不動性にある。ところが国家の拡大は、攻撃可能な新たな側面を外敵に示すことになる。

したがって、君主は自分の力を増すのに賢明であらねばならぬと同様に、その力を抑制すべく同じく慎重でなければならない。弱小に伴う不便をなくしながら、彼らは強大に伴う不便にもつねに眼を向けていなければならない。

第七章　省　察

きわめて長い間君臨したある偉大な君主（ルイ十四世のこと）の敵は、理性よりもおそれにもとづいてのことと私は思うのだが、この君主が世界王国の計画を作り、その実現をくわだてたとして、幾度と知れず非難した。もしかりに、彼がそれに成功したとすれば、ヨーロッパにとって、また彼の昔からの臣下にとって、彼自身にとって、そして彼の家族にとって、それ以上に破滅的なことはなかったであろう。真の利益を知っている天は、その君主に、勝利をもってしたであろう以上に、敗北によって役立ったのである。彼をヨーロッパの唯一の君主とする代わりに、天は、彼をすべての君主のうちでもっとも強力な君主とすることによって、よりよく遇したのである。

その国民は、異国にあって、自分が残してきたものによってしか、けっして心を動かされることがない。彼らは、故国を立つにあたっては、栄光を至高の善と考えるが、遠く離れた国にあっては、帰国のための障害と見る。この国民は、おのれのすぐれた性質によってさえ、人の気をそこねる、というのは、それらの性質に軽蔑を加えているように見えるからだ。彼らは、負傷、危険、疲労は我慢するが、おのれの快楽を失うことは我慢できない。彼らはなによりもおのれの陽気さを好み、戦いにやぶれても、将軍を歌に歌えば、心慰むのである。このような国民は、一国で失敗すれば他のすべての国でも失敗し、一度失敗すれば永久に失敗することを免れぬような計画を、けっして成しとげることはなかったであろう。

(1) この章と次の第七章は、旧作「ヨーロッパにおける世界王国についての省察」の一部分をほとんどそのまま採ったものである。この小論文は『ローマ盛衰原因論』と同じ一七三四年に印刷されたが、配布の直前に一部を除きモンテスキュー自身により廃棄された。ルイ十四世が抱いていたとの世評のある、全ヨーロッパを支配する大王国建設の野心を批判したものである。本章はその一九節から二一節、次章はその一七節である。

第一〇篇　攻撃力との関係における法について

第三章　征服権について

交戦権からその結果である征服権が派生する。したがって征服権は、交戦権の精神にしたがわねばならない。一国民が征服された場合、征服者が彼らにたいしてもつ権利は、以下の四つの法にしたがう。第一に、自然の法で、それは万物をして種の保存に向かわしめるところのものであり、第二は、人間本性の知恵の法で、それはわれわれに自分がされたいと思うことを他人にもするよう求めるものであり、第三は、政治社会を形成する法であって、政治社会は、その持続が自然によって限定されないような存在である。第四は、ことがら自体に由来する法である。征服とは獲得である。獲得の精神は、維持と利用の精神を伴うのであって、破壊の精神は伴わない。

他国を征服した国は、被征服国を、以下の四通りの仕方のいずれかで扱う。被征服国の法律によってその国を統治しつづけ国政と市民政の行使のみをとりあげるか、新たな国政と市民政を与えるか、社会を破壊しそれを他の社会の中に分散するか、最後に、その全市民を絶滅するかである。

第一の仕方は今日われわれのしたがっている万民法に一致しており、第四の仕方はローマ人の万民法に、より一致している。この点について、われわれが古代人よりどれほどよくなったかの判断は残しておくことにする。ここでわれわれの現代に、現在の理性に、今日の宗教に、われわれの哲学に、われわれの習俗に、敬意を表さねばなるまい。

今日の公法学者たちは、古代史を根拠として、厳密に必要な事例から逸脱し、大きな誤謬に陥った。彼らは恣意にはしり、どんな権利か知らないが、征服者に殺す権利なるものを想定した。そのことは、彼らに、原理と同様におそるべき結論をひき出させ、征服者自身ごくわずかの理性をもっていれば、けっしてとらなかったような格率をたてさせた。征服が完了したときには、征服者は、もはや自然的な自己防衛と自己保存の場合ではないのだから、殺す権利をもたぬことは明白である。

彼らがこのように考えたのは、征服者は社会を破壊する権利をもつと信じたことによる。そのことからして、彼らは、征服者が社会を構成する人間をも破壊する権利をもつと結論した。それは、誤った原理からみちびかれた誤った帰結である。なぜなら、社会を絶滅するということから、それを構成する人間も絶滅さるべきだという結果にはならないからだ。社会は人間の結合であって、人間そのものではない。市民は死に、人間は生き残るということもありうるのである。

征服における殺す権利から、政治家たちは、隷従に陥れる権利をひき出した。だが、この帰結は、原理と同様に根拠をもたない。

人が、被征服者を隷従に陥れる権利をもつのは、隷従が征服の維持に必要な場合のみである。征服の目的は維持である。隷従は征服の目的ではけっしてない。しかし、それが維持を達成するのに必要な手段であることはありうる。

その場合、この隷従が永久的であることは、事物の本性に反している。奴隷となった人民が、臣民となりうるのでなければならない。征服における隷属は、偶然事である。ある時間がたって、征服国のすべての部分が、被征服国のすべての部分と、慣習、通婚、法律、結社、そして、精神上のある程度の一致によって、互いに結びついたときには、隷従は消滅すべきである。なぜなら、征服者の権利は、これらのものがなく、二つの国民の間にへだたりがあり、一方が他方を信用できないような、そのような事態にのみ、根拠をおいているからである。

したがって、一人民を隷従に陥れた征服者は、彼らをそれから解放する手段〔この手段は無数にある〕を、つねに留保していなければならない。

私はここで、漠然としたことがらを述べているのではない。ローマ帝国を征服したわれわれの祖先は、このように振舞った。戦火と、行動と、激昂と、戦勝の倨傲《きょごう》のなかで作った法律を、彼らはやわらげた。彼らの法律は苛酷であった。彼らはそれを公平にした。ブルグンド人、ゴート人、ランゴバルド人は、ローマ人が戦敗民族であることをつねに望みつづけた。エウリック(西ゴート王四六六即位)、ゴンドバルド(ブルグンド王四七三即位)、ロタリ(ランゴバルド王六三六即位)の法律は、野蛮人とローマ人を同胞市民とした。①

シャルルマーニュは、サクソン人を制圧するために、自由人の身分と財産所有権を奪った。ルイ柔和王（シャルルマーニュの子、敬虔王。西ローマ皇帝、八一四即位）は、彼らを解放した。② これが全治世を通じて、彼のした最善のことであった。時間と隷従が彼らの習俗をやわらげていた。彼らはつねに忠誠であった。

第一三章　カルル十二世

おのれの力しか用いなかったこの君主は、長い戦いによってのみ実現されうる計画をたてることによって、自分の没落を決定的なものとした。それは、彼の王国の支えきれないものだった。

彼がくつがえそうとくわだてたのは、崩壊途上の国家ではなかった。生まれつつある帝国だった。モスクワ人たちは、彼がしかけた戦争を、学校として役立てた。敗北のたびに、彼らは勝利に近づいた。そして、外で失いながら、内で自衛することを学んでいた。

カルルは、ポーランドの荒野で、自分を世界の支配者と思いこんでいた。彼は、荒野をさまよい、スウェーデンは、荒野の中にあたかも拡散していた。その間に彼の主敵は彼にたいし防備を固め、彼に迫り、バルティック海に陣をきずき、リヴォニアを占領し、または滅ぼした。

スウェーデンは、流れを変えている間に水源で水を断たれた河に似ていた。

カルルを破滅させたのは、ポルタヴァ（ウクライナの都市。一七〇五年、カルルはここで決定的に敗北した。）ではけっしてなかった。もし彼がこの地でうちまかされなかったとしても、彼は他の地でうちまかされただろう。運命のもたらす偶然はたやすく回復されうる。事物の自然が不断に生み出す事件からは、身を守ることはできない。

だが、自然も運命も、彼にたいして、彼自身ほど強くはなかった。

彼は、事物の現にあるところの配置にもとづいて行動を律するのではけっしてなく、自分の選んだ一つのモデルにもとづいて行動を律していた。しかも彼は、そのモデルにきわめて下手にしたがった。彼は、けっしてアレクサンドロスではなかった。だが、アレクサンドロスの最良の兵士ではあったろう。

アレクサンドロスの計画が成功したのは、ひとえにそれが理にかなったものであったからである。

ペルシア人がギリシアにたいして行なった侵入の失敗、アゲシラオス（スパルタ王。前四〇一即位）の征服と一万人の退却[1]は、戦闘方法と武器の様式におけるギリシア人の優位をはっきりと知らしめた。そして、ペルシア人がおのれを正すには、あまりに尊大にすぎることは周知の事実であった。

彼らは、もはやギリシアを分裂によって弱めることはできなかった。ギリシアはそのとき、ひとりの首領のもとに結集しており、この首領にとって、ギリシア人の眼から彼ら自身の隷従状態を隠すには、彼らの永遠の敵を撃滅しアジア征服の希望をちらつかせることで、彼らを眩惑する以上によい手段はなかった。

世界でもっとも勤勉で宗教の原理をもって土地を耕す国民によって養われ、豊饒であらゆるものに満ちあふれた帝国は、敵がその地にとどまるのにあらゆる便宜を与えていた。

いたずらに敗北を重ねくやしがっていたこれらの国王たちの傲慢さから、彼らはたえず戦闘をしかけることにより、おのれの没落を早めるであろうこと、また取り巻きの阿諛《あゆ》追従により、おのれの偉大さを疑うことなどけっしてできないであろうことを、人々は容易に判断することができた。

そして、計画が賢明であったのみならず、それは賢明に実行された。アレクサンドロスは、その行動の迅速さ、その感情の火のような激しさにおいてすら、あえてこのような言葉を使うとすれば、彼を導く理性のほとばしりをもっていた。そして、彼の生涯を小説化しようとし、彼よりもそこなわれた精神をもった人々さえ、われわれの眼にこの理性を隠すことはできなかった。

〔1〕 蛮民法典と、本書第二八篇参照。

〔2〕 著者未詳『ルイ柔和王伝』。デュシェーヌ編の史料集『フランス史家叢書』所収、第二巻二九六ページ参照。

(1) ペルシア王アルタクセルクセスの弟キュロスは、兄を倒すため、一万のギリシア人傭兵を集め、遠征を行ない、前四〇一年メソポタミアのクナクサで会戦、ギリシア傭兵軍は勝ったが、キュロスは戦死し、傭兵軍は長途の退却行を行ない黒海岸に逃れた。クセノフォンの『アナバシス(内陸行)』はこの遠征の記録である。

第一一篇　国家構造との関係において政治的自由を構成する法について

第一章　大　意

私は、国家構造との関係において政治的自由を構成する法と、市民との関係においてそれを構成する法とを区別する。前者が本篇の主題であり、後者は次篇で扱う。

第二章　自由という語に与えられたさまざまな意味

自由という語ほど、多くの異なった意味を与えられ、人々の心をさまざまに打つ言葉はない。ある者は、それを、彼らが専制的な権力を与えた者を廃することの容易さの意味にとった。他の者は、彼らがしたがうべき者を選ぶ能力と理解した。またある者は、武装し、暴力を行使しうる権利の意味と解したし、ある者は、自国民のひとり、あるいは、彼ら自身の法律によってのみ統治される権利と解した。[1]ある国民は、長い間、自由とは、長ひげをたくわえる慣習のことだと考えていた。[2]ある人々は、この名詞を政体の一型態に結びつけ、他の型態をそれから排除した。共和政体の味を知った人々は、自由をこの政体においた。君主政体を享受した人々は、自由をこの政体に位置づけた。[3] 要するに各人は、自分の習慣、自分の性向にかなった政体を自由と呼んだ。そして共和制では、人々の不平の的となる悪を作り出す機関が、いつも眼の前に、また、はっきりと存在するわけではなく、また、法もそこではより多く語り、法の執行者はより語ることが少なく思われるので、人々は自由を、ふつう、共和制におき、君主制からはそれを除外した。最後に民主制においては、人民はほぼ自分の望むことをしているかに見えるので、人々は自由をこの種の政体においた。そして人民の権力を人民の自由と混同した。

第三章　自由とは何か

民主制においては、人民が自分の望むことをしているように見えるのは事実である。だが政治的自由とは、望むことをなすことではけっしてない。国家、すなわち法の存在する社会においては、自由とは、望むべきことをなしえ、望むべきでないことをなすべくけっして強制されないことにほかならない。

独立とはなんであるか、そして自由とはなんであるかを心にいれておかねばならない。自由とは、法の許すすべてをなしうる権利である。だから、もしある市民が法の禁ずることをなしうるならば、他の市民もまったく同様にその可能性をもつであろうから、彼は自由を失うことになろう。

第四章　同じ主題の続き

民主制と貴族制は、その本性からしてけっして自由な国家ではない。政治的自由は穏和政体にしか見いだせない。しかし、それは、穏和国家にはつねにあるというのではない。それは、権力の濫用されぬときにしか存在しない。だが、権力をもつ者はすべて、それを濫用する傾向があることは、永遠の体験である。彼は限界を見いだすところまで進む。だれが知ろう、徳性さえもが限界を必要とするのだ。

人が権力を濫用しえないためには、事物の配列によって、権力が権力を阻止するのでなければならぬ。国家構造は、何人も法の強制しないことを行なうよう強制されず、また、法の許すことを行なわないように強制されることのない、そのようなものでありうる。

第五章　各種国家の目的について

あらゆる国家は、一般に自己を維持するという同じ目的をもっているが、しかし各国家は、おのおのに固有の目的をもっている。拡大がローマの目的であった。戦争がスパルタの目的であった。宗教がユダヤの法の目的であった。商業がマルセーユの目的であった。公共の安寧が中国の法の目的であった。[4] 航海が、ロードス島民の法の目的であった。自然的自由が野蛮人の政治秩序の目的である。一般に君主の快楽が専制国家の目的であり、君主の栄光と国家の栄光が君主国の目的である。各私人の独立がポーランドの法律の目的であり、それから結果するものは、万人の抑圧である。[5]

世界には、また政治的自由をその国家構造の直接の目的とする国民がある。われわれは、以下に、その国民が政治的自由をいかなる原理の上に基礎づけているかを検討することにしよう。もしそれらの原則がすぐれておれば、自由は鏡に写し出されるようにそこに現われるであろう。

政治的自由を国家構造の中に見いだすには、さしたる努力は必要としない。もし自由をその存在するところに見いだしうるならば、もしそれを見いだしえたならば、なにゆえそれを探し求める必要があろうか。

第六章　イギリスの国家構造について

各国家には三種類の権力がある。立法権、万民法に属することがらの執行権、および市民法に属することがらの執行権である。[1]

第一の権力により、君主または執政官は、一時的または恒久的に法律を定め、また、すでに定められた法律を修正または廃止する。第二の権力により、彼は講和、宣戦を行ない、大使を交換し、安全を保障し、侵略を予防する。第三の権力により、彼は罪を罰し、私人間の係争を裁く。われわれは最後のものを裁判権と呼び、他の一つをたんに国家の執行権と呼ぶであろう。

一市民にあっての政治的自由とは、各人が自己の安全について抱く意見に由来するあの精神の安静である。そして、この自由をもちうるには、一市民が他の市民をおそれることのありえないような政体でなければならない。

同一人、または同一の執政官団体の掌中に立法権と執行権が結合されているときには、自由はない。なぜなら、同じ君主あるいは同じ元老院が暴政的な法律を定め、それを暴政的に執行するおそれがありうるからである。

裁判権が、立法権と執行権から分離されていないときにもまた、自由はない。もしそれが、立法権に結合されていれば、市民の生命と自由を支配する権力は恣意的であろう。なぜならば、裁判官が立法者なのだから。もしそれが執行権に結合されていれば、裁判官は圧制者の力をもちうることになろう。

もし同一の人間、または貴族か人民のうちの主だった者の同一団体がこれら三つの権力、すなわち法律を定める権力、公共の決定を実行する権力、罪や私人間の係争を裁く権力を行使するならば、すべては失われるであろう。

ヨーロッパの王国の大部分においては、政体は穏和的である。なぜなら、君主は第一、第二の権力はもつが、第三の権力の行使は臣下にゆだねているからである。これら三権力がスルタンの頭上に結合されているトルコ人のもとでは、おそるべき専制が支配している。

これらの三権力の結合されているイタリアの共和国では、自由はわが君主国よりもわずかしか見いだしえない。したがって、政体は自己を維持するのに、トルコ人の政体と同じほどに暴力的な手段を必要とする。国家審問官と、密告者がいつでも告発の札を投じることのできる柱がその証人である。[6]

　これらの共和国における市民の境遇がどんなものでありうるか見ていただきたい。同一の執政官の団体が、立法者として与えられた全権力を法律の執行者としてももつ。それは国家をその団体の一般意志により荒廃させうるのみならず、さらに、裁判権をもっているから、各個人をその団体の特殊意志によって滅ぼすことができる。

　全権力がそこでは一つである。そして、そこには専制君主を示す外観の華美はまったくないとはいえ、あらゆる瞬間にその存在が感じられる。

　だからして、専制的たらんと欲した君主は、皆、つねに自分の一身に全官職を集めることから始めた。そして、幾人かのヨーロッパの国王は、その国の大官職のすべてを集約した。

　たしかにイタリアの共和国の純粋な世襲的貴族制は、アジアの専制に完全に一致してはいないと私は思う。執政官が多数であることは、ときとして執政官職を穏やかなものにする。全貴族がいつも同じ意図に協力するとはかぎらない。さまざまな法廷が作られ、それらは相互に弱めあう。たとえば、ヴェネツィアでは、大評議会が立法をつかさどり、六人会（プレガディ）が執行を、四十人法廷（カランティア）が裁判権をつかさどっている。しかし悪いことには、これらの諸法廷は、同一の団体に属する執政官により構成されている。その結果、ほとんど単一の権力と変わらないことになる。

裁判権は、常置的な元老院に与えられてはならない。それは、人民団から選ばれた人々によって行使されるべきである。[7] これらの人々は、毎年一定の時期に、法律の定める手続きにより選ばれ、必要とされる期間に限って存続するところの法廷を構成する。[2]

このようにすれば、人々の間で非常におそれられる裁判権は、特定の身分、特定の職業に結びつけられないので、いわば目に見えず無と化す。裁判官は、つねに人々の目の前にはいない。人々は、裁判官職をおそれるが、裁判官はおそれない。

重大な告発の場合には、犯罪人は、法と協働して、みずから裁判官を選ぶべきである。あるいは少なくとも、裁判官を多数忌避できて、残った者が彼の選んだ者とみなされうるようでなければならない。

他の二つの権力は、一方は国家の一般意志、他方はその一般意志の実行にほかならず、いかなる特定個人にたいしても行使されるものではないから、むしろ、恒常的な執政官または団体に与えてよいだろう。

しかし、裁判所は固定的であってはならないのだが、判決は、それが法律の正確な条文以外のなにものでもないほどに、固定的でなければならない。もし、それが、一裁判官の個人的見解であるならば、人はそこでとり結んだ契約のなんたるかを知らずに、社会で生活するようなことになるだろう。

さらに裁判官は、被告と同じ身分の者、同輩でなければならないが、それは被告が、自分に暴力をふるいそうな人々の手中におちたのではないかと思うようなことのないためである。

立法権が執行権に、自分の行動について保証できる市民を投獄する権利を残しているならば、自由はもはやない。[3] ただし彼らが、法により極刑に定められている告発に、ただちに答えるために逮捕された場合は別である。後者の場合には、法の力に服従したにすぎないのだから、彼らはじっさいには自由なのである。

だが、もし国家にたいするなんらかの秘密の陰謀や外敵との内通により、立法権力が危険に立たされていると思えば、立法権力は、短い限られた期間、疑わしい市民を逮捕することを執行権力に許可しうるであろう。逮捕された市民は、一時、自由を失うが、それは永久に自由を維持するためである。

そしてこれが、エフォロスのような専制的な官職や、それに劣らず専制的なヴェネツィアの国家審問官に代わる、理性にかなった唯一の手段である。

自由な国家においては、自由な魂をもつとみなされるすべての人間はみずからによって統治されるべきであるから、団体としての人民が立法権をもつべきであろう。しかし、それは大国では不可能であり、小国でも多くの不都合を免れないから、人民はみずからなしえないことは、代表者によって行なわねばならない。

人は、自分の町の必要を他の町よりもはるかによく知っている。また、自分の隣人を他の同胞よりもよく判断できる。だから、立法体の構成員は、国民全体から全国的に選出されるべきではない。むしろ、各主要地点で、住民がひとりの代表を互選することが望ましい。代表の大きな利点は、彼らが政務を議論する能力をもっているということである。人民は、まったくそれに適していない。そのことが民主制の大きな欠陥の一つをなしている。

代表者は、彼らを選んだ人々から一般的な指示は受けるが、ドイツの国会において行なわれているように、政務のおのおのについて、特定の指示を受ける必要はない。たしかに、そのようにすれば、議員の発言は国民の声のより正確な表現となるであろう。だが、それは、際限のない長談義に陥れ、各議員を他の全議員の支配者たらしめることとなり、そしてもっとも緊迫した事態において、国民の力のすべてが、たった一つの気まぐれによって阻害されうるようなことになるだろう。

シドニー氏[4]が、まさに述べているように、議員がオランダのように、人民の一団体を代表している場合には、彼らは委任した人々に報告を行なわなければならないが、イギリスのように、選挙区によって選出されている場合には、事情はまったく違っている。

全市民が、各自それぞれの地区で、代表を選ぶ投票権をもっていなければならない。自分の意志などまったくもたぬと思われるほどに低い地位にある者は除かれる。

古代共和国の大部分に一つの大きな欠点があった。それは人民がなんらかの執行を要する能動的な決定を行なう権利をもっていたことである。これは人民のまったくなしえないことである。人民は、その代表を選ぶためにしか政治に参加すべきではなく、それは、人民のきわめてよくなしうることである。なぜならば、人の能力の正確な度合を知る人はほとんどいないにしても、各人は、一般に、自分の選ぶ者が他の大部分の者より識見があるかどうかは知ることができるからである。

代議団体もまたなんらかの能動的な決定を行なうために選ばれるのであってはならない。それは、代議団体のよくなしえないことがらであろう。それは、法を制定し、また制定した法がよく執行されているかを見るために選ばれるべきであって、これは代議団体のきわめてよくなしうることであり、それをよくなしうるのは、代議団体をおいてはないとさえいえる。

国家には、つねに出生、財産、名誉によって抜きんでた人々がいる。ところが、もし彼らが人民の間に混合されるならば、そして他の者たちと同じく一票しかもたないならば、万人共通の自由は彼らにとって隷従となり、彼らはこの自由を守るのになんの利益ももたないだろう。なぜならば、決定の大部分は彼らの利益に反するものであろうから。彼らが立法に参与する割合は、したがって、彼らが国家内でもっている他の優位に釣り合っていなければならない。それは、彼らが、人民の行なおうとすることを阻止する権利をもつ団体を構成することによって実現されるであろう。その場合人民も彼らの行なおうとすることを阻止する権利をもつ。

こうして、立法権は、貴族の団体と人民を代表するべく選ばれる団体とにゆだねられ、これら二つの団体は、おのおの会議を開き、別々に審議し、それぞれ独立の見解と利害をもつであろう。

先に述べた三つの権力のうち、裁判を行なう権力は、ある意味で無である。したがって、二つの権力しか残らない。そして、これらの権力はそれを抑制する規制的権力を必要とするが、立法体の貴族により構成される部分は、この効果を発揮するのにきわめて適している。[5]

貴族団体は、世襲的でなければならない。それは第一にその本性からして世襲的である。他方、それは自分の特権を維持するのに、多大の関心をもつべきであるが、それらの特権はそれ自体としては、いまわしいものであり、自由な国家ではつねに危険にさらされているにちがいない。

しかし、世襲的な権力は、自己の特殊利益にしたがい、人民の利益を忘れるように導かれうるから、金銭の徴収にかんする法律の場合のように、この権力を腐敗させることが何人かにとって絶大な利益のあることがらについては、この権力は制定の能力をもってではなく、阻止の能力をもってのみ立法に参与すべきである。

私が制定の能力というのは、自分から命令し、または他人の命令したことを修正する権利のことであり、阻止の能力とは、だれか他人によってなされた決定を無効にする権利のことである。後者は、ローマの護民官の権力であった。そして、阻止する能力をもつ者は、同意する能力をももちうるのであるが、その場合、この同意は阻止の能力を行使しないことの表明以外のなにものでもなく、したがってこの能力に由来している。

執行権は君主の手中にあるべきである。政体のこの部分は、ほとんどつねに瞬間的な行動を必要とし、多数者よりもひとりによって、よりよく処理されるからである。それは、立法権に属することがらが、しばしばひとりよりも多数者によってよりよく処置されるのと反対である。

もし、君主が存在せず、執行権が立法体から選ばれたある数の人々にゆだねられるならば、自由はもはや存在しない。二つの権力が結びつけられ、同一の人間がときとして、また可能的にはいつでも、その双方に参加することになるからである。

もし立法体が、かなりの長期にわたって、会議を開かないままであるならば、もはや自由は存在しない。次の二つの事態のいずれかが生じるからである。すなわち、あるいは、もはや立法上の決定がなされず、国家が無秩序状態に陥るか、さもなければ、これらの決定が執行権によってなされ、執行権が絶対化するかである。

立法体がつねに集合していることは不要である。それは、代表にとって不都合だろうし、また他方、あまりに執行権をわずらわせ、執行権は執行をまったく考えず、自己の特権と執行する権利を守ることだけを考えることになるだろう。

そのうえもし立法体が持続的に集合しているならば、死亡した者の代わりにしか、新しい議員を補充しないという事態が起きうるだろう。そしてこの場合には、立法体が一度腐敗すれば、病弊を癒す手段はない。異なった立法体が次々に後を継ぐ場合には、人民は、現にある立法体について不満をもてば、当然次にくる立法体に希望を抱く。だがもし、つねに同じ立法体であれば、人民は、一度それが腐敗したことを知るならば、その制定する法にはなにごとも期待しないだろう。人民は怒りたけるか、無関心に陥るだろう。

立法体はけっして、みずから集合してはならない。なぜなら、ある団体は、それが集合したときしか、意志をもっているとみなされない。そして、もしそれが、全員一致で集合したのでなければ、集合した部分か、集合しなかった部分か、どちらが真に立法体であるのかわからなくなってしまうだろう。もしそれがみずから停会する権利をもつなら、それはけっして停会しないこともありえよう。それは、立法体が執行権を侵害しようとしている場合には危険なことである。他方、立法体の会議の開催には、あるときよりも他のときというように、より適当な時期がある。したがって、会議の開催時と期間を、状況との関係で定めるのは、それを知っている執行権でなくてはならない。

もし、執行権が立法体の企図を阻止する権利をもたないなら、立法体は専制的となろう。なぜなら、立法体は、その想像しうるすべての権力をおのれに与えることができるので、他のすべての権力を滅ぼしてしまうであろうからである。

だが、これにたいして立法権は、逆に執行権を阻止する能力をもつべきではない。なぜなら、執行はその本性からして限界をもっているから、それを制限することは不必要であり、その上、執行権はつねに一時的なことがらについて行使されるからである。したがって、ローマの護民官の権力は、それが立法のみならず、執行さえも阻止した点で、いまわしいものであった。そのことは、多くの弊害をひきおこした。

だが、自由な国家においては、立法権は執行権を阻止する権利はもつべきでないけれども、それが定めた法律がどのように執行されているかを検査する権利はもっているし、またその能力をもつべきである。そして、この点が、この政体のクレタやラケダイモンの政体にまさっている点である。コスモスやエフォロスは、施政について報告しなかった。

しかしこの検査がどうであれ、立法体は執行者の一身を、したがってその行為を裁く権力はもつべきでない。[6]その一身は、神聖でなければならない。なぜなら、彼は、立法体が専制的にならないために、国家にとって必要なのであり、告発されたり裁かれたりするならば、その瞬間から自由はもはや存在しなくなるからである。

その場合には、国家は、けっして君主制ではなく、自由ならざる共和制となろう。だが執行する者は、人間として法律の恩恵を受けているにもかかわらず、大臣としては法律をにくむ邪悪な顧問官たちがいなければ、誤って執行することはありえないのだから、これら顧問官たちは、追放され、罰せられることができる。[7]そして、これがクニドスの政体にたいし、この政体のすぐれている点である。クニドスでは、法律は、施政の終わったのちでさえ、アムネモネス[8]を裁判に喚問することを許していなかったので、[9]人民は、自分のこうむった不正について釈明させることがまったくできなかった。

一般には、裁判権は立法権のいかなる部分にも結びついてはならないが、裁かれるべき者の特殊な利害にもとづいた次の三つの例外にはしたがわねばならない。

権勢者は、つねに羨望にさらされており、もし彼らが人民により裁かれるならば、彼らは危険に陥り、自由な国家でもっとも微賤な市民ももつ特権すなわち同輩により裁かれるという特権を享受しないことになろう。したがって貴族は国民の通常の法廷ではなく、貴族により構成されている立法体のあの部分に喚問されるべきである。

洞察力をそなえているが、同時に盲目でもある法律は、ある場合には苛酷にすぎることも起こりうる。だが、国民の裁判官は、先に述べたように、法律の文言を宣言する口の役割しか果たさない。いわば、その力も、きびしさも調節できぬ無生物である。したがって、今、別の場合に必要な法廷として述べたばかりのあの立法体の一部分が、この場合にも必要となる。法律の記すところよりも、より穏和な判決をすることによって、法律自体の利益のために、法律を緩和することは、立法体のこの部分のもつ至高の権威の役割である。

さらにまた、ある市民が公事にたずさわっていて人民の権利をおかし、法の定めた執政官には罰しえないか、または罰することを望まないような罪をおかすということが起きうるだろう。だが一般に立法権は裁くことができない。そして、立法権が利害関係者の一方である人民を代表しているこの場合には、なおさらのことである。立法権は、この場合、告発者でしかありえない。だが、だれにたいして告発するのか。自分よりも下位にある一般法裁判所に身をかがめて告発するのか。だが、この裁判所を構成する人々は同じく人民であり、かくも偉大な告発者を前にすれば、その権威にひきずられるであろう。そんなことはあってはならない。人民の尊厳と個人の安全を保つには、人民の立法部分が貴族の立法部分にたいし、告発をすべきである。貴族の立法部分は、人民のそれと同じ利害はもっていないし、また同じ情念ももってはいない。

これは、古代の共和国の大部分にたいして、この政体のまさっている点である。古代の共和国においては、人民が、同時に裁判官でもあり、告発者でもあるという弊害があった。

執行権は、先に述べたように、阻止能力をもって、立法に参加すべきである。そうでなければ、まもなくその特権を奪われてしまうだろう。だが、もし立法権が執行に参加するならば、執行権は同じく破滅するだろう。

もし、君主が制定能力をもって立法に参加するならば、自由は失われるだろう。だが、君主は、身を守るために立法に参加せねばならないのだから、阻止能力をもって、それに参加すべきである。

ローマにおいて政体が変化したことの原因は、執行権の一部をもつ元老院と他の部分をもつ執政官とが、人民のように、阻止能力をもたなかったことにあった。

したがって、われわれの語っている政体の基本構造は、次のようなものである。立法体は、そこでは二つの部分から構成されており、それら二つの部分は、相互に阻止能力をもって相手を拘束する。それらは二つとも執行権によって縛られており、執行権それ自体も立法権によって縛られている。[8]

これら三つの権力は、静止か不動を作り出すはずである。だが、事物の必然的な運動によって進むべく強制されるので、協調して進まざるをえなくされる。

執行権は阻止する能力によってのみ立法権に加わるのであるから、それは政務の討論にすら参加できない。それが提案することさえ必要ではない。なぜなら、いつでも議決に反対できるのだから、なされなければいいと思うような提案についての決定は、拒否できるからである。

古代のいくつかの共和国では、人民全体が政務を論じたが、その場合には、執行権が提案し、人民とともに論じるのが自然であった。さもなければ、決議には、奇妙な混乱が見られたろう。

もし執行権が、その同意以外の方法により租税徴収について定めるなら、自由は失われるであろう。なぜなら、その場合、執行権は立法のもっとも枢要な点で立法に関与することになるのだから。

もし、立法権が、各年ごとではなく、恒久的に租税徴収について定めるならば、それは、おのれの自由を失う危険をおかす。執行権は、もはや立法権に従属しなくなるからである。そして、このような権利を恒久的に保持しているならば、その権利が自分に由来するのか、他人に由来するのかは、かなりの程度にどうでもいいことである。もし、執行権にゆだねるべき陸・海軍力について、立法権が、各年ごとではなく、恒久的に定めるならば、その場合にも同じことがいえる。

執行する者が人民を抑圧しえないためには、それにゆだねられた軍隊が、マリウスの時代までのローマでそうであったように、人民であり、人民と同じ精神をもっていなければならない。そして、そのためには、二つの手段しかない。第一は、軍隊で用いられる者が、他の市民にたいして、自分の行動の責任をとるに十分なほどの財産をもち、かつ、ローマにおいて行なわれていたように、一年間しか兵役につかない場合であり、第二は、常備軍をもち、しかも、兵士が国民のもっともいやしい部分の一つである場合であり、後者の場合には、立法権は、その欲するときに常備軍を解体できねばならず、兵士は市民とともに生活すべきであり、隔離された駐屯地も、兵舎も、要塞もあってはならない。

軍隊は、一度設けられれば、直接立法体に従属してはならず、執行権に従属すべきである。そしてそれはことの本性からしてそうである。その行為は審議よりも行動からなるからである。人間の考えには、臆病よりも勇敢を、慎重よりも行動を、意見よりも実力を重んじる傾向がある。軍隊はつねに元老院を軽蔑し、おのれの士官を尊重するだろう。それは、臆病で自分たちに命令するにふさわしからぬと思う人々からなる団体から発せられた命令などは、けっして重んじないだろう。したがって、軍隊がもっぱら立法体に従属するならば、ただちに政体は軍事的となるだろう。もし、反対の事態が起きるとすれば、それはなんらかの異常な事態の結果である。それは軍隊がつねに隔離されているからである。または、軍隊がおのおの固有の州に従属するいくつもの軍団から構成されているからである。あるいは首都がすぐれた場所であって、その立地条件だけで自衛し、そこには部隊がまったくいないからである。

オランダはヴェネツィアよりもなおいっそう安全である。それは、反乱軍を水中に沈め、餓死させるであろう。その軍隊は、糧食を供給できる都市にはまったくいない。そこで当然その糧食はこころもとない。

軍隊が立法体に支配されている場合には、もし特殊の状況によって、政体が軍事的となることが妨げられたとしても、他の不都合に陥るだろう。結局は、軍隊が政府を滅ぼすか、政府が軍隊を弱めるか、二つに一つしかありえない。

そしてこの弱体化はまさに宿命的な原因に由来するであろう。それはほかならぬ政体の弱体から生じるだろう。

タキトゥスの驚嘆すべき著作『ゲルマン人の習俗について』[10]を読めば、イギリス人は自分たちの政治体制についての考えをゲルマン人から借りたのだということがわかるだろう。[9]この美しい体系は森の中に見いだされた。

人間にかかわる万物に終わりのあるように、われわれの語っている国家もいつかは自由を失うであろう。それは滅びるであろう。ローマもスパルタもカルタゴもたしかに滅んだのだ。立法権が執行権以上に腐敗するとき、それは滅びるであろう。

イギリス人が、現にこの自由を享受しているか否かを検討するのは私の役割ではない。[10]自由が彼らの法律によって確立されていることを述べれば、私には十分であって、それ以上は追求しない。

私は、これらのことどもによって、その他の政体をけなそうとしているのではけっしてない。また、この極端な政治的自由は、穏健な自由しかもたぬ人々を侮辱するはずのものだと言おうとしているのでもない。理性ですらその過度はかならずしも望ましくなく、人間はほとんどつねに、極端よりも中庸によりよく順応するものだと信じているこの私が、なぜそんなことを言うだろうか。

ハリントン（一六一一〜七七。イギリスの共和派政治思想家）もまた『オセアナ』で、一国家の構造が到達しうる自由の最高度がどのようなものであるかを検討した。だが、いわば、彼はこの自由を見誤ってのちに、それを探し求めたに他ならず、ビザンティンの岸を目前にして、カルケドン（ボスポルス海峡をへだて、ビザンティン対岸の都市）を建てたのだといえるだろう。

第七章　われわれの知っている君主制について(11)

われわれの知っている諸君主制は、いま述べた君主制のように、自由を直接の目的とはしていない。それは、市民、国家、君主の栄光のみをめざす。だが、この栄光から、ある自由の精神が結果し、この自由の精神は、これらの国では、自由そのものと同様に大事をなしうえ、おそらくは同じほどに幸福に貢献しうる。

三権力は、そこでは、われわれの述べた国制をモデルとして、配分されても、組み合わされてもいない。それらは、おのおの独自の配分をもっており、その配分にしたがって、政治的自由に多少とも近づいている。もしもそれらが政治的自由に近づかなければ、君主制は専制に堕するであろう。

第八章　なにゆえ古代人は君主制について、十分明確な観念をもたなかったか

古代人は貴族団に基礎をおく政体は全く知らなかったし、国民の代表により構成された立法体に基礎をおく政体はなおのこと知らなかった。ギリシアとイタリアの諸共和国は、おのおのが政府をもち城壁のうちに市民を集結した都市であった。ローマ人がこれら共和国のすべてを併合するまでは、イタリア、ガリア、スペイン、ドイツのほとんどどこにも国王は存在しなかった。これらすべてが小さな民族か小さな共和国であった。アフリカさえもが、ある大共和国に従属していた。小アジアはギリシア植民市により占められていた。したがって、都市の代表も身分議会も全く例をみなかった。ただひとりの支配を見いだすにはペルシアまで行かねばならなかった。

たしかに連邦制の共和国は存在した。いくつかの都市が一つの会議に代表を送った。だが、これをモデルとしての君主制は全く存在しなかったと私は言うのである。

われわれの知っている君主制の最初の輪郭は、次のようにして形成された。ローマ帝国を征服したゲルマン諸民族は、人も知るように、きわめて自由であった。その点については、タキトゥスの『ゲルマン人の習俗について』を見るだけで十分である。征服者たちは全土に広がった。彼らは、農村に住み、都市に住む者はほとんどいなかった。ゲルマニアにいたときには、全国民が集会することができた。征服にさいし分散すると、もうそれは不可能となった。しかしながら、征服前に行なっていたように、国民がその政務について協議することは必要であった。国民は、

それを代表によって行なった。これが、われわれの間でのゴチック政体の起源である。それは、当初、貴族制の要素、君主制の要素と混ぜ合わされていた。それは、下層民が奴隷であるという不都合をもっていたが、それ自体のうちに、よりよくなりうる可能性をもったすぐれた政体であった。解放状を与える慣習が生まれ、まもなく、人民の市民的自由、貴族と僧族の特権、国王の権力はきわめてうるわしい調和を見いだした。そして、この調和の存続した時代の、ヨーロッパの各部分の政体ほどにみごとに中庸を得た政体が、地球上にほかにあったとは、私は信じない。ある征服民族の政体の腐敗が、人の想像しうるかぎり最良の種類の政体を形成したとは、まことに驚嘆すべきことである。

第一三章　国王追放後のローマの状態についての一般的考察

人はけっしてローマ人から離れることができない。だから、今日でもなおローマでは、人々は新しく建てられた宮殿は放っておいて廃墟を求めに行くのであり、牧地に咲き乱れる百花に憩った眼は、岩や山を見ることを好むのである。

貴族の家門は、あらゆる時代に大きな特権をもっていた。この差別はすでに国王の時代に大きかったのだが、国王の追放後、さらにはるかに重大なものとなった。それは平民の嫉妬をかきたて、彼らは貴族の地位を引き下げようと欲した。争いによって国家構造は打撃を受けたが、政体が弱められることはなかった。なぜなら、執政官が権威を維持しているかぎり、どの家門が執政官であるかは、かなりどうでもいいことであったから。

ローマがそうであったような選挙君主制は、必然的にそれを支える強力な貴族団を予想する。それなくしては、それはまず専制か民衆国家に変わる。だが民衆国家は、自存のために、この家門の差別を必要としない。かつて国王の時代に国家構造の必要な部分であった貴族が、執政官の時代に無用の部分となったのは、このためである。人民は、みずからを滅ぼすことなく貴族を引き下げ、国家構造を腐敗させることなく変えることができた。

セルウィウス・トゥリウスが貴族の地位を引き下げたとき、ローマは国王の手から人民の手に陥るはずであった。だが、人民は、貴族を引きおろすことによって、国王の手中に今一度陥ることをおそれる必要はなかった。

国家は、二通りに変化しうる。国家構造が自己を矯正したために変化するのか、国家構造が腐敗したために変化するのかである。もし、一国がその原理を維持しながら、国家構造が変わるとすれば、それは、自己矯正が行なわれたのである。もし、一国がその原理を失い、国家構造が変わることがあれば、それは腐敗したのである。

ローマは、国王追放後、民主制であるはずであった。人民はすでに立法権をもっていた。国王を追放したのはその満場一致の票決であった。そして、もし、人民がこの意志をもちつづけようとしなかったならば、タルクイニウスの一門は、いつでも戻ってこられた。人民がタルクイニウス一門を追放したのは、いくつかの家門への隷従に陥るためだったなどと主張するのは、理屈にかなっていなかった。だから事態はローマが民主制たることを求めていた。だがしかし、ローマは民主制ではなかった。そのためには、権門勢家の権力を抑制し、法律が民主制へと向かわねばならなかった。

しばしば国家は、ある国家構造から他の国家構造へと目に見えず移行しつつあるときに、これら国家構造のいずれにあるときよりも繁栄する。そのとき、政体のすべての発条は緊張し、全市民が抱負をもち、互いに争い、あるいはなごみあう。そして、滅びゆく国家構造を守るものと、それにまさるものを推すものとの間に、気高い争いが起きるのである。

第二〇章　本篇の終わり

私は、われわれの知っている穏和政体のすべてについて、三権の配分がどうであるかを調べ、それによっておのおのが享受しうる自由の度合を計ろうと思った。だが、つねに読者になにもなすべきことを残さぬほどに、問題を究めつくしてしまってはならない。読ませることではなく、考えさせることが重要なのだ。

〔1〕 キケロは、次のように述べている。「私は、ギリシア人に、彼らの間の紛争を、彼らの法にしたがって解決することを許したスカェヴォラの規定にしたがった。これによって、彼らは、相互に、自由な民族とみなすことになる」（『アッティクス宛書簡』六・一）。

〔2〕モスクワ人は、皇帝ピョートルが、ひげを切らせたことに我慢できなかった。
〔3〕カッパドキアの人々はローマ人の提案した共和制国家を拒否した。
〔4〕外敵をもたず、あるいは、外敵を障壁によって阻止しえたと思っている国には、自然な目的である。
〔5〕「自由拒否権」liberum veto の弊害。
〔6〕ヴェネツィアにおいて。
〔7〕アテナイにおけるように。
〔8〕人民が毎年選んだ執政官であった。ビザンティンのステファヌス（五世紀のギリシアの地理学者）『エトゥニコス』を参照。
〔9〕ローマの執政官は、その任期の終了後に、告発することができた。ディオニュシオス・ハリカルナセウス（『古ローマ史』）九、護民官ゲヌシウスの事件参照。
〔10〕「小事については長老らが協議し、大事については全員が協議する。しかし、その決定権が人民にあることがらといえども、長老らのもとで十分に検討されるというようにである」（『ゲルマン人の習俗について』一一）。
〔1〕以下、モンテスキューの三権力の規定は、首尾一貫性を欠いており、議論のあるところである。まず、この冒頭の規定はロックの立法権、連合権、行政権の規定（『統治論』第一二章）にほぼ対応している。違いは、ロックが第三の権力を「法の執行にあたる権力」としているのにたいし、モンテスキューは「市民法に属することがらの執行」と限定している点にある。この違いは、次のパラグラフでさらに明確になり、第三の権力は裁判権と規定され、第二の権力はたんに執行権と呼ばれる。ロックにはなかった司法権と行政権の区分が立てられたわけである。さらに、以上の規定によると内政に

かんする行政的機能が脱落してしまうのであるが、モンテスキューは第六パラグラフで、第二の権力に当初の規定とはまったく違った「公共の決定を実行する権力」という規定を与えることによって、この欠陥を改めているかのようである。なお、シャックルトン R. Shackleton は草稿の検討から、この、今日通常行なわれているのと同じ立法・行政・司法の区分が先に書かれ、かつモンテスキューの独創によるもので、冒頭の規定は自説の権威づけのために、ロックの説を後からつけ加えたものであるとしている。

② 陪審制を指す。ただし、モンテスキューのイギリス司法制度の理解は正確でなく、裁判のすべてが陪審員により行なわれたわけではない。職業的裁判官も存在し、とりわけ民事裁判では、陪審の役割はきわめて二義的であった。

③ 「人身保護律」を指す。

④ 一六二二～八三。イギリスの政治家。共和派でクロムウェル独裁には反対したが、王政復古後フランスに亡命。帰国後、陰謀に巻きこまれ処刑された。モンテスキューはその著書『統治論』を仏訳で読んでいる。

⑤ 立法・行政・司法の三権分立に代わって、庶民院・国王・貴族院の三権分立が考えられている。注⑧参照。

⑥ 国王の政治的無責任の原則。

⑦ 国王の政治的無責任は大臣責任制により補われる。

⑧ 権力分立の原則がここでは上・下両院と執行権の関係について適用されている。またここでは分立とは各権力をたんに独立させるのではなく、相互依存関係におくものであることが強調されている。

⑨　歴史的には乱暴すぎる意見で、すでにヴォルテールにからかわれているという。

⑩　モンテスキューは、一七二九〜三一年のイギリス旅行に際して書いた「イギリスについての覚書」のなかで、イギリスの政治の実態とその腐敗に触れている。

⑪　とりわけフランスを念頭においている。

第一二篇　市民との関係において政治的自由を形成する法について

第二章　市民の自由について

哲学的自由は、おのれの意志の行使、あるいは、すくなくとも〔あらゆる哲学の体系にしたがって、語らねばならないとすれば〕人がもつ、おのれの意志を行使しているという意見にある。政治的自由は、安全、あるいはすくなくともおのれの安全について、人がもつ意見にある。

公的あるいは私的な告発以上に、この安全をおびやかすものはない。だから、市民の自由は主として刑法のよさに依存する。

刑法は一挙に完成されたのではない。人々がもっとも自由を求めたところにおいてさえ、自由はつねに見いだされたわけではない。クマエ（イタリア南部のギリシア植民市）では、告発者の親族が証人でありえたとアリストテレスはわれわれに語っている。[1] ローマの諸王のもとでは、法律があまりに不完全であったので、セルウィウス・トゥリウスは、義父である国王[2]を暗殺したとして告発されたアンクス・マルティウスについて、その子供たちに親の犯した罪に対する判決を下した。フランクの初期の諸王のなかでは、クロタール（一世。四九七即位。メロヴィング朝最盛期を築く）が法律[3]を制定し、被告が聴問されることなく有罪とされえないようにした。このことは、ある特定の場合には、あるいは、ある野蛮民族にあっては、これとは逆の慣行があったことを示している。偽証にたいする裁判を始めたのはカロンダスであった。[4] 市民の潔白が保証されなければ、自由もまた保証されない。

刑事裁判においてとりうるもっとも確実な準則について、ある国（イギリス）で得られた、また他の国で得られるであろう知識は、人類にとって、この世に存在するなにものにもまさる関心事である。

この知識の実践の上にのみ、自由は確立されうる。そして、この点について、可能なかぎり最善の法をもつ国家においては、裁判が行なわれ、明日、絞首刑に処せられるはずの男は、トルコのパシャよりも自由であろう。

第四章　自由は刑罰の性質とその釣合いによって助長されること

刑法が、罪の固有の本性からおのおの刑罰をひき出すならば、そのときは自由の勝利である。あらゆる恣意はやみ、刑罰は立法者の気まぐれに発するのではなく、事物の本性から発する。人間が人間に暴力をふるうのではまったくない。

四種類の罪がある。第一種の罪は宗教を害する。第二種の罪は習俗を、第三種の罪は平穏を、第四種の罪は市民の安全を害する。科せられる刑罰は、これら各種の罪の本性から派生するものでなければならない。

宗教にかかわる罰の部類に、私は、あらゆる単純な瀆聖《とくせい》行為のようにそれを直接的に犯すもののみを入れる。なぜならば、宗教の礼拝を妨げる罪は、市民の平穏やその安全をおびやかす性質のものであり、これらの部類に入れられるべきだからである。

単純な瀆聖にたいする刑罰がことがらの本性からひき出されたものであるためには、[5]刑罰は宗教の与えるすべての利点の剥奪に存せねばならない。すなわち、寺院からの追放、一時的または永久的な信徒の社会からの排除、瀆聖者の出席忌避、呪い、詛斥《そせき》、祓魔《ふつま》などである。[1]

国家の平穏や安全を乱すことがらについては、かくれた行為も人間の裁判管轄に属す。だが、神を傷つけることについては、公然たる行為のないところには、犯罪構成事実もない。その場合には、すべてが人間と神の間で運ぶのであって、神は復讐の手段と時を心得ている。もし、ことがらを混同し、法官が、かくれた瀆聖をも追及するならば、彼はまったく不必要な種類の行為にまで捜査を及ぼし、市民にたいし、臆病な良心の、また果敢な良心の熱狂をかきたて、その自由を破壊することになる。

害悪は、神の仇を討たねばならぬとの観念に由来する。だが、神は、賞められるべきものであって、けっしてその仇を討つべきものではない。じっさい、後者の考えに導かれるとすれば、刑罰の目的はなんであろう。もし、人間の法が無限の存在の仇を討つべきものであるとすれば、その法は、その存在の無限性にもとづいて定められるものであって、人間本性の弱さ、無知、気まぐれにもとづいて定められるものではないであろう。

プロヴァンスのある歴史家[6]は、この神の仇を討つという観念が、劣った知性の持主になにをひきおこすかをみごとに描き出した一つの事実を報告している。あるユダヤ人が、聖処女を冒瀆したとして告発され、皮剝ぎの刑を宣告された。覆面をし、短刀を手にした騎士たちが、自分たちで聖処女の名誉の仇を討つのだといって、処刑台に上がり、死刑執行人を追い払った……私は、読者諸賢の感想を先取りしようとは思わない。[2]

第二の種類の罪は、習俗にたいする罪である。公的、私的な貞潔、すなわち、感官の使用と、肉体の結合に結びついた快楽を享受すべき仕方にかんする規律についての違犯がそれである。これらの罪にたいする刑罰も、ことがらの本質からひき出されたものでなければならない。社会が習俗の純潔に与えている利益の剝奪、罰金、恥辱、謹慎の強制、公然たる加辱、都市と社会からの追放、要するに、両性の無軌道を抑えるには軽罪裁判権に属する刑罰で十分である。じっさい、これらのことは、悪意よりも、むしろおのれを忘れ、または軽んじることに根ざしている。

ここでは、もっぱら習俗にのみ関係する罪が問題なのであって、誘拐や暴行のように、公共の安全をも害する罪は問題としていない。それらは第四の種類に属する。

第三の種類の犯罪は、市民の平穏を害するものである。それにたいする刑罰は、ことがらの本性からひき出され、この平穏と関係したものでなければならない。すなわち、投獄、追放、懲治、その他、人心の不安をおさめ、秩序に戻らしめる刑罰である。

私は、平穏にたいする罪を、単純な秩序の侵害を含むことがらに限定する。なぜなら、平穏を乱し、同時に、安全をもおびやかすことがらは、第四の部類に入れられるべきだからである。

これら最後の部類の罪にたいする刑罰は、いわゆる体刑である。それは一種の応報刑《タリオン》であって、社会は、社会から安全を奪った市民、あるいは他の市民から安全を奪おうとした市民には、安全を拒むのである。この刑罰は、ことがらの本性からひき出され、理性と善悪の源から汲みとられる。市民が、他人の生命を奪うほどに安全を侵害したとき、あるいは、生命を奪おうとくわだてたときには、死刑に値する。この死刑は、あたかも病める社会にたいする療法である。財産にかんする安全を侵害した場合、刑罰が極刑である理由もありえよう。だが、財産の安全にたいする罪の刑罰は、財産の喪失によって罰されるのが、おそらくよりよく、また、より本性にかなっているだろう。そして、もし財産が共有または平等であるならば、そうでなければならないだろう。だが、財産をまったくもたない者が、より好んで他人の財産をおびやかすのであるから、体刑が罰金刑を補わねばならなかった。

私の述べることのすべては、自然から汲みとられ、市民の自由にとって、きわめて有益である。

〔1〕『政治学』二（二・八）。
〔2〕タルクイニウス・プリスクス。ディオニュシオス・ハリカルナセウス（『古ローマ史』）四参照。
〔3〕五六〇年の法律。

〔4〕 アリストテレス『政治学』二・一二〇。彼は、その法律を、第八十四オリンピアードの年に、トゥリウムに与えた。

〔5〕 聖ルイは、神を冒瀆したものにたいして、あまりに苛酷な法律を設けたので、法王も、彼に注意しなければならないと考えた。そこで、この君主は、おのれの熱意を抑え、その法律を和らげた。彼の王令参照。

〔6〕 ブジュレル神父(一六八〇〜一七五三)。

(1) 絶対王制下では国家と教会は不可分であった。宗教的犯罪は、異端者の追及が知事の重要な職務であったように、国家権力により追及され、通常の国王裁判所により裁かれ、死刑を含む通常の刑により罰せられた。

(2) 以上三つのパラグラフは、教会の検閲にひっかかり、『法の精神』を禁書とする重要な理由の一つとなった。

第一三篇　貢租の徴収および公収入の大きさと、自由との関係について

第一章　国家収入について

国家収入とは、各市民が、自分の財産の他の部分の安全を確保し、またはそれを心地よく享有するために、提供するその財産の一部分である。

この「収入」をよく定めるには、国家の必要と市民の必要の双方に注意をはらわねばならない。国家の想像的な必要のために、人民からその現実に必要とするものまでをもとりあげてはならない。

想像的な必要とは、統治者の情念や弱さの求めるもの、すなわち、途方もない計画の魅力、虚しい栄光への病的な欲望、そして、気まぐれにたいする精神のなにか無力さといったもののことである。君主のもとで政務をつかさどる落ち着かぬ精神の持主たちは、しばしば、国家の必要とは自分たちの卑小な魂の必要だと考えた。

この臣民からとり除く部分と臣民に残す部分ほど、叡知《えいち》と慎重をもって定められるべきことは

ない。

公収入の決定は人民が与えうるところのものによってなされるべきではけっしてなく、人民が与えるべきものによってなされるべきである。そして、もしそれを人民が与えうるものによって決めるのであれば、少なくとも、それは人民がつねに与えうるところのものでなければならない。

第二章　貢租が多大であるのはそれ自体でよいことだというのは誤った推論であること

いくつかの君主国のただ中にあって貢租を免除されている小州[1]が、その周辺の、貢租に苦しめられている土地と同様に、貧困であることが見られた。その主な理由は、大国にとりまかれた小国は、それをとりかこむ大国に、無数の仕方で妨げられるために、産業、技術、製造業をもちえないことにある。それをとりかこむ大国は、産業、技術、製造業をもち、自国にあらゆる利益をもたらすような規制を設ける。小国は、とり立てられる税金がいかにわずかであろうと、必然的に貧しくなる。

ところがある人々は、これら小州の貧しさから、人民が勤勉であるには、重い賦課が必要だと結論した。賦課があってはならぬと結論したほうがましだったろう。これらの土地になにもしないで暮らそうと引きあげてくるのは、ことごとく周辺の貧民である。すでに労働の過重に意気を失って、彼らはおのれの怠惰に幸福のすべてを求めているのだ。

一国の豊かさの効果は、万人の心に大望を抱かせることにある。貧しさの効果は、そこに絶望を生ぜしめる。大望は労働によりかき立てられ、絶望は怠惰により慰められる。

自然は人間にたいして公正である。自然は人間の労苦にむくいる。それは、より大なる労働にはより大なる報酬を結びつけているから、人間を勤勉にする。だが、もし恣意的な権力が自然の報酬をとり去るならば、人々はふたたび労働をいやがり、無活動が唯一の善と思われるようになる。

第一七章　軍隊の増強について

新しい病気がヨーロッパに広まった。それは、わが君主たちをとらえ、途方もない数の軍隊を保有させている。この病気は、急速に力を増し、必然的に伝染性となる。というのは、ある国がその軍隊と呼ぶものを増加すれば、他の国々も急いでおのおの分を増加させるからである。その結果、これでは共倒れのほか得るところがないことになる。各君主は、かりにその人民が絶滅の危機におちたときならば、もつことの許されるかもしれぬほどの軍隊のすべてをつねに臨戦体制におき、この万国の万国への対抗の努力の状態が平和と呼ばれる。[1] したがって、ヨーロッパははなはだしく疲弊し、もし、この世界でもっとも富裕な部分にある三強国が現にある状態に、仮に個人があったとすれば、生活の糧《かて》すら欠くであろうと思われる。われわれは、富をもち、全世界との交易をもちながら貧乏であるのだ。そして、ほど遠からず、兵隊をもつがあまり、兵隊しかもたなくなり、あたかもタタール人のごとくになるだろう。②

大君主たちは、小君主の軍隊を買いとるだけでは満足せず、四方いたるところに同盟を金で買おうと努力する。つまり、それは、ほとんどつねに金を失おうと努力しているようなものだ。

このような状態の帰結は、貢租のたえまない増徴である。そして、将来の回復策をすべて、不可能としてしまうことには、今や収入はあてにせず、元本でもって戦争をしているのである。平時においてすら、国家がその資産を抵当に入れ、彼らが非常と呼ぶみずから破産にいたる手段を用いるのも、珍しいことではない。この非常手段は、もっとも無軌道な一家の息子さえ、とても考えつきそうにないほど猛烈なものなのだが。

第二〇章　徴税請負人について②

徴税請負人という実入りのいい職業が、さらにその富によって、名誉ある職業となるにいたるとき、すべては失われる。専制国家においては、この仕事はしばしば地方総督自身の職務の一部であるからそれもよいだろう。共和国においては、それはよくない。類似の事態がローマ共和国を滅ぼした。君主制においても、よいとはいえない。これ以上、この政体の精神に反するものはない。他のすべての身分が嫌悪の念にとらえられる。名誉はいっさいの尊敬を失い、ゆっくりと自然に名声を得る方法は人の心をうたず、政体はその原理に打撃を受ける。

たしかに、過去においても破廉恥な成功は見られた。それは五十年戦争の災厄の一つであった。

だが、当時は、これらの富は滑稽なものとみなされていた。今、われわれはそれを賞めたたえている。

各職業には、おのおの一つの分け前がある。貢租を徴収する者の分け前は富であって、富の報酬は富自体である。栄光と名誉は、栄光と名誉以外に真の善を知らず、見ず、感じぬあの貴族のためにある。尊敬と敬意は、仕事につぐ仕事しか見いださず、日夜、国家の幸福に注意をはらっているあの大臣たち、あの法官たちのためにある。

〔1〕主として均衡を保っているのが、この努力の状態であるというのは、事実である。それは強国を疲弊させるからである。

〔2〕そうなるには、ほとんど全ヨーロッパに設けられた民兵という新しい発明を強化し、正規軍についてなされたと同じ行き過ぎにまでもっていくだけで足りる。

(1) スイスのカントンを指す。

(2) この章は草稿にはない。封建的貴族としてのモンテスキューの成金大金融ブルジョワにたいする激しい階級的反感がこの文章を書かせた。これにたいして徴税請負人のクロード・デュパンがただちにこれまたきわめて悪意にみちた反論を書き、宮廷や社交界をさわがせることとなった。

第一四篇　風土の性質との関係における法について

第一章　大　意

もし、精神の性格と魂の情念が、さまざまな風土によって、はなはだしく異なるのが事実なら、法はこれら情念の違い、これら性格の違いに関係していなければならない。

第二章　いかに、さまざまな風土によって人間は異なるか

冷気はわれわれの肉体の外側の繊維[①]の末端をひきしめる。[①] そのことは、それらの繊維の弾力性を増し、血液が末端から心臓へ還流するのを助長する。冷気はこの繊維自体の長さを縮める。[②] したがって、それによってさらにその力を強める。熱気は、逆に繊維の末端を弛緩させ、そして、それを長くする。したがって、その力と弾力性を弱める。

したがって、寒い風土のほうが人は活力がある。心臓の作動と繊維の末端の反作動が、よりよく行なわれ、体液はよりよく均衡し、血液は心臓によりよく向かい、代わりに心臓はより大きな

力をもつ。このより大きな力は、多くの効果を生むはずである。たとえば、より多くの自信、すなわち、より多くの勇気、より多くのおのれの優越の意識、したがって、より少ない復讐欲、より多くの安全感、したがって、より多くの率直さ、より少ない疑い、かけひき、策謀のように。要するに、それはきわめて異なった性格をつくるにちがいない。人間を暑く締め切った場所におくとしよう。彼は、先に述べた理由から、きわめて激しい心臓の衰弱に苦しむだろう。もしこんな状態で彼に大胆な行為を提案しても、彼はとてもそれをする気にはなるまいと私は思う。現に陥っている衰弱が、彼の魂に臆病心をふきこむ。彼はなにもできないと感じるから、万事をおそれるだろう。暑い国の民族は老人のように臆病であり、寒い国の民族は若者のように勇敢である。最近の戦争[3]を調べてみよう。というのは、それはもっともわれわれの間近にあり、遠くからでは見分けられぬある種のかすかな効果も、よりよく見ることができるからである。北方の民族は、南国に連れてこられると[4]、自分たちの風土の中で闘い勇気の限りを発揮しうる彼らの同胞と、同じようにめざましい行ないはなしえなかったことがよく感得できるだろう。

北方民族の繊維の力は、食物からもっとも粗悪な滋養分もひき出せるようにする。その結果、二つのことが生じる。第一に、乳糜《にゅうび》、または、リンパ液の構成要素は、表面が広く、繊維に接し、より繊維を養うのに適している。第二に、それらの構成要素は粗雑であるから、神経液に繊細さを与えるのにはあまり適していない。したがって、これらの民族は、体は大きいが敏捷さには欠ける。

神経は、あらゆる方向へ向かって、皮膚組織に達しており、おのおの神経束をなしている。通常動かされるのは全神経ではなく、その極小部分である。暑い地方では、皮膚組織が弛緩しており、神経の末端は開いていて、もっとも微弱な対象のもっとも微小な作用をも受けやすくなっている。寒い地方では、皮膚組織はひきしまり、乳頭は縮んでいる。小神経毛は、いわば麻痺している。感覚は、極度に強く、神経全体を動かすときにしか、まず脳まで伝わることはない。ところが、想像、趣味、感性、活気は、無数の小さな感覚に依存している。

私は羊の舌の、肉眼では乳頭におおわれているように見える部分の外部組織を観察した。顕微鏡で見ると、これらの乳頭の上には、微小な毛、一種のうぶ毛のようなものが見えた。乳頭の間には、ピラミッド状の突起があり、その先端は筆状をなしていた。これらのピラミッド状の突起が、おそらく味覚の主要な器官にちがいない。

私は、この舌の半分を凍らせてみた。すると乳頭は、肉眼ではかなり減ったように見えた。いくつかの乳頭の列は、全体が被膜の下にもぐりこんでしまった。私はその組織を顕微鏡で調べたが、ピラミッド状の突起は見えなかった。舌がとけるにつれて、乳頭がふたたびもちあがってくるように肉眼では見えた。顕微鏡で見ると、小さな毛がまた姿を見せはじめた(2)。

この観察は、私の先に述べたこと、すなわち、寒い地方では、小神経があまり開かないということを証明している。それは被膜の下に埋まり、外的な対象の作用から遮断されている。したがって、感覚はあまり活潑でない。

寒い地方では、人々は、快楽にたいする感受性をほとんどもたないだろう。温暖な地方では、それはより大きく、暑い地方では、極度に達するだろう。気候は、緯度によって区分されるように、いわば感受性の度合によっても区分されうるだろう。私はイタリアとイギリスでオペラを見たことがある。それは同じ出し物、同じ俳優であるが、同じ音楽は、二つの国民に、信じがたいほど異なった効果を及ぼす。イギリス人はまったく平静で、イタリア人はまったく有頂天となる。

苦痛についても同じであろう。苦痛は、肉体のある繊維がひきさかれることにより、ひきおこされる。自然の創造主は、傷害が大きければ大きいほどこの苦痛が強いように定めた。ところが、北方の民族の巨大な体と粗大な繊維は、暑い地方の民族の繊細な繊維よりも傷害をこうむりにくいことは明らかである。したがってそこでは、魂は、苦痛にたいし、より鈍感である。モスクワ人に感覚を与えるには、その皮を剝がねばならない。

暑い地方で人々のもつこの感官の繊細さから、魂は、わけても両性の結合に関係するすべてのものによって、最高度に動かされる。すべてはこの目標に向かう。

北方の風土では、恋愛の外観は、はっきりと感じられるほどになる力をもつかもたないかである。温暖な風土では、恋愛は、無数のアクセサリーを伴い、一見、恋愛自体でありそうで、まだそうではないもろもろのことがらによって、快いものとなる。もっと暑い風土では、恋愛それ自体を好む。恋愛は幸福の唯一の原因であり、生命である。

南の地方では、繊細で脆弱だが感じやすい肉体は、後宮でたえず生まれまたしずまる恋愛に、あるいは、後宮よりはより多くの独立を女性に与えるが、その代わり際限のない紛争にさらされる恋愛に、身をゆだねる。北の地方では、健全でしっかりしてはいるが鈍重な肉体は、精神を動かすものすべて――狩猟、旅、戦争、酒――のうちに、快楽を見いだす。北方の風土では、悪徳はほとんどもたず、かなりの美徳をもち、誠意と率直さに満ちた民族が見られよう。南の地方に近づいてみたまえ。道徳自体から遠ざかるように思われるだろう。より活潑な情念が犯罪を増加させる。各人が、ほかならぬこの情念を助長しうるあらゆる手段を他人に抜きんでて得ようとする。温暖な地方には、風習においても、悪徳においてさえも、また、徳性においてすら、一定しない民族が見られるだろう。そこでは、風土は、それらを固定するほどにはっきりした性質をもっていない。

風土の暑さは、肉体が完全に無力となるほどに、はなはだしいものとなりうるだろう。そのときには、衰弱は精神自体にも及ぶ。好奇心も、気高い行ないも、寛大な感情もない。精神の傾向はまったく受動的である。そこでは怠惰が幸福である。大部分の刑罰も、魂の働きにくらべれば忍びやすく、隷従も、おのれを導くに必要な精神の力にくらべれば耐えやすい。

第四章　東洋の諸国における宗教、習俗、生活様式、法律の不変性の原因

東洋の諸民族をして、外界についてのもっとも強烈な印象を受けとらせるこの感覚器官の脆弱性は、肉体の怠惰に当然結びついており、そして精神をしていかなる動作、いかなる努力、いか

なる緊張をもなしえなくするところのある種の精神的怠惰を加えるならば、ひとたびある印象を受けとった魂は、もはやそれを変えることができないことがおわかりいただけるであろう。これが東洋では、法律、習俗、そして生活様式——それも、衣服の着方といったような、どうでもよさそうに見えるものさえも——が、今日も、一千年前にそうであったのと同じであることの原因である。[5]

第五章　悪しき立法者は、風土の欠点を助長した者であり、よい立法者はそれに抵抗した者であること[3]

インド人は、休息と無が万物の基礎であり、万物の帰結する目標であると信じている。彼らは、したがって、完全な無活動がもっとも完全な状態であり、彼らの欲望の目標であると考える。彼らは、至高の存在[6]に、不動という異名を与えている。シャム人は、至高の幸福とは、器官に活気を与えたり、肉体を動かしたりすることを強制されないことにあると信じている。[7]

はなはだしい暑さが人を衰弱させ悩ますこれらの地方では、休息があまりに心地よく、運動はあまりに苦しいから、この形而上学の体系も自然に見える。そして、インドの立法者仏陀が、人間を極端に受動的な状態においたとき、[8]彼は自分の感じていたところにしたがったのである。だが、その教説は、風土の怠惰から生まれ、それ自身もその怠惰を助長し、数知れぬ悪をひきおこした。

中国の立法者たちは、人間を、彼らがいつかはあるべきはずの平穏な状態においてではなく、生活の義務を果たさせるにふさわしい行動において考察し、その宗教と哲学と法をまったく実践的なものにしたのであるが、彼のほうがもっと理にかなっていた。自然的原因が人間を休息に導けば導くほど、道徳的原因は人間を休息から遠ざけねばならない。

第一〇章　諸民族の節制にかんする法について

暑い地方では、発汗により、血液の水分が多量に発散する。[9] したがって、それを類似の液体によって補わねばならない。そこでは水はすばらしい効用がある。強い酒は水分の蒸発後に残る血球を凝固させるであろう。[10]

寒い地方では、血球の水分は発汗によって蒸発することがほとんどない。それは豊富に残っている。したがって、そこでは、血液の凝固を招くことなく、アルコール飲料を用いることができる。人間は体液に満ちている。そこでは、血液に運動を与える強い酒は、適したものでありうる。

したがって、飲酒を禁じたマホメットの法はアラビアの風土の法である。だからマホメット以前においても、水がアラビア人の普通の飲み物だった。カルタゴ人に飲酒を禁じた法[11]もまた風土の法であった。事実、これら二つの地方の風土はほとんど同じである。

このような法は、寒い地方ではよくないだろう。そこでは風土が、ある程度の国民的な飲酒癖を強制しているように思われる。それは個人の飲酒癖とはまったく違ったものである。飲酒癖は、地球全体に、風土の寒さと湿っぽさに比例して、根をおろしている。赤道から北極へと移動してみたまえ。飲酒癖が緯度にしたがって増大するのがわかるだろう。同じ赤道から反対の極へと移ってみたまえ。飲酒癖は、こちら側では北に向かっていたように、今度は南に向かって進むのが見られるだろう。[12]

飲酒癖が人にも社会にもほとんど悪影響を及ぼさず、人間をたけり狂わせたりせず、たんにぼんやりさせるにすぎない地方にくらべて、酒が風土に反し、したがって健康に反している地方では、過度の飲酒がはるかにきびしく罰せられるのは当然である。したがって、酔っぱらいを彼の犯した過失についてのみならず、酔っていることについても罰する法律は、個人の飲酒癖についてしか適用されえず、国民的な飲酒癖には適用されえなかった。[13]ドイツ人は慣習によって飲み、スペイン人は選択によって飲む。

暑い国では、繊維の弛緩が多量の体液の発散をひきおこす。だが、固形部分は費消されにくい。繊維はきわめて弱い働きしかせず、ほとんど弾性をもたず、あまり消耗しない。それを回復するには、わずかの滋養液しか必要としない。だから、そこでは、人々はきわめて少食である。

さまざまな生活様式を作り出したのは、さまざまな風土におけるさまざまな必要である。そして、これらさまざまな生活様式がさまざまな種類の法律を作り出した。人々が互いに多く交渉をもつ国民においては、ある種の法律が必要であり、まったく交渉をもたぬ民族では、別の法律が必要である。

(1) それは眼でもわかる。寒いときには、人はやせて見える。
(2) それが鉄を収縮させることを人は知っている。
(3) スペイン継承戦争。
(4) たとえば、スペインに。
(5) コンスタンティヌス・ポルフィロゲネトゥス（七世。東ローマ皇帝、九一一年即位）の収録したダマスカスのニコラウス（一世紀ころのギリシアの哲学者、歴史家）の断片によれば、機嫌をそこねた総督を絞首刑に処すという慣習は、東洋では、古いものであったことがわかる。それは、メディアの時代のものだった。
(6) **Panamanack** キルヒャー参照(4)。
(7) ラ・ルベール『シャム見聞記』四四六ページ。
(8) 仏陀は心を純粋な空虚に帰そうと欲している。「われわれは眼と耳をもっている。だが至善は、見ず、聞かぬことである。口や手などをもっているが、至善はこれら肢体が無活動にあることである」。これはデュ・アルド神父の伝える（『支那帝国の記述』第三巻）ある中国哲学者の対話から引用した。
(9) ラホールからカシミールに旅行したベルニエ氏は、次のように書いている。「私の身体はざるだ。一パイントの水を飲みほすや否や、それは私の全肢体から、指の先からまで、露となって出てくるのが見える。私は日に一〇パイントも飲む。そして、それはなんらの害もなさない」。『ムガール帝国旅行記』第二巻二六一ページ。
(10) 血液中には赤血球、繊維素、白血球と、それらの泳いでいる液体とがある。
(11) プラトン『法律』二。アリストテレス『家政学』（一・五）。エウセビオス（二六三〜三三九。カエサレアの司教。古代教会史の最高の権威の一人）『福音の準備』一二・一七。
⑿　このことは、ホッテントットや、より南に寄ったチリの岬の民族に見られる。
⒀　アリストテレス『政治学』二・三（二・一二の誤り）によれば、ピッタコスの行なったように。彼は、飲酒癖が国民的な悪弊でない風土に生活していたのである。
①　筋肉、神経、血管などをひっくるめて言っている。
②　この実験は、当時にあっては注目すべきものであるという。
③　この章はモンテスキューが単純な風土決定論者でないことを示す例として、よくあげられる。
④　ここにいう至高の存在とは、ブラフマンのことであるが、モンテスキューは、キルヒャーの記したその異名の綴りをめちゃめちゃに誤記している。キルヒャーによればParamanandである。

第一五篇　どのように市民的奴隷制の法律は、風土の性質と関係しているか

第一章　市民的奴隷制について

固有の意味での奴隷制とは、ある人間が他の人間の生命、財産の絶対的支配者となるほどに、その人間を自己の所有物とする権利が設定されることである。それはその本性からしてよくない。それは、主人にとっても奴隷にとっても有益でない。奴隷にとって、というのは、彼はなにごとをも徳によってなしえないからであり、主人にとって、というのは、彼は奴隷をもつことによって、あらゆる種類の悪習にそまり、知らずしらずのうちに、あらゆる精神的徳性に反することに慣れ、尊大、性急、酷薄で、おこりやすく、淫蕩で残忍になるからである。

専制国家においては、人々はすでに政治的奴隷制のもとにあるから、私的奴隷制もよそよりは我慢できる。そこでは各人は、食糧と生命があれば、かなりの程度満足せねばならない。したがって、そこでは、奴隷の境遇も臣民の境遇にくらべてさしてひどくはない。

だが、人間の本性をくじいたり、いやしめたりしないことがなににもまさって重要な君主政体

においては、奴隷はけっして存在してはならない。万人が平等である民主制や、政体の本性の許すかぎり万人を平等にしようと法律の努めねばならない貴族制においては、奴隷は国家構造の精神に反している。奴隷は、市民のけっしてもってはならぬ権勢と豪奢を、市民に与えるのにしか役だたない。

第二章　ローマの法学者における奴隷制の権利の起源

奴隷制をうち立てたのはあわれみの情であり、そのために、この感情は以下の三つの仕方で作用したなどということを、だれが信じえようか。[1]

万民法は、勝者が捕虜を殺すことを避けるために、それが奴隷となることを欲した。[1] ローマ人の市民法は、債権者が非人間的にとり扱うことのできる債務者に、自分自身を売ることを認めた。そして、自然法は、奴隷の父親がもはや養うことのできぬ子供は、親と同様に奴隷身分となることを欲した。

法学者のあげるこれらの理由は、まったく理にかなっていない。戦争において、必要な場合以外に殺すことが許されるというのは偽りである。ところが、ある人間が他の人間を奴隷にするや否や、彼はその男を殺さなかったのだから、殺すことが必要な状態にあったとはいえない。戦争が捕虜について与えうる権利は、捕虜の身体を拘束し、彼らがもはや危害を加えないようにすることだけである。兵士によって冷静に、戦いの熱気の去った後に行なわれる殺人は、世界のあらゆる国民によって排斥されている。[2]

第二に、自由な人間が自分を売ることができるというのは、正しくない。売ることは代価を予想している。奴隷が身を売れば、彼の全財産は主人の所有となるだろう。だから、主人はなにも与えず、奴隷はなにも受けとらないことになるだろう。彼は奴隷財産をもつだろうと人は言うかもしれない。[2]だが、奴隷財産は身体に付属しているのだ。自殺が祖国からおのれを奪うことになるから許されないとすれば、自分を売ることもまた許されない。各市民の自由は公共の自由の一部である。この資質は、民衆国家においては、主権の一部でさえある。市民たる資格を売ることは、人間においては予想もできないほど無法な行為である。[3]自由は、たとえそれを買う者にはある値段があるとしても、それを売る者には値段はない。民法は人々に財産の分割を認めているが、その民法が、この分割を行なうべき人々の一部を、財産として数に入れるなどということはありえなかった。なんらかの暴利行為を含む契約を無効とする民法が、なににもまして大きな暴利行為を含む合意を無効としないでいることはありえない。

奴隷制を確立するとされる第三の仕方は出生である。これは、前の二つとともに崩壊する。なぜならば、もし人間が自分を売れなかったとすれば、生まれていない息子を売ることはなおさらできない。もし戦争の捕虜が、奴隷状態に陥れられえないとすれば、その子供はなおさらのことである。

犯罪者の処刑を合法とするのは、彼を罰した法が彼の利益のためにつくられたものだからである。たとえば、殺人者は彼を処刑する法律から受益している。その法律は彼の生命をつねに維持してきた。したがって、彼はこの法律に異議を唱えることはできない。奴隷については事情は同じでない。奴隷制の法律は、奴隷にとってけっして有益ではありえなかった。それはあらゆる場合に彼の利益に反しており、彼のためになることはけっしてない。このことは、あらゆる社会の根本原則に反している。

主人が食糧を与えたから、奴隷制の法律は、奴隷にとっても有益でありえたではないか、と人は言うかもしれない。それならば、奴隷身分を、自分で生活の資をかせげぬ人々にのみ限定せねばなるまい。だが、そんな奴隷はだれもほしがらぬ。子供については、母親に乳を与えた自然が、その食べ物を備えてくれた。そして、その幼年期の残りの期間は、子供の内に自分で有用な人間になる最大の能力の具わった年頃にすでにきわめて近いから、その主人になろうとして彼を養う者があろうと、それでなにかを与えたとはとても言えないだろう。

奴隷制は、そのうえ、自然法に反すると同様に市民法にも反している。社会のなかにいない奴隷に、したがっていかなる市民法も関係をもたぬ奴隷に、どのような市民法が逃亡することを禁じえようか。奴隷は、家族の法、すなわち、主人の法によってしか拘束されえない。

第三章　奴隷制の権利の他の起源

奴隷制の権利があわれみの情に由来しているなどと言うくらいなら、むしろ私は、奴隷制の権利は、慣習の違いにもとづいて、ある国民が他の国民について抱く軽蔑に由来しているのだと言いたい。

ロペス・デ・ガマル（一五一〇～六〇。スペインの歴史家で『西インド全史』の著者）は、次のように述べている。[4]「スペイン人は、サンタ・マルタ（コロンビア北部の古い港町）の付近で、住民が食糧を入れたかごを見つけた。それはかに、かたつむり、せみ、ばったであった。征服者は、被征服者に、このようなものを食糧とすることを罪となした」。筆者は、この事実のうえに――彼らがタバコをすったこと、スペイン風のひげをはやしていなかったことのほかに――アメリカ先住民をスペイン人の奴隷とする権利が基礎づけられたことを告白している。

知識は人間をおだやかにする。理性は人類愛に導く。それを捨てさせるのは偏見のみである。

第四章　奴隷制の権利のいまひとつの他の起源

むしろそれくらいならば、宗教は、布教をたやすくするために、それを信仰する者にそれを信仰しない者を奴隷の身分に陥れる権利を与えるのだと言いたい。

アメリカの破壊者が、犯罪をおかすのを助長したのは、このような考え方であった。[5]彼らが、あのように多くの民族を奴隷とする権利を根拠づけたのは、この観念のうえにであった。なぜなら、絶対に強盗であって、同時にキリスト教徒でありたいと思っていたこの強盗どもは、きわめて信心深かったからである。

ルイ十三世は、その植民地の黒人を奴隷とする法律に、非常な心痛を抱いたが、それが彼らを改宗させるもっとも確実な手段なのだとの考えを吹きこまれると、この法律に同意した。⑥

第五章　黒人の奴隷制について

もし、われわれのもっている黒人を奴隷にする権利を支持せねばならないとすれば、私は次のように言うだろう。

ヨーロッパの民族はアメリカの民族を根だやしにしてしまったから、あの広大な土地を開拓するには、アフリカの民族を奴隷状態におき、使役せねばならなかった。

砂糖は、それを奴隷によって作るプランテーションを動かさなければ、高すぎるものになるだろう。

問題となっているのは、足から頭まで黒い連中である。彼らの鼻はひどくひしゃげているから、彼らに同情することなど、ほとんど不可能なほどである。

きわめて賢明な存在である神が、魂を、とくに善良な魂を、まっくろな肉体に宿らしめたもうたなどということは考えられない。

人間性の本質を構成しているのは色であると考えることは、きわめて自然である。だから宦官を作るアジアの民族は、黒人がわれわれと持っている共通点を、よりはっきりととり除くのをつねとしている。

皮膚の色は髪の色で判断できるが、この髪の色は、世界でもっともすぐれた哲学者であるエジプト人においてはきわめて重要な意味をもっていたので、彼らは、自分たちの手中におちた赤毛の人間は、ことごとくこれを殺したものである。

黒人が常識をもっていないことの証拠には、彼らは、文明国ではきわめてたいせつな金よりも、ガラスの首飾りのほうをもてはやす。

これらの連中が人間であると想像することは不可能である。なぜなら、もしわれわれが彼らを人間と考えるならば、人々はわれわれのことをキリスト教徒ではないと考えだすであろうから。

小才子どもは、アフリカ人にたいしてなされている不正を誇張しすぎている。もし彼らの言うほどだとすれば、あれほど多くの役に立たぬ協定を互いに作っているヨーロッパの君主たちの頭のなかに、慈悲と憐憫のために一般協定をつくろうという考えの起きないはずがあろうか。

第六章　奴隷制の権利の真の起源

いまや、奴隷制の権利の真の起源を探究すべきときである。それは事物の自然にもとづいていなければならない。それが事物の自然に由来する場合があるかどうかをみよう。

あらゆる専制国家において、人はきわめて容易におのれの身を売る。そこでは政治的隷属が、いわば市民的自由を滅ぼしている。

ペリー氏は、モスクワ人はきわめて安易に身を売ると述べている。[7] 私はその理由をよく知っている。彼らの自由がなんの価値もないからだ。

アチェー[3]では、だれもかれも、皆が身を売ることに努める。大諸侯のある者は、千人余の奴隷をもつが、これらの奴隷は大商人で、その下に多くの奴隷をもっており、さらにこの奴隷も別の多くの奴隷をもっている。人々は彼らを相続し、彼らに取引きをさせる。これらの国では、自由人は、政府にたいしてあまりに弱すぎるので、政府を制圧する者の奴隷になることを求めるのだ。[8]

そこに、ある国々で見られるあのきわめて穏和な奴隷制の権利の正当で理性にかなった起源がある。この権利は、自由な人間が自分の利益のために、主人を選ぶ自由な選択にもとづいており、これは、両当事者間の相互の合意をなすものであるから、穏和なものでなければならない。

第七章　奴隷制の権利の他の真の起源

以下は、奴隷制の権利の他の起源、そして、とりわけ人間の間に見られるあの残酷な奴隷制の起源である。

暑さが肉体を消耗し、気力をあまりにはなはだしく弱めるので、人間が、懲罰の不安によってでなければ、苦痛な義務を果たす気にならないような地方がある。したがって、そこでは、奴隷制もあまり理性に反しない。そして、そこでは、奴隷が主人にたいして臆病なのと同様に、主人も君主にたいして臆病だから、私的奴隷制はさらに政治的奴隷制を伴う。

アリストテレスは、自然的奴隷の存在を証明しようとしている。[9]そして、彼の言っていることは、ほとんどそれを証明していない。もしそのようなものがあるとすれば、それは、今、私の述べたものだと私は思う。

だが、人間は平等なものとして生まれるのだから、奴隷制は、ある地方では、自然の理由にもとづいているとはいえ、本来的には、自然に反していると言わねばならない。そして、これらの地方と、幸運にもそれのすでに廃止されたヨーロッパのように自然の理由自体がそれを排斥している地方とを、はっきりと区別しなければならない。

プルタルコスは、『ヌマ伝』の中で、サトゥルヌスの時代には主人も奴隷もなかったと述べている。われわれの風土には、キリスト教がこの時代をふたたびもたらした。

第八章　われわれの間では、奴隷制は不要であること

したがって、自然的奴隷制は、地上の特定の地方に限定せねばならない。他のすべての地域では、社会の必要とする労働は、いかに苛酷なものであろうとも、すべて自由人の手でなしうると思われる。

私をこのように考えさせるのは、キリスト教がヨーロッパにおいて市民的奴隷制を廃止する以前には、鉱山労働はあまりに苛酷で、奴隷か囚人によってしかなしえないものと思われていた事実である。だが、今日では、人の知るように、そこで使用されている人々は、幸福に生活している。[10] 人々は、ちょっとした特権で、この職業を奨励した。労働の増加とかせぎの増加を結びつけ、

彼らに、彼らの就きえたどんな境遇よりも、自分たちの境遇を愛させるにいたった。

規制するものが理性であって強欲でなければ、どんなに困難な仕事であろうと、それをする者の力に釣り合わすことのできない仕事はない。技術が発明し応用する機械の便宜によって、よそでは奴隷にさせている強制労働の代わりをさせることができる。ティミシワラ州（ルーマニア西部の都市。十六世紀中頃から十八世紀初めまで、トルコの支配下にあった）のトルコ人の鉱山は、ハンガリアの鉱山よりも豊かであったのに、トルコ人たちは奴隷の腕しか考えなかったから、多くを産出しなかった。

この文章を私に口述したのは、精神なのか心情なのか私は知らない[4]。おそらく、地上には、自由な人間を労働に参加させないような風土はないであろう。法律がよく作られていなかったので、怠惰な人間が存在したのであり、これらの人間が怠惰であったので、人は彼らを奴隷状態においたのだ。

第九章　市民的自由が一般に確立されている諸国民について[5]

われわれの間にも奴隷がいたらよかろうにという声が毎日聞こえる。
だがこの点について正しく判断するには、奴隷が各国民の金持で享楽的な一小部分にとって有益かどうかを検討すべきではない。もちろん、彼らにとっては有益だろう。だが、別の見方をすれば、これらの小部分を構成する人々といえども、国民の自由な部分と奴隷の部分とを構成する者を籤《くじ》で決めるとすれば、自分も籤をひこうと望む者はだれもいないだろう。奴隷制にもっとも賛成した人々が、もっともそれをいやがるだろうし、もっとも貧しい人々も、それをおそれるのは同じだろう。だから奴隷制に賛成の叫び声は、奢侈と享楽の叫び声であって、公共の至福への愛の叫び声ではない。人間はだれもが、個人としては、他人の財産、名誉、生命の支配者であることにきわめて満足するだろう。そして、人間のあらゆる情念は、まず、この考えによって、呼びさまされるであろう。だれがそのことを疑いえようか。これらのことがらについて、各個人の欲望が正当でありうるかを知りたければ、万人の欲望を調べてみたまえ。

〔1〕『ユスティニアヌス法典』「法学提要」一(・三)。
〔2〕捕虜を食う国民を引合いに出そうとしなければ。
〔3〕私の語っているのは、厳密な意味での奴隷制、すなわち、ローマ人のもとにあったような、また、わが植民地において行なわれているような奴隷制である。
〔4〕『イギリス文庫』(アムステルダムで発行されていた文芸新聞)第一三巻第二部第三項。
〔5〕メキシコの征服の歴史についてはソリス(一六一〇〜八六。スペインの歴史家)、ペルーの征服についてはガルシラソ・デ・ラ・ベガ(一五三九〜一六一六。ペルーの歴史家)参照。
〔6〕ラバ神父(一六六三〜一七三八。ドミニコ会の修道士。中米に伝道に派遣され、植民地経営に活躍)『アメリカ諸島新旅行記』(一七二二)第四巻一一四ページ。
〔7〕ジャン・ペリー『大ロシアの現状』パリ、一七一七年。
〔8〕ギョーム・ダンピエール(ウィリアム・ダンピア)『新世界周航記』アムステルダム、一七一一年。

〔9〕『政治学』一・一（一・二の誤り）。

〔10〕この点については、低ドイツのハルツの鉱山、および、ハンガリアの鉱山で行なわれているところから、知ることができる。

(1) 第一〇篇第三章「征服権について」参照。

(2) 古代ローマでは奴隷は「奴隷財産」peculium を蓄え、それによって自由を買うことができた。奴隷財産はしかし完全な所有ではなく、所有権は主人にあり、奴隷は用益権をもっていたにすぎない。

(3) 十六世紀初めスマトラ北西部に成立した回教国。十七世紀初めに最盛期を迎え、その後、オランダの圧迫を受けるが十九世紀末まで存続した。

(4) このパラグラフは草稿にはなく、初版の刊行のさいに付加された。モンテスキューのためらいと熟考のあとがうかがえる。

(5) この章は、死後刊行された一七五七年版に初めて発表された。ボルドーの出身で友人であった経済学者ムロンらの奴隷制をヨーロッパにも導入せよとの主張にたいして書かれたもので、モンテスキューの奴隷制に関する最後の見解を示している。

第一六篇　どのように家内奴隷制の法律は、風土の性質と関係しているか

第二章　南部の地方では、両性の間に自然的不平等があること

女性は、暑い風土では八歳か九歳か十歳で結婚適齢となる。[1] このようにそこでは幼年期と結婚がほとんどつねにいっしょに進む。彼女らは二十歳で老齢となる。だから、彼女らにおいては、理性はけっして美しさとともに存在しない。美しさが支配権を要求するとき理性はそれを拒ませ、理性がそれを獲得できるときには美しさはもはやない。女性は従属せざるをえない。なぜなら、美しさが青春においても彼女らに与えなかった支配権を、理性が老いてのちに与えることはできないのだから。したがって、宗教がそれに反対しなければ、男が妻を捨て他の女をめとり、一夫多妻制が生じるのは、まったく単純明瞭なことである。

温暖な地方では、女性の魅力はよりよく維持され、結婚適齢はおそく、もっと年をとってから子供をもち、夫の老衰はいわば彼女らの老衰に従っている。そして、彼女らが結婚するとき、すでにより長く生きてきたからというにすぎないにしても、より多くの理性と知識をもっているか

ら、当然、両性間に一種の平等が生じ、その結果、一妻制の法が採用された。

寒い地方では、ほとんど不可欠な強い飲料の常用が、男性の間に不節制を習慣とする。女性はつねに身を守らねばならないので、飲酒にかんしても生まれながらのつつしみをもっており、したがって、男性にたいし、さらに理性の上での優位をもつ。

男性を力と理性により特徴づけた自然は、男性の権力に、この力と理性の限界以外の限界を設けなかった。自然は女性には魅力を与え、その支配力はこの魅力とともに終わるように望んだ。ところが暑い国では、この魅力は生涯の初めにしかなく、その流れの途中にはけっしてない。

このように、ひとりの妻しか認めない法律は、アジアの風土の自然よりも、ヨーロッパの風土の自然により適している。それが、回教がアジアではいとも容易に確立したのに、ヨーロッパでは広がるのがきわめて困難なこと、キリスト教がヨーロッパでは維持されているのに、アジアでは滅ぼされたこと、さらに、中国では回教徒がかくも大いに成長したのに、キリスト教徒はほとんど伸びなかったことの原因の一つである。人間理性はつねに、その欲することはなんでも行ない、その欲するものはなんでも用いるこの最高の原因に従属している。

ヴァレンティニアヌスは、彼だけの特殊なある理由から、帝国内に多妻制を許した。[2] このわれわれの風土にとって乱暴な法律[3]は、テオドシウス、アルカディウス、ホノリウスにより廃止された。

〔1〕 マホメットは、ハディージャが五歳のとき妻とし、八歳のとき彼女と寝た(1)。アラビア、インドの暑い地方では娘は八歳で結婚適齢となり、翌年には出産する。プリドー『マホメットの生涯』。アルジェリア王国では、女性は、九歳、十歳、十一歳で子供を生むことが知られている。ロジェ・ド・タシ『アルジェリア王国の歴史』六一ページ。

〔2〕 ヨルダネス『あいついだ王国と時代について』およびその他の教会史家参照。

〔3〕 『ユスティニアヌス法典』「ユダヤ人および神々について」の第七の法律。また、「新勅法」一八第五章参照。

(1) モンテスキューはマホメットの最初の妻ハディージャと第三番目の妻とした十歳の幼女アイシャとを混同している。最初の結婚のとき、マホメットは二十五歳、ハディージャは四十歳であった。

第一七篇　どのように政治的奴隷制の法律は、風土の性質と関係しているか

第五章　アジア北部の民族とヨーロッパ北部の民族が征服したとき、征服の効果は同じでなかったこと

ヨーロッパ北部の民族は、自由人としてヨーロッパを征服した。アジア北部の民族は、奴隷としてアジアを征服した。彼らはひとりの主人のために勝利したにすぎない。

その理由は次のとおりである。タタール民族は、アジアの自然的征服者であったが、みずからも奴隷となった。彼らは、たえずアジア南部を征服し、帝国を形成する。ところが、その国民のうち、故国にとどまった部分は、ひとりの強大な首長のもとに服従している。南部で専制君主となったこの首長は、北部でもそうあろうと欲し、征服した臣下にたいする恣意的権力をもって、それをさらに、征服者たる臣下にたいしても主張する。このことは、今日、シナ・タタールと呼ばれている広大な地域にはっきりと見られる。皇帝は、この地域を中国自体とほとんど同じように専制的に支配し、日一日と征服によってそれを拡大している。

また、中国の歴史によれば、皇帝はタタールに中国人の植民を送った[1]ことが知られる。これら中国人はタタール人と化し、中国の不倶戴天の敵となった。だが、それにもかかわらず、彼らはタタールに中国的な支配の精神をもたらしたのである。

征服したタタール民族の一部が、しばしば今度は自分が追われ、奴隷制の風土の中でえた隷従の精神を、その砂漠の中にもちかえる。中国の歴史は、その絶好の例を示しており、またわが古代史も同じである。[2]

タタール民族、ゲタエ民族（東南ヨーロッパに移住したスキタイ部族）の精神が、つねにアジアの帝国のそれに似ていたのは、このためである。アジアの帝国においては、諸民族は棒によって支配されている。タタール民族は、長い鞭《むち》によって支配されている。ヨーロッパ精神は、つねにこれらの習俗に反対であった。そして、いつの時代にも、アジアの諸民族が刑罰と呼んだものを、ヨーロッパの諸民族は凌辱と呼んだのである。[3]

タタール人は、ギリシア帝国を滅ぼし、征服した地方に隷従と専制をうちたてた。ゴート人は、ローマ帝国を征服し、いたるところに君主制と自由をうちたてた。

その『アトランティカ』で、スカンディナヴィアをかくもほめたたえた、あの有名なルドベック（一六三〇～一七〇二。スウェーデンの博物学者）が、そこに住む諸国民を地球の全民族の上におくべきこの偉大な栄誉について語っているかどうか、私は知らない。それは、それら国民がヨーロッパの自由の、したがって今日、人類の間に存在する自由のほとんどすべての、源泉であったということである。

ゴート人ヨルダネスはヨーロッパ北部を人類の工房[4]と呼んだ。私はそれを、むしろ南部で作られた鉄鎖をくだく道具の工房と呼ぼう。まさにそこで、かの雄々しい国民は形成され、彼らはおのれの国を出て暴君と奴隷をうち滅ぼし、人間に、自然は彼らを平等に作ったのだから、彼らの幸福のためでなければ、理性が彼らを従属的にすることはありえなかったということを教えるのである。

第六章　アジアの奴隷状態とヨーロッパの自由の新しい自然的原因

アジアには、つねに大帝国が見られた。ヨーロッパでは、それはけっして存続しえなかった。それは、われわれの知っているアジアは、ヨーロッパよりもより広い平野をもっているからである。ヨーロッパにくらべて、海によってより大きな部分に区切られている。そして、より南に位置しているから、水源はより涸《か》れやすく、山は雪におおわれることが少なく、河はあまり大きくならず[5]、あまり大きな障壁を形づくらない。

したがって、権力は、アジアではつねに専制的たらざるをえない。なぜなら、もし、奴隷状態が極端でなければ、まず分裂が生じるだろうが、分裂はこの地域の自然の許しえぬところだからである。

ヨーロッパでは、自然的分割が、法の支配と国家の維持とが両立不可能でないいくつかの中庸の広さの国を作っている。それどころか、そこでは法の支配はきわめて好ましく、法なくしてはこの国は衰退に陥り、他のすべての国に劣ることになるであろう。

これこそが自由の精神を作りあげ、また、法と通商の利益による以外には、外国勢力がこれらの各部分を征服し服従させることをきわめて困難にしているところのものである。反対に、アジアでは、隷従の精神が支配しており、それはいまだかつて、そこから離れたことがない。そして、この地方の全歴史において、自由な精神を特徴づけるただ一つのしるしも見いだすことは不可能である。そこには、隷従のヒロイズムしか見いだしえないであろう。

〔1〕第五王朝（第六王朝、前漢の誤り）第五代の皇帝文帝のように。
〔2〕スキタイ人は、三度アジアを征服し、三度そこから追われた。ユスティヌス（『ヒストリアエ・フィリピカエ』）二―。
〔3〕このことは、私が第二八篇第二〇章において、ゲルマン民族の棒についての考え方について述べることと、なんら矛盾するものではない。道具がなんであれ、彼らは、ほしいままになぐる権力、または行為を、つねに侮辱と考えていた。
〔4〕〈人類の工房〉。
〔5〕水は集まる前に、あるいは集まった後に、消え去り蒸発してしまう。

第一八篇　土地の性質との関係における法について

第三章　もっともよく耕作される地方はどのような地方か

土地は、その肥沃に比例してではなく、その自由に比例して耕作される。そして、地球を想像の上で分割してみるならば、多くの時代に、もっとも肥沃な部分に無人の地が、そして土地がすべてを拒みそうに見える部分に偉大な民族が見られるのに驚かされるだろう。

ある民族が悪い土地を去ってよりよい土地を求めに行くのは当然であり、よい土地を去ってより悪い土地を求めに行くとすれば、それは自然でない。したがって、侵略の大部分は、自然が幸福たるべく作った地方に向かってなされる。そして、侵略ほど荒廃に近いものはないから、最良の地方がもっとも頻繁にその住民を失い、他方、北方の荒涼たる地方には、それがほとんど住むことが不可能なために、つねに人が住んでいる。

スカンディナヴィアの民族のドナウ河畔への移動は、それについて歴史家の語っていることからして、征服ではまったくなく、たんに無人の地への移住にすぎなかったことがわかる。

この幸福な風土は、したがって、それ以前に別の移住によって住民がいなくなっていたのであり、われわれは、そこに起きた悲劇的なことがらについて知っていない。

アリストテレス[1]は次のように述べている。「いくつかの遺跡からして、サルディニアはギリシアの植民地のようである。それは、かつては、きわめて豊かであった。そして、その農業への愛を大いにほめそやされたアリスタイオス（アポロンの子。狩と養蜂の神）が、それに法律を与えた。だが、その後、それは非常に衰えた。なぜならば、カルタゴ人がその支配者となり、彼らは、この地を人間を養うのに適したものとすることのできるすべてのものを破壊し、死刑をもって土地を耕すことを禁じたからである」。サルディニアは、アリストテレスの時代には、まったく復興されていなかった。それは今日もなおまったく復興されていない。

ペルシア、トルコ、モスクワ公国、ポーランドの、もっとも気候温和な部分は、大小のタタール部族による荒廃から回復することができなかった。

第五章　島の民族について

島の民族は、大陸の民族よりも、より自由を好む。島は、普通面積が狭く[2]、他の部分を抑圧するために、住民の一部をあまりうまく用いることができない。海が島を大帝国から切り離しており、暴政は島に助けをかすことができない。征服者は海によりとどめられる。島の住民は征服にまきこまれることがない。そこで彼らはよりたやすくおのれの法律を維持する。

第六章　人間の勤労により形成された土地について

人間の勤労が住むことを可能にし、また存続するためには同じ勤労を要する土地は、そこに穏和な政体を求める。主なものとして、この種の土地は三つある。中国の江南、浙江の二つの美しい州、エジプト、オランダがそれである。

中国の古代の皇帝は、けっして征服者ではなかった。彼らが領土を拡大するために第一に行なったことは、彼らの賢明さをもっともよく証明するものであった。人々は、水の下から、帝国のもっとも美しい二つの州が姿を現わすのを見た。それら二つの州は、人間によって作られたのである。まさにこの二つの州の筆舌につくしがたい肥沃さが、ヨーロッパに、この広大な地域を至福の地とする観念を与えたのであった。だが、帝国のかくも重要な部分を破壊から守るのにたえまない注意が必要とされることは、逸楽的な民族の習俗よりも、むしろ賢明な民族の習俗を、専制君主の暴政的な力よりも、むしろ君主の正統な権力を求めるものであった。そこでは権力は、かつてのエジプトにおいてそうであったように、穏和でなければならなかった。そこでは、権力は、今日のオランダにおいてそうであるように、穏和でなければならなかった。自然はオランダを、自分自身に注意し、無頓着や気まぐれにゆだねられることのないように作ったのである。

こうして、人間を自然に奴隷的服従へと向かわせる中国の風土にもかかわらず、また帝国の過大な面積にともなって生じる残虐非道にもかかわらず、中国の最初の立法者たちは、きわめてすぐれた法律を作らざるをえなかった。そして、政体もしばしばそれにしたがうことを余儀なくされた。

第七章　人間の作り出したものについて

人間は、その働きとよい法律によって、大地を彼らの住いとしてより適したものにした。われわれはかつて湖や沼のあったところに、河の流れているのを見る。それは、自然が作ったのではないが、自然によって維持されている富である。ペルシア人がアジアの支配者であったとき、彼らは、どこかまだまったく灌漑されていない土地に泉の水を引いた者には、その土地を五世代にわたって用いることを許した[3]。そして、トロス山（小アジア南部の山脈）から多くの小川が流れ出ているので、彼らはそこから水を引くのに費用を惜しまなかった。今日、それがいったいどこから来るのか知ることもなく、人々はその水を自分の畑や菜園のなかに見いだすのである。

このようにして、破壊的な国家がその国家自体よりも長く続く災禍をなすように、その国とともに滅びてしまうことのない善をなす勤勉な国民があるのである。

第一四章　土地を耕作しない民族の政治状態について

これらの民族は多大の自由を享受している。なぜなら、土地を耕さないのだから土地に結びつけられていないからである。彼らは、さまよい、流浪する。そして、もしある首領が彼らから自由を奪おうとすれば、彼らは、まず別の首領のもとに自由を求めて行くか、さもなければ森にひきこもり、家族とともにそこで暮らすであろう。これら民族のもとでは、人間の自由があまりに大きいので、それは必然的に市民の自由をもたらすのである。

第一五章　貨幣の使用を知っている民族について

アリスティポス（前四世紀のギリシアの哲学者）は、難破し、泳いで、近くの岸に上陸した。彼は砂の上に幾何学図形が描かれているのを見た。彼は野蛮な民族ではなく、ギリシア民族の国に着いたのだと判断し、喜びの感動を身に覚えた。

ただひとり、なにかの事故で、見知らぬ民族のところへ着いたとしよう。もし貨幣を見かけたら、文明国民のもとに到着したのだと考えていい。

土地の耕作は、貨幣の使用を必要とする。農耕は多くの技術と知識を前提とする。そして、人のつねに見るように、技術と知識と必要とは同じ歩調で進む。これらすべては、価値の表象の設定に導く。

急流と火災はわれわれに大地が金属を含んでいることを発見させた。ひとたびそれが分離されるや、それを使用することはたやすかった。[4]

第一六章　貨幣の使用を知らない民族における市民法について

ある民族が貨幣を使用しないときには、そこではほとんど暴力に由来する不正しか知られない。そして弱い者たちは、互いに同盟し暴力にたいして身を守る。そこではほとんど政治的な解決しかない。だが貨幣が制度化されている民族においては、人々は狡知に由来する不正をこうむりやすく、しかもこれらの不正は無数の仕方で行なわれうる。したがってそこでは人々はすぐれた市民法をもたざるをえない。それら市民法は、悪人となる新たな手段、さまざまな仕方が生じるにつれて、それとともに生まれる。

貨幣のまったくない土地では、盗人は物しかとらず、物は互いにけっして似ていない。貨幣のある土地では、盗人は表象を奪い、表象はつねに相似ている。前者の場合には、盗人は、彼の有罪の証拠をいつも身につけているのだから、なにも隠すことができない。後者の場合には、ことは同じでない。

第一七章　貨幣を使用しない民族における政法について

土地を耕作しない民族の自由をもっともよく保証しているのは、貨幣が彼らにとって未知のものであるという事実である。狩猟、漁猟、牧畜の収獲物は、あまり多量に集めることも保存することもできないから、ある人間が他のすべての人間を腐敗させうるほどの状態にするには不十分である。それにたいして、富の表象をもっている場合には、人はこれらの表象の山を築き、それを望むがままに他人に配ることができる。

貨幣をもたぬ民族においては、各人はわずかの欲求しかもたず、その欲求はたやすくかつ平等に充足される。したがって平等が強制される。そこで彼らの首領もけっして専制的ではない。

第三〇章　フランク族における国民の会議について

土地を耕さぬ民族は多大の自由を享受すると先に述べた。ゲルマン人は、その例であった。タキトゥスは、彼らは王または首領にきわめて穏和な権力しか与えなかったと述べている。[5] そしてカエサルも、彼らは平時には共通の執政官をもたず、各村において首長が自分の村の者の間を裁くと述べている。[6] だからフランク族もゲルマニアにおいてはまったく国王をもっていなかった。このことはまた、グレゴワール・ド・トゥール（六世紀のフランクの聖職者、歴史家）のよく証明しているところである。[7]

「有力者たちが小事については議し、国民全体が大事については議する。しかしながら人民が検討することがらも、同じく有力者の前に提出されるようにして」[8] とタキトゥスは述べている。この慣行は、あらゆる史料に見られるように、征服ののちも維持された。[9]

タキトゥスは、大罪は集会に提訴することができたと述べている。[10] 征服後も同様であり、また主だった従臣はそこで裁かれた。

〔1〕あるいは、(偽書とされている)『奇聞集』の筆者。
〔2〕日本は、それが大きいことと、その隷従制とによって、この原則に反する。
〔3〕ポリュビオス(『歴史』)一〇。
〔4〕ディオドロスがわれわれに語るところによれば、羊飼いたちはこのようにしてピレネーの金を発見した。
〔5〕〈だが、国王にも自由な、あるいは無制限な権力はなく……(何人も)そのうえ、人を死刑に処したり投獄したりむち打ったりできず……〉『ゲルマン人の習俗について』
〔6〕〈平時には全体の首領は存在せず、地方やパグスの首長が、おのおののなかで裁判を行ない……〉『ガリア戦記』六。
〔7〕『フランク族の歴史』二。
〔8〕〈小事については長老らが討議し、大事については全員が討議する。しかし、その決定権が人民の手中にあることも、長老らのもとで深く検討されるようにして〉『ゲルマン人の習俗について』
〔9〕〈法律は人民の同意と国王の決定によりつくられる……〉シャルル禿頭王の勅法、八六四年、第六項。
〔10〕〈会議においては、告発することも、極刑の訴訟をおこすことも許される〉『ゲルマン人の習俗について』

第一九篇　国民の一般精神、習俗、生活様式を形成する原理との関係における法について

第一章　本篇の主題

この題材はきわめて広大である。私の頭に浮かぶ観念の群のなかで、私は事物それ自体よりも事物の秩序に注意をはらうであろう。右に左に体をかわし、突きぬけ、血路を開かねばなるまい。

第四章　一般精神とは何か

多くのものが人間を支配している。風土、宗教、法律、統治の格率、過去の事例、習俗、生活様式。それらからそれらに由来する一般精神が形成される。

各国民においては、これらの原因の一つがより大きな力をもてばもつほど、他の原因はそれに譲歩する。自然と風土はほとんどそれだけで未開人を支配している。生活様式が中国人を支配している。法律は日本に暴政を布《し》いている。かつては習俗がスパルタ人に範を示していた。ローマでは統治の格率と古い習俗が範を示していた。

第五章　いかに国民の一般的精神をけっして変えぬよう注意を払わねばならないか

もしこの世界に、社交的な気質、開いた心をもち、生活を楽しみ、自分の考えを伝えることを好み、また、それをやすやすと行ない、活潑で人あたりがよく、陽気で、ときには軽率で、しばしば不謹慎だが、それらに加え勇気があり、寛大、率直で、なにほどかの誇りさえもっている国民があるとすれば、[1]その徳性を妨げぬためには、けっして法律をもってその生活様式を拘束することを求めるべきではない。一般に性質がよければ、若干の欠陥があろうとなにほどのことがあろうか。

女性を抑制し、その習俗を矯正する法律を制定し、その奢侈を制限することはできるだろう。だが、その国民の富の源泉であるある種の好み、そのもとに外国人をひきよせる優雅といったものが失われはしないだろうか。

国民の精神が政体の原理に反していない場合には、立法者は国民の精神にしたがうべきである。われわれは、自由に自然の天分にしたがってことを行なうときにこそ最善を行なうからである。

本来、陽気な国民に繁文縟礼《はんぶんじょくれい》の精神を与えても、国家は対内的にも対外的にもなんら得るところはない。彼らには、他愛もないことをまじめくさって、まじめなことを陽気にやらせておくがいい。

第六章　すべてを矯正してはならない

われわれをあるがままにしておいてくれと、いま私がその概要を述べた国民にきわめてよく似た国のある貴族は言った。自然がすべてを直してくれる。自然は、われわれに、他人を傷つけかねず、また自分自身にたいしても敬意を失わしめがちな活気を与えた。この活気自体、社交界やとくに女性との交際への好みをかきたてることにより自然がわれわれに得さしめる優雅によって、矯正されている。

われわれをあるがままにしておいてくれ。われわれの無遠慮な性質は、ほとんど悪意のないこととあいまって、われわれの間の社交的気質を妨げるような法律をまったく不適当なものにしている。

第一四章　国民の習俗、生活様式を変える自然な手段は何か

法律は、まさしく立法者の固有の制度であるとわれわれは述べた。そうして、習俗、生活様式は、国民全体の制度である。そのことの帰結として、習俗、生活様式を変えようとするときには、それを法律によって変えてはならない。もしそんなことをすれば、あまりに専制的に見えるだろう。他の習俗、他の生活様式によって変えるほうがよい。

したがって君主が、その国民に大変革を行なおうとするときには、君主は法律により確立され

たものは法律により改革し、生活様式により確立されたものは生活様式により変えねばならない。そして、生活様式により変えるべきものを法律によって変えるのは、きわめて悪い政策である。

モスクワ人に、ひげと衣服を切ることを強いた法律、そして、町にはいる者の長い衣をひざまで切らせたピョートル一世（大帝）の暴挙は、専制的であった。犯罪を防ぐ手段はある。それは刑罰だ。生活様式を変えさせる手段もある。それは模範だ。

この国民がやすやすとまた早く開化したことは、この君主が自国民をあまりに悪く思いすぎていたのであり、人民は彼の言うように獣ではなかったのだということをよく証明している。彼が用いた暴力的な手段は無用であった。彼は、穏和をもってしても、まったく同様にその目的に達したであろう。

彼自身、この変革の容易さを体験した。女たちは閉じこめられており、いわば奴隷であった。彼は、彼女らを宮廷に呼び、ドイツ風に装わせ、布を贈った。女性はかくも強く自分の趣味、自分の虚栄、そして自分の情念をくすぐる生き方をまず味わったのちに、男たちにもそれを味わわせた。

変革をさらに容易にしたことには、当時の習俗は風土と無縁であって、諸国民の混交と征服によってその地にもたらされたものであった。ピョートル一世は、ヨーロッパの習俗と生活様式をヨーロッパの一国民に与えたがゆえに、自分自身予期しなかったほどのたやすさを見いだしたのである。風土の支配力はあらゆる支配力のうち、最強である。だからその国民の習俗、生活様式を変えるのに法律は必要でなかった。他の習俗、他の生活様式を奨励するだけで十分だったであろう。

一般に人民は、自分の慣習にきわめて執着している。彼らから暴力的にそれを奪うならば、それは彼らを不幸にする。したがって、慣習を変えてはならない。彼ら自身それを変えさせなければならない。

必要に由来しない刑罰は、すべて専制的である。法律は純粋な力の行為ではない。本質的にどうでもいいようなことがらは、法律の管轄ではない。

第二七章　どのように法律は、一国民の習俗、生活様式、性質を形成するのに、寄与しうるか

隷従した民族の慣習はその隷従状態の一部であり、自由な民族のそれは、その自由の一部である。

私は第一一篇である自由な民族について述べた。[1] 私はその国制の原理を示した。それから生じたはずの効果、形成されえた性質、結果する生活様式を見よう。

風土がこの国民の法律、習俗、生活様式の大部分を作り出したことを、私は否定しない。だが、私は、この国民の習俗、生活様式は、その法律と大いに関連しているにちがいないと言いたいのだ。

この国には二つの目に見える権力、立法権と執行権があり、市民はすべておのれの意志をもち、望むがままにおのれの独立を主張するから、そして、普通、大多数の人々は、二つのものをともどもひとしく愛するほどの衡正さも分別ももたないから、大部分の人々は、これら勢力のいずれか一つにより強い愛着をおぼえるであろう。[2]

そして、執行権は、あらゆる官職を自由にしているので、大きな希望を与え、不安はけっして与えないようにできるから、この権力から利益を得る者は、そのほうに傾く傾向をもち、反対に、この権力は、それからなにも期待しないすべての者の攻撃を受けるであろう。

あらゆる情念がそこでは自由だから、憎悪、羨望、嫉妬、そして富を得、名声を得ようとする熱望が十二分に発揮されるだろう。そして、もしそうでなければ、国家は、病いに倒れ力がないから情念ももたない人間のようになってしまうだろう。

この二つの党派間にある憎しみは、つねに無力であるがゆえに持続するであろう。

これら二つの党派は自由な人間で構成されているから、もし一方があまりに優越すれば、それにたいして市民は、手が身体を助けるように他方をもりたてに行くので、自由の効果によって、引き下げられることになろう。[3]

各人がつねに独立的で、多くその気まぐれや思いつきにしたがうから、人々はしばしばその党派を変えるであろう。人々は、その友達のすべてを残して、ある党派を捨て、その敵のすべてがいる別の党派に結びつくであろう。そして、この国民においては、人々はしばしば友情の法も憎しみの法も忘れ去ることがありうるであろう。

君主もこれら個人の場合と同じであろう。そして、通常の慎重な行動の格率に反し、しばしばもっともおのれを激しく攻撃した者に信任を与え、もっともよく仕えた者を罷免することを余儀なくされるだろう。他の君主が選択によって行なうことを、彼は必要によって行なうのである。人々は自分が感じているが、まだほとんど知ってはいない、そしてわれわれの目から隠すことのできる幸運が逃げていきはしまいかとおそれる。そして、不安はつねに対象を誇張する。人民は、自分のおかれている状況に不安をおぼえ、もっとも安全なときにさえ危険にあると信じこむこともあるだろう。

執行権力にもっとも強く反対する人々は、その反対の利己的な動機を告白できないから、それだけなおいっそう民衆の恐怖をかきたて、民衆はけっして危機にあるかどうかを正しく知ることができないであろう。しかし、このことさえも、民衆に、次にはさらされるかもしれぬ真の危険を避けさせるのに役立つであろう。

だが立法体は、民衆の信頼を得ており、民衆よりも啓蒙されているので、人々が民衆に与えた悪い影響からたち戻らせ、その動揺をしずめることができるであろう。

これは、人民が直接の勢力をもつ古代民主制にたいし、この政体のもつ大きな利点である。なぜなら、古代民主制においては、演説家が民衆を煽動すれば、この煽動はかならず効果を生じたからである。

したがって民衆の心にひきおこされた恐慌が、なんら確かな対象をもたぬときには、空騒ぎと罵詈雑言《ばりぞうごん》しか生み出さないであろう。そして、この恐慌は、政体の発条をひきしめ、全市民を注意深くするというよい効果をさえもつであろう。だが、もし恐慌が基本法の覆るときに生じるとすれば、それは、陰にこもり、不吉で残酷なものであり、破局をもたらすであろう。

ほどなく恐ろしい静寂が訪れ、その静寂のうちにすべての人々が法を侵害する勢力にたいし同盟するであろう。

もし、不安が確かな対象をもたぬ場合、ある外国勢力が国家をおびやかし、その富と栄光を危険に陥れるならば、そのときは小さな利害はより大きな利害に譲歩し、すべての人々が執行権力を支持し同盟するであろう。

もし、争いが基本法の侵害にさいして起こり、外国勢力が現われるならば、統治の形態も、その構造をも変えぬ革命が起きるであろう。なぜならば自由の作り出す革命は、自由の確認にほかならないからである。

自由な国民は解放者をもちうる。屈服した国民は、別の抑圧者をもちうるのみである。なぜなら、すでに一国内で絶対的な支配者となっている者を追い払うほどの力をもつ人間は、だれもが、自分自身、そうなるに十分な力をもっているからである。

自由を享受するには、各人がおのれの考えを語ることができねばならず、自由を維持するにも、また、各人がおのれの考えを語ることができねばならない。したがってこの国では、市民は、法律が明示的に語り、書くことを禁じていないすべてのことを、語りまた書くであろう。

この国民はつねに熱を帯びていて、理性よりも情念によってよりたやすく導かれうるであろう。理性は人間精神に大きな効果を及ぼすことはけっしてない。この国民を統治する者にとっては、この国民に、その真の利益に反したくわだてをさせることは容易であろう。

この国民はおのれの自由を驚くべきほどに愛するであろうが、それはこの自由が本物だからである。そして、それを守るためならば、この国民は、その富、その安楽、その利益を犠牲にし、もっとも絶対的な君主もその臣下に負わせようとしないほどの苛酷な租税をも負担することができるだろう。

だが、この国民は、その負担に応じることの必要について確実な知識をもち、また、これ以上支払うことはないだろうという確固とした希望をもって支払うのであるから、負担は負担の実感以上に重いものとなるであろう。それにたいし、実害よりもその実感のほうが、はるかにまさる国々がある。

この国民は、自分自身から借り、自分自身に支払うのであるから、確実な信用をもつであろう。そこで、その自然の力以上のことをくわだて、その敵にたいして、莫大な虚構の富[4]を用いるといったことが起こりうるであろう。その政体のもつ信用とその本性が、この虚構の富を現実化するのである。

その自由を維持するために、この国民は、その臣民から借金をするであろう。そして、その臣民は、もし国民が征服されれば貸付金はふいになってしまうことを知っているから、その自由を守るべく努力するいま一つの動機をもつことになろう。

この国民が島に住んでいるとすれば、征服的ではないだろう。なぜなら、個々別々の征服は、それを弱めることになるから。この島の地味が良好であればなおのこと征服的ではないだろう。なぜなら、富むために戦争をする必要がないから。そして、いかなる市民も他の市民に従属していないから、各人は、二、三の市民、あるいは一人の市民の栄光よりも自分の自由を尊重するであろう。

そこでは、軍人は有益ではあるが、ときとして危険ともなりうる職業の人々、その任務が国民自体にとっても重荷な人々とみなされるであろう。そして、文民の資格のほうがより高く評価されるであろう。

この国民は、平和と自由によって富裕となり、破壊的偏見から解放され、商業的国民となる傾向をもつだろう。なにか労働者の手によって高い価値の付加される商品を作るのに役立つ原材料が手に入れば、この国民はこの天の恵みを十全に利用する設備をもうけることができよう。

この国民が北方に位置し、大量の余剰食糧をもっているならば、だが、その風土の拒む多くの商品にも不足するであろうから、この国民は、南方の諸民族と、必要なかぎりでではあるが、広汎な貿易をいとなむであろう。そして、取引きによって優遇すべき国を選択し、その選んだ国民と互恵的な条約を結ぶであろう。

一方では奢侈がはなはだしく、他方では租税が重すぎる国では、人々は、限られた財産をもってしては、勤労なくしてはほとんど生活できないであろう。多くの人々が、旅行や健康を口実に自国を去り、豊かさを求め隷従の国にすらおもむくであろう。

商業的国民は、驚くばかりに多数の小さな特殊の利害をもっている。したがって、この国民は無数の仕方で他国民をそこなったり、また、みずからもそこなわれたりすることがある。そこで、この国民は極度に嫉妬深くなるであろう。そしてみずからの繁栄を享受するよりも、他の国民の繁栄に悩むであろう。

そして、その法律は、他の部面では、おだやかでゆるやかであるのに、その国で行なわれる貿易と航海にかんしては、あたかも、もっぱら敵と取引きしているかに見えるほど、厳重なものでありうるだろう[5]。

この国民が遠方に植民を送るとすれば、それは支配よりも通商を拡大するためであろう。人は、よその地に、自国で建設されているものを建設することを好むから、この国民は、植民地の人民に、自国の統治形態を与えるであろう。そして、この政体は政体にともなって繁栄をもたらすから、この国民が住民を送るところには、森の中にさえ、偉大な人民が形成されるのが見られるであろう[6]。

かつて、この国民は、その隣国（アイルランド）を、その位置、その良港、その富の性質に嫉妬して、征服したことがあったであろう。そして、その国に自国の法を与えたとはいえ、その国をはなはだしい従属状態にとどめており、その結果、その国では市民は自由であるが、国家自体は奴隷であろう。

征服された国はきわめてすぐれた市民政をもつであろうが、しかし、万民法によって虐《しいた》げられるであろう。人々は、その国に国民対国民の法律を課するのだが、その法律たるやその国の繁栄をたんにかりのものとし、主人のための貯えにすぎなくするような類《たぐい》のものであろう。

この強力な国民は、大きな島に住み大規模な貿易を行なっているから、海軍力をもつためのあらゆる便宜をもっているだろう。またその自由の維持が城塞都市も要塞も陸軍力ももたぬことを要求するから、この国民は、自分を侵略から守る海軍力を必要とするであろう。そしてその海軍力は、他の諸列強のどれよりもまさるであろう。これら諸列強はその財力を陸戦のために用いなければならないので、海戦に十分な財力が残らないからである。

海洋の支配権は、それをもつ民族に、自然な誇りをいつも与えてきた。なぜならば、いたるところを攻撃しうると自負しているから、彼らは、自分たちの権力は大洋のほかに限界をもたぬと信じるからである。

この国民は、その近隣諸国の政治に大きな影響を与えうるであろう。なぜなら、この国民は征服するために力を用いないので、他国は、その政府の不安定、その内部の動揺から見ればとてもありそうにもないほどに、この国の友情をもとめ、その憎しみをおそれるからである。

こうして、ほとんどつねに内では不安にさらされ、外では尊敬されるのが、執行権力の宿命であろう。

この国民がなにかの機会に、ヨーロッパの交渉の中心になることがあるとすれば、それは他の国よりもいささか多くの誠実さと善意を交渉にもたらすであろう。というのは、その大臣たちは、しばしば自分の行動を人民の会議にたいして釈明することを強いられるので、彼らの交渉は秘密でありえず、彼らはこの点でいささかより有徳の士たらざるをえないからである。

そのうえ彼らは道にはずれた行為の生みだすかもしれぬ事件のいわば保証人であるから、彼らにとってもっとも安全なのは、もっとも真直ぐな道を選ぶことであろう。

もし、貴族がかつてある時期に国民の中で法外な権力をもち、君主は、民衆を引き上げることによって、貴族を引き下げる手段を見いだしたとすれば、隷従の極端に達した時点は、権門勢家の衰退のときと民衆がおのれの権力を自覚しはじめたときとの間にあったろう。(7)

かつて、恣意的な権力に服従していたこの国民が、いくつかの機会に、この恣意的権力のスタイルを守り伝えたということはありうることだろう。したがって、自由な政体の基礎の上に、しばしば、絶対的な政体の形態が見られるであろう。

宗教にかんしては、この国では、各市民が自分の意志をもち、したがって、自分自身の知力あるいは幻想に導かれるから、次の二つの事態が生じうるであろう。すなわち、各人は、どんな種類であれ、すべての種類の宗教にきわめて無関心で、そのために、すべての人々が支配的な宗教を受けいれるか、あるいは、宗教一般に熱中し、そのために、宗派が分裂し、数を増すかである。

この国民の中に、自分では宗教をまったくもたないが、もしもっていれば、そのもっている宗教を他人に変えるように強制されるのは我慢しようとはしない人々がいることもありえないことではない。彼らは、なによりも、考え方は生命、財産と同じように自分のものであると感じており、そして、一方を奪うことのできる者は、さらに、よりたやすく他方も奪うことができると感じているからである。

もし、もろもろの宗教のうちに、隷従の道によってその確立にいたろうと試みられたような宗教があるとすれば、その宗教は、この国民にとっていとわしいものであろう。[8] なぜなら、われわれは事物をそれに結びつけて考えるいろいろなつながりや、それにともなうものによって判断するから、この宗教は、けっして自由の観念とともに頭に浮かぶことがないからである。

この宗教を公然と信奉する者にたいする法律は、けっして血を流すようなものではないだろう。自由がそのような種類の刑罰を考えだすことはないからである。しかし、それは、冷静になされうるかぎりのあらゆる苦痛を加えるほどに、きわめて懲罰的なものであろう。[9]

聖職者はきわめてわずかしか信用がなく、他の市民のほうがより信用があるという事態が、無数の仕方で起こりうるであろう。そこで、聖職者は、分離して別個の身分をなすよりも、むしろ、俗人と同じ負担を負い、この点では、俗人と一体をなすことを好むであろう。だが、聖職者は、つねに人民の尊敬を集めることに努めるので、より隠退的な生活、よりつつしみぶかい振舞い、そしてより純粋な習俗で身をひきたてるであろう。

この聖職者は、宗教を保護しえず、宗教によって保護されえず、強制する力をもたないから、説得に努めるであろう。その筆から偉大な存在の啓示と摂理を証明するきわめてすぐれた著作の生まれるのが見られるであろう。

人々が、聖職者の会議の開会を回避し、妨げ、聖職者がその誤りを改めることさえ許さず、自由への熱狂のあまり聖職者が改革者となるよりも、むしろ改革を不完全にとどめることを好むといったことが起きうるであろう。

栄位（貴族の地位）は国家の基本構造の一部をなしているから、他国よりもより固定しているであろう。だが他方、この自由の国では、貴顕は人民により接近しているであろう。したがって、身分はよりはっきりと分かれているが、人間としてはより混じりあっているであろう。

統治者たちは、いわば日々に活力をえ、再生する権力をもっているので、彼らを楽しませる者よりも、彼らにとって有用な者をより重んじるであろう。したがって、そこでは、廷臣や阿諛追従の徒、要するに、自分の頭の空《うつ》ろさを貴顕に買わせるようなあらゆるたぐいの連中は、ほとんど見られないであろう。⑩

そこでは人を浅薄な才能や属性で尊敬することはあまりなく、その真の資質により尊敬するであろう。このような資質には二つある。富と個人的な功績がそれである。

そこには、見かけの優雅さではなく、真の必要にもとづいた堅実な贅沢《ぜいたく》さがあるであろう。そして、人々は事物から、自然がそれに授けた快楽のほかにはほとんど何物も求めようとはしないであろう。

そこでは、人々は大量の余剰をもつであろうが、それでも、つまらない物は禁じられているだろう。したがって、ある人々は、消費する機会のないほどに多くの財産をもち、奇妙な仕方でそれを使うことになるだろう。だからこの国民は、趣味よりも、才知をもつであろう。

人々はつねに自分の利害に忙しいので、余暇のうえに成り立つあの礼儀正しさはもたないだろう。そして、じっさい、そんな時間はないことだろう。

ローマ人が礼儀を重んじた時期は、恣意的な権力の確立の時期と同じである。絶対的支配は余暇をつくり出す。そして余暇は礼儀を生み出す。[11]

国民の間に、互いに手心を加え気を損じないようにしなければならぬ人々が多ければ多いほど、それだけ礼儀は多い。だがわれわれを未開民族から区別すべきものは、生活様式の礼儀正しさよりも習俗の礼儀正しさである。

すべての男子がめいめいの仕方で国家行政に参加する国民においては、女子はあまり男子とともに生活すべきではないだろう。したがって女子はつつしみぶかく、つまり臆病であろう。この臆病さが彼女らの美徳をなすであろう。それにたいして、男子は、恋の手管などおかまいなしに、彼らの自由も余暇もまったく奪うことのない放蕩に身を投じるであろう。

そこでは、法律は、だれかある個人のためをはかって制定されているわけではないから、各人が自分を君主とみなすであろう。人々は、この国民においては、同胞市民というよりも、むしろ同盟者であろう。

国制がすべての人々に統治と政治的利害への参加を許している国において、風土が多くの人々に動揺しやすい精神と広い視野を与えたとすれば、人々は大いに政治を論じるであろう。その生涯を事件を計算することで送る人々が見られるであろうが、この事件たるや、ことがらの本質から、また運命、つまり人間の気まぐれから見て、ほとんど計算にしたがうものではない。

自由な国民においては、個人が正しく議論するかどうかは、多くは、どうでもよいことである。彼らが議論するだけで十分である。そこから自由が生じ、この自由がそれら議論の結果を保証する。

同様に、専制政体においては、正しく議論しようと誤って議論しようとひとしく危険である。政体の原理が打撃を受けるには、議論するだけで十分である。

多くの人々は、他人の気に入ることを気にかけず、自分の気分に身をまかせるであろう。大部分の人々は、才気をもっていて、自分の才気自体によって苦しめられるであろう。万事を軽蔑し、嫌悪して、彼らは、不幸でない理由をたくさんにもちながら、不幸と感じるであろう。[12]

いかなる市民も他のいかなる市民をもおそれないから、この国民は誇り高いであろう。なぜなら、国王の誇り高さは、彼の独立性にのみもとづいているからである。

自由な国民は尊大であり、他の国民はよりたやすく見栄っぱりになりうる。

だが、このかくも誇り高い人々は、多くのときを自分たちだけと生活しているから、見知らぬ人々のただ中に自分を見いだすことが多いだろう。そのとき、彼らは、臆病となるだろう。そして多くの場合、奇妙に入り混じったはにかみと誇りが、彼らのうちに見られるであろう。

この国民の性格は、とりわけ、その精神的所産のなかにあらわれるであろう。そこには、思索にふけり、ひとりで思惟する人々が見いだされるであろう。

社会は、われわれに滑稽なものを感じとることを教える。隠棲は、われわれに悪徳を感じとりやすくする。彼らの諷刺的著作は残忍なものであろう。そして、この国では、ひとりのホラティウスを見つける前に、たくさんのユウェナリスに出会うだろう。

極度に絶対的な君主制においては、歴史家は真理を語る自由をもたないので真理を裏切る。極度に自由な国家では、歴史家は他ならぬ彼らの自由のゆえに真理を裏切る。自由は常に分裂を生むので、各人は専制君主の奴隷となるのと同じように、自分の党派の偏見の奴隷となる。

彼らの詩人は、趣味の与えるある種の繊細さよりも、より多くの場合、構想の独創的な力強さをもっているであろう。そこには、ラファエルの優美よりも、ミケランジェロの力に近いなにかが見いだされるであろう。

〔1〕 第六章。

(1) フランス国民を暗示している。

(2) このパラグラフと次のいくつかのパラグラフは、二大政党制の起源と機能を説明している。

⑶　二大政党の交替は、まだこの時点では完全に実現されていたとはいえない。モンテスキューのこの記述は、現実を述べたというよりもむしろ予言的である。
⑷　貨幣と信用を指す。
⑸　一六五一年に制定された「航海条例」を指す。
⑹　アメリカ植民地を指す。モンテスキューは「イギリスについての覚書」のなかに、次のような予言的なことばを書いている。「もし、いずれかの国民が自国の植民地から見捨てられるとすれば、それはまず第一にイギリス国民であろう」
⑺　テューダー絶対王制の時期を指す。
⑻　ジェームズ二世によるカトリック復興政策を暗示している。
⑼　カトリック教徒はさまざまの差別を受け、とくに公職につくことができなかった。
⑽　フランスの宮廷にたいする批判。
⑾　これもまたフランスの宮廷を念頭においている。
⑿　モンテスキューは第一四篇第一二～一三章で、イギリス人がたいした理由もなく自殺することを指摘し、それを一種の風土病のようなものとみなしている。

第二〇篇　その本質と差異において考察された商業との関係における法について

第一章　商業について

以下の素材はもっと広く扱われることを必要とするのであろうが、この書の性質がそれを許さない。私は静かな流れの上を流れていきたいが、激流に押し流される。

商業は破壊的な偏見を直す。そして、穏和な習俗のあるところには商業があり、商業のあるところには、穏和な習俗があるというのが、ほとんど一般的な規則である。

したがって、われわれの習俗が昔にくらべて烈しくないのも驚くにあたらない。商業が、あらゆる国民の習俗についての知識を、いたるところに浸透させたのである。人々は、異なった習俗を相互に比較した。そして、そのことから大きな利益が生まれた。

商業の法は、それが習俗をそこなうのと同じ理由により、習俗を完成するといえるだろう。商業は純粋な習俗を堕落させる。[1] それがプラトンの苦情の種だった。商業は、われわれが日々目にしているように、野蛮な習俗を洗練し、やわらげる。

第二章　商業の精神について

商業の自然の効果は、平和へと向かうことにある。ともに通商を行なっている二つの国民は、相互に依存するようになる。もし、一方にとって買うことが利益となれば、他方にとっては、売ることが利益となる。こうして、すべての結びつきは、相互の必要の上に成り立つ。

だが、商業の精神は国民を結びつけるが、同じように、個人をも結びつけることはない。われわれの見るように商業の精神によってのみ動かされる地方においては、[2]人々は、あらゆる人間の行為、そして、あらゆる道徳的な徳性を取引きする。もっとも些細なこと、人間性の求めるそれも、金を代価として行なわれ与えられる。

商業の精神は、人間の中に、ある種の厳格な正義の感覚をつくり出す。この感覚は、一方では強盗的行為と対立するが、他方では、つねに自分の利益を厳密に論ずることなく、他人の利益のために自分の利益を犠牲にすることもできるようにしている、あの道徳的な徳性とも対立するものである。

商業を完全に奪ってしまえば、それは、反対に、アリストテレスが獲得の方法の中に数えているあの強盗行為を生み出す。だが、この強盗行為の精神は、ある種の道徳的徳性と対立するものではない。たとえば、未知の人に宿を提供することは、商業地方ではきわめてまれであるが、強盗民族の間ではりっぱに見られるのである。

ゲルマン人においては、知っている人であろうと知らぬ人であろうと、何人《なんぴと》にであれ、家の扉をとざすことは、冒瀆《ぼうとく》であるとタキトゥスは述べている。ある外国人を泊めた者は、まだ泊めてくれる家を彼に教えてやりに出かける。[3] そして、旅人はそこでも同じような人間らしさをもって、迎え入れられる。だが、ゲルマン人たちが王国をたてたとき、この歓待の習慣は、彼らにとって負担となった。そのことは、『ブルグンド法典』の二つの法律[4]にあらわれている。その第一は、外国人に外国人にローマ人の家を教えようとするすべての野蛮人に刑を科しており、もう一つは、外国人を受けいれた者は、全住民が各人それぞれの割当て分を負担して、補償されることを規定している。

第四章　さまざまの政体における商業について

商業は国制と関連している。ただひとりの支配する政体では、商業は通常奢侈にもとづいている。現実の必要にもとづいているとはいえ、その主な目的は、それを行なう国民に、その国民の自尊心、享楽、気まぐれに役立つあらゆるものを提供することにある。複数の人々の支配する政体では、商業は、より多くの場合、経済にもとづいている。貿易商は、地上の全国民に眼をくばり、ある国からひき出したものを他の国に運んで行く。ティルス、カルタゴ、アテナイ、マルセーユ、フィレンツェ、ヴェネツィア、オランダの諸共和国は、このような商業を行なっていた。

このような種類の通商は、その本性からして、複数の人の支配する政体に関係し、君主政体に関係することは偶然的である。なぜならば、この種の通商は、わずかしかもうけず、さらには、他のどの国民よりも少ししかもうけず、そしてわずかなもうけを、もっぱら、もうけつづけることによって埋め合わせるというやりかたにもとづいているから、奢侈が根をおろし、多くを消費し、大きなものしか眼にうつらない民族において、それが行なわれうるということは、ほとんどありえないからである。

このような考えをもって、キケロは、みごとにも、次のように言った。「同じ一つの民族が同時に世界の支配者であり、仲買人であることを私は好まない」[5]。じっさい、もしこのような民族があるとすれば、その国の各個人は、そして国全体も、つねに頭が大事でいっぱいで、同時に、同じ頭が小事で満たされていると想定せねばならないだろう。これは矛盾している。

経済的商業によって存立するこれらの国々でも、きわめて雄大なくわだてがなされないというわけではない。君主制には見られない大胆さがないというのでもない。以下がその理由である。

一つの取引きは次の取引きに導く。小さな取引きは中規模の取引きに、中規模の取引きは大規模の取引きにと。そこでかつてはわずかのもうけを非常に熱望していた者が、今度は大いにもうけることに、同じ熱意をもつ次第となる。

そのうえ、貿易商のくわだてる大事業はつねに必然的に公務とかかわりあう。ところが、公務というものは、それが共和制国家において確かなものと思われると同じほどに、君主制においては、多くの場合、商人にとっていかがわしいものなのである。大規模な商業的事業は、したがって、君主制には適していず、複数の人々の支配する政体に適している。

要するに、これらの国家では、人々が自分の財産についてより大きな信頼がおけると考えることが、すべてをくわだてさせるのである。そして、自分の獲得したものが安全だと信じるから、人々はあえてそれをいっそう多く獲得するために危険にさらすのである。彼らは、獲得の手段についてのみ危険をおかすにすぎない。ところが人間は、自分の運勢に多くを期待するものである。

完全に経済的商業の排除された君主制があるなどと言いたいのではない。だが、君主制は、その本性からそれには向いていないのだ。われわれの現に知っている共和国が完全に奢侈商業を欠いているなどと言いたいのではない。だが、奢侈商業は、それら共和国の国制に関係が少ないのだ。[1]

専制国家については、語るのもむだだ。一般原則。隷従状態にある国民においては、人々は獲得するためよりも保存するために働く。自由な国民においては、保存するためよりも獲得するために働く。

第二一章　君主制における貴族の商業について

君主制において貴族が商業を行なうことは、商業の精神に反している。「それは、都市にとって有害であり、商人と平民の間の売買の容易さを奪うことになろう」とホノリウス、テオドシウス両皇帝は述べている。[6]

貴族が商業を行なうことは、君主制の精神に反している。イギリスにおいて貴族に商業を許した慣行は、その国で君主政体を弱めるのにもっとも貢献したことがらの一つである。②

第二二章　個別的考察

いくつかの国で行なわれていることに影響されて、ある人々は、フランスでも貴族に商業をするよう仕向ける法律が必要だと考えている。そのような法律は、商業にとってなんの益もなく、この国の貴族を滅ぼす手段となるだろう。この国の慣行はきわめて賢明なものである。そこでは、商人は貴族ではない。だが、彼らは貴族になることができる。彼らは、貴族の地位を得る希望をもっていて、しかもそれにともなう現実の不便はもたない。彼らにとって、その職業から脱け出すもっとも確実な手段は、その職業をりっぱに行なうこと、あるいは、幸運にめぐまれて行なうことのほかにはない。それは通例能力に結びついている。

各人がその職業にとどまり、それを子供に伝えるよう定めている法律は、何人《なんぴと》も競争心をもちえず、また、もつべきでない専制国家においてのみ有益であり、また有益でありうる。⑦

各人は、自分の職業を捨て、他の職業にうつることができない場合に、いっそうよく自分の職業にいそしむのだなどと言ってはならない。人がおのれの職業によりよくいそしむのは、それにひいでれば、他の職業に栄進することが期待できる場合である、と私は言いたい。

貴族の地位が金を払って獲得できることは、その地位に達しうる状態になるように、商人を大いにはげましている。このように富に徳性の代価を与えるべきか否かを私は検討しない。だがそれがきわめて有益でありうる政体は存在する。

　フランスにおいて、大貴族と民衆の間に位置するあの法服の身分は、大貴族の光輝はもたないが、その特権のすべてをもっている。この身分はその各個人を中庸の状態におくが、法の寄託団体は栄光のうちにある。さらに、この身分においては、名を遂《と》げるには、能力と徳のほかに手段はない。それは、尊敬すべき職業であるが、だがつねに、より抜きんでたいま一つの職業、あのまったく武士的な貴族を眼前に残している。この武士的な貴族は、財産の程度がどうであれ人は財産をこしらえるべきだと考えるが、しかし、財産を消費することから始めないでそれをふやすのは恥ずべきことだと思う。国民のこの部分は、つねに自分の財産の元本をもって奉仕し、もし破産すれば別の部分に席をゆずり、その部分がさらに自分の元本をもって奉仕する。何人からも戦場にいなかったといわれぬように戦場に行き、富を得ることを期待しえぬときには位階を期待し、位階が得られねば名誉を得たことでみずからを慰める。これらすべてのことはこの王国の偉大さにかならずや貢献したにちがいない。そして、二、三世紀来、この王国がたえずその力を増してきたとすれば、それは、その法のすぐれた性質に帰すべきであって、幸運に帰すべきではない。幸運はこのような恒常性はもたない。

〔1〕カエサルは、ガリア人について、マルセーユに隣接していることと、その交易が彼らを害したので、

かつてはつねにゲルマン人を打ち破った彼らが、今やその下位に立たされていると述べている。『ガリア戦記』六（・二四）。

〔2〕 オランダ。

〔3〕 〈今しがたまで泊めていた主人が、泊めてくれる家へ案内する〉『ゲルマン人の習俗について』（二一）。また、カエサル『ガリア戦記』六（・二三）参照。

〔4〕 第三八篇。

〔5〕 〈私は、同一の民族が、世界の支配者であり、かつ、運送人であることを欲しない〉（『国家』四・七）。

〔6〕 『ユスティニアヌス法典』（四・六三）「商業および商人について」中の法律「生まれにより高貴なる者は……」および（同・四四）「破棄さるべき売却行為について」の最後の法律。

〔7〕 じっさい、専制国家では、しばしば、そのように定められている。

① このパラグラフは、初版になく、デュパンの批判にたいして本章の各所に散見される「通常」「多くの場合」「ほとんど」などの語句とともに一七五七年版から入れられた（デュパンの批判については、一六三ページ注②参照）。奢侈商業と経済的商業を、それぞれ厳密に君主制と共和制に結びつけるのはあまりに事実に合わなさすぎたため、自説を緩和したのである。

② フランスでは、貴族は営利事業にたずさわると貴族の資格を失った。次章の初めで述べているように、この禁止を廃止し、貴族にも商業を行なわせるべきだとの意見がサン・ピエールらにより唱えられ、また王権の側からもくりかえし禁止を緩和し、農業の他、卸売業、海上貿易、鉱業、窯業などに従事することを公認する王令を発している。モンテスキューはこの動向にたいして貴族の伝統を守ろ

うとしているわけである。

第二一篇　それが世界において こうむった変転において考察された商業との関連における法について

第一章　若干の一般的考察

商業は、重大な変転を免れないとはいえ、いくつかの物質的原因、土地、風土の性質などが永久的にその性質を決定してしまうようなことが起こりうる。

今日、われわれはインドとの貿易を、われわれがそこに送る貨幣によってのみ行なっている。ローマ人たちは毎年約五千万セステルティウスをそこに運んだ。[1] 彼らは、この貨幣を、今日のわれわれと同じく、商品に変えて、それをヨーロッパに持ちかえった。インドと交易するすべての民族は、そこに貴金属を運び、そこから商品を持ちかえった。

この結果を生み出したのは自然そのものである。インド人たちは、その生活様式に適合した技術をもっている。われわれの奢侈は彼らの奢侈ではありえず、われわれの必要は彼らの必要ではありえないであろう。その風土は、彼らにとって、われわれの国からくる品物をほとんどなにも必要ともしなければ、許容もしない。彼らはほとんど裸で暮らす。彼らの着る衣服は、その土地が彼らに適したものを供給する。そして、彼らに非常な影響力をもっている彼らの宗教は、われわれにとって食糧として役立っているものにたいして、嫌悪感を起こさせる。彼らは、したがって、価値の表象である貴金属しか必要とせず、その代価として、彼らは、その質素さとその地方の自然が、彼らにきわめて豊富に供給するところの商品を与える。インドについて述べた古代の著者たちは、その政治、生活様式、習俗を、今日われわれの見るのと同じように描いている。[2]インドは、現在そうであるようにこれまでもあったし、今後もあるであろう。そして、いかなる時代にも、インドで交易を行なう者は、そこに貨幣をもたらし、そこから貨幣を持ちかえることはないであろう。

第五章　他の差異[1]

商業は、ときに征服者により破壊され、ときに君主により妨げられて、地球を経めぐり、抑圧されるところからは逃れ、息つくことを許される場所に身を休める。かつて、砂漠、海、岩山しか見られなかったところに、今それは栄え、かつてその栄えたところには、今は砂漠しかない。

今日、もはや広大な森林でしかなく、人民は日々に数を減じ、自由を守るといってもおのれをトルコ人やペルシア人に小売りにするためでしかないコルキス地方（黒海東岸。今日のグルジア共和国西部）を見るならば、人はこの地方が、ローマ時代には都市にみちており、商業が全世界の国民をそこに招きよせていたなどとけっして言わないであろう。その繁栄のなんの遺跡もこの地方には見られない。

その跡はプリニウスとストラボン[3]にあるにすぎない。

商業の歴史は、諸民族の交流の歴史である。これら諸民族のさまざまな破滅、集住と荒廃の交替が、そのもっとも大きなできごとをなしている。

第二〇章　どのようにして商業はヨーロッパで野蛮状態を通り抜けたか

アリストテレスの哲学がヨーロッパにもたらされると、それはこの無知の時代の才子であった瑣末な精神の持主にとって大いに気に入った。スコラ学者たちはそれに心酔し、利子付貸付について、福音書においてはその起源はきわめて自然であるにもかかわらず、説明の多くをこの哲学者からとった。[4]彼らはそれを無差別に、あらゆる場合に非とした。そこでそれまでは卑しい人々の職業でしかなかった商業は、不正直な人間の職業となった。なぜならば、当然許されあるいは必要なことがらを禁ずれば、その度ごとにそれを行なう者を不正直にするしかないからである。

商業はそのとき、汚辱におおわれた民族の手に移り、まもなくもっともあくどい高利貸、独占、租税の徴収、そしてあらゆる不正な金銭獲得の手段と、もはや区別がなくなった。

ユダヤ人たちは、その苛斂誅求《かれんちゅうきゅう》によって富んだが、君主らによって同じ乱暴さをもって掠奪された。それは人民にとって慰めとなることではあったが、その重荷を軽くするものではなかった。[5]

イギリスで起きたことは、他の国でなされたことについての観念を与えるであろう。ジョン王は、その財産を手に入れるために、ユダヤ人たちを投獄したが[6]、彼らのうち少なくとも片目をえぐられなかった者は、ほとんどいなかった。これがこの国王の裁判のやり方であった。彼らのうちひとりは、歯を七本、日に一本ずつ抜かれ、八本目に銀一万マルクを払った。ヘンリー三世は、ヨークのユダヤ人アーロンから、銀一万四千マルクと、王妃のために銀一万マルクをしぼり取った。この時代に人々は、今日ポーランドで多少の手心をもって行なわれていることを、暴力的に行なっていた。国王たちは、その臣下のもつ特権のために彼らの財布をかきまわすことはできないので、市民とみなされぬユダヤ人を拷問にかけたのである。

最後にキリスト教に改宗したユダヤ人の全財産を没収するという慣習が導入された。このきわめて奇妙な慣習をわれわれはそれを廃止した法律[7]によって知っている。人々はその慣習にまったく空虚な理由づけを与えた。彼らを試練にかけ、悪魔への隷従のなにものも残らぬようにしようというのだと人々は言った。だがこの没収が、君主や領主にとって、それまでユダヤ人に課していた、だが彼らがキリスト教を信奉するならば失われてしまう租税にたいしての一種の買戻し金であったことは明白である[8]。あの時代には人々は人間を土地のようにみなしていた。なおついでながら人々がこの民族を時代時代にどうもてあそんだかを指摘しておこう。この民族がキリスト教徒たらんと欲したとき人々は彼らの財産を没収したのだが、わずかののちには、人々は彼らがキリスト教徒たることを望まないというので火刑に処すのである。

しかしながら、商業が虐待と絶望のなかからぬけ出すのが見られた。ユダヤ人はすべての国からかわるがわる追放され、自分たちの財産を救う手段を見いだした。それによって、彼らは自分たちの退路を永久に確保した。というのは、彼らを追いはらおうと欲する君主といえども、だからといって彼らのもつ金を追いはらう気持にはならないであろうから。

彼らは、為替手形を発明し、この手段によって商業は暴力を回避し、どこであろうとその地歩を維持できた。[9] もっとも豊かな商人といえども、眼に見えぬ富しかもっていないのである。それは、どこへでも送ることができ、どこにも痕《あと》を残さない。

神学者たちは、その原則を縮小することを余儀なくされた。そして、暴力的に不誠実と結びつけられた商業は、いわば誠実のふところにたち帰った。

こうしてわれわれは、商業の破壊にともなった災厄のすべてをスコラ学者の思弁に負っている。[10] そして、商業をいわば君主の権力の圏外におくところのものの成立を、君主の強欲に負っている。

このときから君主たちは、それまで考えていた以上の賢明さをもって統治せねばならなかった。なぜならば、この事件によって、権力の大鉈《おおなた》をふるうのはきわめて下策であることが判明し、繁栄をもたらすのはもはや統治の良好をおいてないことが、広く世の認める経験となったからである。

人々はマキアヴェリスムからのがれはじめた。そして、日一日とそれから離れるであろう。助言にはよりいっそうの節度が必要であろう。かつて救国の挙《クー・デタ》と呼ばれたものは、その恐ろしさは別にしても、今日では無謀の沙汰にほかならないであろう。

そして、情念が邪悪たるべしとの考えを吹きこむのに、邪悪たらざることとの利となるような状況にあるとは、人間にとって幸福なことである。

第二二章　スペインがアメリカからひき出した富について

ヨーロッパがアメリカ貿易に非常な利益を見いだしたとすれば、スペインはよりいっそうの利益を得たと考えるのが自然だろう。[11] スペインは新たに発見された世界から、それまであった金銀とはくらべられないほどの驚くべき量の金銀をひき出した。

だが〔だれも疑ってもみなかったことだが〕、スペインは貧窮のためにいたるところで挫折させられた。シャルル・カン（カルロス一世）を継いだフェリペ二世は、だれもが知っているあの有名な破産をせざるをえなかった。[3] そして、いつも給料の払いの悪いその軍隊の不満、不服従、反抗に彼ほど悩まされた君主はいまだかつてほとんどないだろう。

このとき以来、スペインの君主制は、衰退しつづけた。それは、この富の本性のうちにそれを空しいものとする内的、物質的な欠陥があったからである。そしてこの欠陥は日々に大きくなった。

金と銀は、擬制の、あるいは表徴的な富である。この表徴はその性質にふさわしくきわめて耐久力がありほとんど破壊されない。それは、それが増大すればするほどより少しの物しか表徴しないから、その価格は下がる。

メキシコとペルーを征服したとき、スペイン人たちは、ひとりでに価値の減っていく表徴的富を得るために、自然的富を放棄した。当時、金銀は、ヨーロッパではきわめて稀少であった。そこで、スペインは、突然この金属を大量に支配し、いまだかつてもったことのない大望を、心に抱いた。征服地で見いだされた富は、しかし、その鉱山の豊かさに比例してはいなかった。先住民は、鉱山の一部を隠した。そのうえ、この民族は、金銀を神殿や宮殿を荘厳に飾るのにしか用いなかったから、われわれのような貪欲さをもって、それを探すことをしなかった。さらに、彼らは、あらゆる鉱石から金属をとり出す秘訣を知ってはいなかった。水銀を用いる方法、おそらくは水銀自体をも知らなかったから、彼らは、貴金属を火によって分離される鉱石からとり出す方法しか知ってはいなかった。

その間にもヨーロッパでは、貨幣の量はわずかの間に倍増しつづけた。それは、すべてのものの価格が約二倍となったことにあらわれた。

スペイン人たちは、鉱山をさがし、山をくずし、また水を汲み出したり、鉱石をくだいて、分離したりする機械を発明した。そして、先住民の生命を軽んじていたから、なんの手心もくわえず彼らを使役した。ヨーロッパではわずかな間に貨幣が倍増した。そして、スペインにとっての利潤は必然的に半減した。スペインは、毎年同じ量の金属しか手に入れないが、その金属は価値を半減したからである。

二倍の期間に、貨幣の量はさらに二倍となり、そして、利潤はさらに二分の一減った。

利潤は二分の一以下にさえ減った。その理由は次のとおりである。鉱石から金をとり出し必要な加工をほどこして、それをヨーロッパに送るにはいくらかの費用が必要であった。それを1対64と仮定しよう。ひとたび貨幣の量が二倍となり、その結果、価値が二分の一減少すると、費用は2対64となる。したがって、スペインに同じ量の金を運ぶ船隊は、現実には二分の一少ない価値しかもたず、二分の一費用の多くかかったものをもってきたことになる。

この事態を倍増から倍増へと追っていけば、スペインの富の無力の原因がしだいに大きくなっていったこともわかるだろう。

約二百年前からアメリカの鉱山は開発されている。現在、貿易を行なっている世界にある貨幣の量は、アメリカ発見前の量にたいして、1対32である、すなわち五回、倍増をくりかえしたと仮定しよう。今後二百年後には、その量はアメリカ発見前の量にたいして1対64となる。すなわち、いま一度倍増するであろう。ところが、現在、五十カンタルの金鉱からは四ないし六オンスの金が得られる。[12] そして、二オンスしか含有していない場合には、鉱山業者はその費用を回収しうるにすぎない。二百年後になると四オンスしか含有していない場合にも、鉱山業者はその費用を回収しうるにすぎないであろう。したがって、金から得られる利益はほとんどないであろう。銀鉱の精錬は金鉱の精錬よりもいくらか割がいいことを除けば、同じ推論が銀についてあてはまる。

もっと利益の多い富鉱が発見されたとしよう。それが富鉱であればあるほど、利益の消滅するのも早いだろう。

ポルトガル人が、ブラジルできわめて多量の金を発見したので、[13]その結果、ほどなく、必然的にスペイン人の挙げる利益は大幅に減少せざるをえないであろうが、それは、ポルトガル人の利益も同じことである。

私は、インドを提供しようと申し出たクリストファ・コロンブスを拒んだフランソワ一世の顧問会議の盲目を人々が嘆くのを幾度も聞いたことがある。[4]ほんとうのところは、おそらく不注意からだろうが、彼らは、きわめて賢明なことをしたのである。

スペインは、神にその触れるものすべてが金に変わることを求めたが、また、ふたたびその不幸を終わらせてくれるよう神々の前にひざまずかねばならなかった、あの愚かな国王のように振舞った。

多くの国民の設立した会社や銀行は、表徴としての金銀の価値を完全に減らしてしまった。なぜなら、新しい擬制によって、それらは商品の表徴の数を非常にふやしたので、金銀はもはやこの役割を部分的にしか果たさず、そのために、より価値が少なくなったからである。

こうして公信用が鉱山の代わりをし、スペイン人が彼らの鉱山からひき出す利益をさらに減じた。

たしかに、オランダ人が東インド貿易によってスペイン人の商品の価格をいくらか上げたのは事実である。なぜなら、オランダ人は貨幣を運んでいって、東洋の商品と交換することによってヨーロッパで過剰な品物の一部を減らし、スペイン人の荷を軽くしてやったからである。

それで、この貿易は、スペインには間接的にしか関係しないように見えるが、それを行なっている国民自体と同様に、スペインにとっても有利なのである。

以上、述べたすべてのことによって、金銀を箔押《はくお》しやその他の贅沢品に使用することを禁じたスペインの国事顧問会議の政令を判断することができるだろう。それは、もしかりにオランダ連邦が肉桂の消費を禁止するなどということがあれば、つくるかもしれない条例のようなものである。

私の推論は、すべての鉱山に及ぶものではない。費用のほかはわずかの利益しかひき出しえないドイツやハンガリアの鉱山はきわめて有益である。それは本国内にある。それは幾千もの人間を雇傭し、彼らはそこで過剰な物産を消費する。それは正しい意味でその国の製造業である。ドイツ、ハンガリアの鉱山は土地の耕作をより価値あるものとする。メキシコとペルーの鉱山業はそれを破壊する。

西インドとスペインは、同一君主のもとにある二つの国である。だが、西インドが本国でスペインは属国にすぎない。政治が本国を属国にひきもどそうとしてもむだである。西インドはつねにスペインを自分のほうにひきよせている。

毎年、西インドに行く約五千万リーヴルの商品のうち、スペインは二百五十万リーヴルしか供給していない。したがって、西インドは五千万リーヴルの貿易を行なっており、スペインは二百五十万リーヴルの貿易を行なっている。

国民の勤労、住民の数、土地の耕作によらない偶然の賜物は、悪い種類の富である。カディスの税関から多額の関税を得ているスペインの国王は、この点から見れば、きわめて貧しい国家の中のきわめて富んだ一私人にほかならない。すべては、外国人から彼の手にわたり、彼の臣民が関与することはほとんどない。この取引きは、彼の王国の好運、不運と無関係である。

もし、カスティラのいくつかの州がカディスの税関に等しい収入を彼に与えるとすれば、彼の権威はもっと偉大であろう。彼の富は、国の富の結果にほかならず、これら諸州は他の諸州を活気づけ、全部の州が、ともにおのおのの負担によりよく耐えられることとであろう。巨大な国庫に代わって、偉大な人民をもつことになるであろう。

〔1〕プリニウス(『自然誌』)六・二三参照。
〔2〕プリニウス前掲書六・一九、ストラボン『ゲオグラフィア』一五参照。
〔3〕プリニウス(『自然誌』)六、ストラボン(『ゲオグラフィア』)二。
〔4〕アリストテレス『政治学』一・九および一〇参照。
〔5〕『マルカ・ヒスパニカ』に記されている一二二八年と一二三一年のアラゴンの基本法、またブ

リュッセルが記している国王とシャンパーニュ伯夫人およびギ・ド・ダンピエールとの間に交わされた一二〇六年の協約参照。

(6) スロウ『ロンドン概観』第三篇五四ページ。

(7) 一三九二年四月四日、バーヴィルの王令。

(8) フランスではユダヤ人は農奴で財産遺贈権をもたなかった。領主が彼らの財産を相続した。ブリュッセル氏は国王とシャンパーニュ伯ティボーの間の一二〇六年の協約を記しているが、その協約によると両者の一方のユダヤ人は他方の土地でけっして金貸しをしないことが同意されている。

(9) フィリップ尊厳王とフィリップ長身王の時代にフランスを追われたユダヤ人はロンバルディアに逃れ、そこで外国の商人や旅行者に彼らがフランスで自分達の債権証書をゆだねてきた者にあてて秘密の手紙を書き与え、それによって債権は支払われた。

(10) 『ユスティニアヌス法典』所収のレオン帝の新勅法八三参照。この法律はその父、バシリウス帝の法律を廃したものである。バシリウス帝のこの法律はハルメノプルスの書(『ヘクサビブロス』)にレオン帝の名で記されている。三・七・二七。

(11) 以下は、二十年あまり前に、筆者の小著の草稿の中に書かれたことである。それは、ほとんどすべて、本章の中にあらためて収められた(2)。

(12) フレジエ(鉱山技師、一七一一年フランス政府により南米に派遣)の旅行記(『チリとペルー沿岸の南海旅行の記録』一七一六)参照。

(13) アンソン卿(一六九七〜一七六二。イギリスの提督、航海家)によれば、ヨーロッパは、ブラジルから、毎年、その山麓の砂地や河床でとれた金二百万スターリングを受けとっているという。本章の最初の注で触れた小著を書いたころには、ブラジルからの帰航は、今日にくらべればはるかに貧弱なものであった。

(1) 第四章は「古代人の商業と今日の商業との主要な差異」と題し、古代の貿易が地中海に、すなわち南に限られていたのにたいし、今日の貿易は南北間で行なわれ、それにより規模が拡大し、商品も多様化したことが説かれている。

(2) 「スペインの富にかんする考察」という一七二六、七年ころに書かれたと推定される下書きと手稿本が残っている。モンテスキューはその一部を「ヨーロッパにおける世界王国についての省察」に用い、さらにここに転用したわけである。

(3) フェリペ二世(在位一五五六〜九八)は、全治世を通じて、戦費、多額の費用を要する行政組織の確立や宮廷費増加などのため、たえず財政危機に悩まされた。ここにいう破産(国債元本、利子の支払停止)は一五五七年のそれを指すのであろう。

(4) コロンブスがフランス国王に後援を求めた事実はあるらしいが、フランソワ一世というのはモンテスキューの誤りである。フランソワ一世はコロンブスの第一回航海(一四九二)以後の一四九四年に生まれている。

第二二篇　貨幣の使用との関係における法について

第一九章　利子付き貸付について

貨幣は価値の表徴である。この表徴を必要とする者は、彼が必要とすることのあるすべてのものについてそうするように、それを借りなければならないことは明らかである。違うのは他のものはすべて借りることも買うこともできるのにたいして、貨幣は物の対価であって、借りることはできても買うことはできない[1]。

他人に自分の金を無利子で貸すのはたしかにきわめてよい行ないである。だが、それは、たんに宗教上の勧告でしかありえず、市民法ではありえないことに人々は気づいている。

商業がうまく行なわれうるには、貨幣も値段をもたなければならないが、この値段はあまり高くてはならない。もしあまりに高すぎれば、商人は商売でもうける以上に利子が高くつくのを見て、なにもくわだてようとしない。もし、貨幣が値段をもたなければ、だれもそれを貸そうとせず、商人もまたなにもくわだてようとしない。

だれもそれを貸そうとしないと言ったのは誤りだった。社会の諸事業はつねに進まざるをえず、高利貸が成立するが、それはいつの時代にも経験された混乱をともなう。

マホメットの法は、利子付き貸付と高利貸を混同している。回教国では高利は禁止のきびしさに比例して上がる。貸し手は違反の危険をみずから補償する。

東洋のこれらの国では、大部分の人々が確実なものはなにももたない。現にある額の金をもっていることと、それを貸したのちに、もう一度手にするという希望との間には、ほとんどなんらの関係もない。高利はしたがって弁済不能の危険に比例して上がる。

〔1〕 ここでは金・銀が商品として考察される場合は問題としていない。

第二三篇　住民の数との関係における法について

第一四章　大地の産物が必要とする人間の多少

牧畜地域は人口が少ない。わずかの人間にしか仕事がないからである。穀物地帯はより多くの人間を用い、ぶどう栽培地はなお無限に多くの人間を働かせる。

イギリスでは、人々は牧場の増加が住民を減らしたとしばしば嘆いた。[1] フランスでは、ぶどう栽培地の多いことが、住民の多いことの大原因の一つと認められている。

炭鉱が燃料を供給してくれる地方は、他の地方にくらべて、森を必要とせず、すべての土地が耕作できるという利点をもつ。

稲の生育する土地では、水を調節するのに大工事が必要である。したがって、多くの人間が仕事につける。さらに次のことがある。そこでは、一家族の食糧を供給するのに、他の穀物を産する地方よりも少ない土地しか必要としない。そのうえ、よそでは家畜の飼育に用いられる土地が、そこでは直接人間の食糧に役立つ。よそでは家畜によって行なわれる作業が、そこでは人間によって行なわれる。そして、土地の耕作は、人間にとって巨大な工場《マニユファクチユア》となる。

第一五章　工業との関係における住民の数について

農地法（土地均分法）があり、土地が平等に分配されている場合には、ほとんど工業がなくても、その土地はきわめて多くの人口をもつことができる。なぜならば、各市民は自分の土地の耕作に、ちょうど自分を養うに必要なものを見いだし、全市民が全体でちょうどその土地の全収穫を消費するからである。いくつかの古代の共和国ではそうであった。

だが、今日のわれわれの国においては、土地は、不平等に配分されており、それを耕作する人々が消費しうる以上の収穫を生む。そこでもし工業を軽視し農業のみに専念するならば、その土地には、多数の住民が住むことはできない。自ら耕作する、または、耕作させる人々は、余分の収穫をもっているから、次の年も働くように彼らを強制するものはなにもない。収穫は、働かぬ人々によって消費されることはまったくないだろう。働かぬ人々は、それを買うに必要なものをもっていないのだから。したがって、工業が成立し、収穫が農民と手工業者によって消費されなければならない。一言にしていえば、これらの国家は、多くの人々が自分たちの必要以上に耕作することを必要とする。そのためには、余剰をもちたいという欲望を彼らに起こさせなければならない。だが、それを起こさせるのは手工業者をおいてはない。

技術を簡略化することを目的とする、あの機械は、かならずしもつねに有益ではない。もしある製品の価格が手頃で、それを買う者にも、それを作った職人にもひとしく適当だとすれば、その製造を簡単にする、つまり、職人の数を減らすような機械は有害であろう。だから、もしかりに、水車が今日のようにいたるところに設けられていないとすれば、私は水車が人の言うほどに有益だとは思わなかったことだろう。なぜなら、水車は、数知れぬ人手を休ませ、多くの人々から水の利用を奪い、多くの土地の肥沃を失わせたからである。

第二八章　どのようにして人口減少をいやすことができるか

国家が個別的な偶発事件、たとえば戦争、疫病、飢饉《ききん》によって人口減少をみる場合には、それをいやす手段はある。残った人々は労働と勤勉の精神を維持できる。彼らは、災害を復旧し、災禍によっていっそう勤勉になりうる。ほとんどいやしがたい災いは、人口減少が、長期にわたって、内的な欠陥と悪い統治から生じる場合である。そういう場合、人間は知覚されない習慣化した病いによって死んでいった。憔悴《しょうすい》と悲惨の中に生まれ、政治の暴力と偏見の中に生まれて、彼らは、多くは自分たちの絶滅の原因を知ることもなく、殺されていった。専制により荒廃した国々、また、僧族の俗人にたいする過度の優越により荒廃した国々が、その二つの大きな例である[1]。

このようにして人口の減少した国家を再興するには、生まれてくるかもしれない子供たちの助けを待ってもむだであろう。もう遅すぎる。人々は、その荒廃の中で、勇気もなく、勤労意欲ももたない。一民族を養うに足る土地をもちながらようやく一家族を養うに足るものしか手にしない。これらの国々では、下層民は、自分たちの貧困、つまりありあまっている荒地にさえかかわりをもたない。僧族、君主、都市、貴族、若干の主だった市民が知らずしらずのうちに一地方全体の地主となっているのである。その地方は耕作されることはない。だが、破滅した家族は彼らに牧草地を残していった。そして働く人間は、なにももたない。

このような状況では、かつてローマ人がその領域の一部でしばしば行なったことが、全領域にわたって行なわれなければならないだろう。豊かさの中でローマ人たちのしたがい守ってきたことを、住民の飢餓の中で実践しなければならないだろう。それは、なにももたないすべての家族に土地を分配し、それを開墾し、耕作する手段を与えることである。この配分は、労働のための時間をむだにしないように、それを受ける男子がいるのに応じて行なわれねばならないだろう。

第二九章　救貧院について

人間が貧しいのは、なにももたないからではなく、働かないからである。なんの財産ももたないが働く者は、働かないで百エキュの収入をもっている者と同様に、豊かである。なにももたないが職を身につけている者は、十アルパンの土地を世襲財産としてもち、生きていくためにはそれを耕さねばならない者と同様に貧しくはない。その子供たちに自分の技術を遺産として与えた職人は、彼らに彼らの数に応じて増加する財産を残したのだ。十アルパンの土地を生活のためにもちそれを子供たちに分配する者はこれと同じではない。

多くの者が自分の技術しかもたない商業国においては、しばしば、老人、病人、孤児の必要とするものを、国家が供給することを余儀なくされる。よく組織された国家はこの生活手段をほかならぬこの技術という元本からひき出す。国家はある者には彼のできる仕事を与え、他の者には仕事をすることを教えるが、そのこと自体、すでに仕事をつくる。

街で裸の男にどんな施しをしてやろうと、それはけっして国家の義務を満たすものではない。国家は全市民に確実な生活の糧、食糧、快適な衣服、健康にけっして反することのない生活の仕方を保証する義務を負っている。

オーランゼーブ（ムガール帝国皇帝。在位一六五八〜一七〇七）は、なぜ、救貧院をまったくたてないのかと聞かれて、次のように言った。「余は、余の帝国を、救貧院の必要のないほどに豊かにするであろう」。彼は、次のように言うべきであったろう。「余は、余の帝国を豊かにすることから始め、次に、救貧院をたてるであろう」[2]と。

一国の富は多くの活動を前提とする。きわめて多数の商業分野のなかにはつねに停滞している分野があり、したがってその労働者が一時的な窮状に陥ることは免れえない。

人民が苦しむのを防ぐために、あるいは彼らが暴動を起こすのを妨げるために、国家が急遽《きゅうきょ》救援の手をさしのべねばならないのは、このときである。救貧院、あるいは、この悲惨を予防できるなんらかの同等の規定が必要なのは、この場合である。

だが国民が貧しいときには、個人の貧困は一般の貧困から生じる。だから、それは、いわば一般の貧困である。世界の全救貧院もこの個人の貧困をいやすことはできないであろう。逆に救貧院の吹きこむ怠惰の精神が、一般の貧困を増大させ、その結果、個人の貧困をも増大させる。

ヘンリー八世は、イギリスの教会を改革しようと望み、僧院を廃止したが、〔3〕僧院は、それ自体、怠惰な別個の一国民をなし、また、他人の怠惰を維持していた。なぜならば、無償の接待を行なうので、無数の無為の人間、貴族やブルジョワが僧院から僧院へと渡り歩いて一生を送った。この国王はまた救貧院をも廃止した。貴族がその生活の糧を修道院に見いだしたように、下層民はそれを救貧院に見いだしていた。この変革以来、商業と勤労の精神がイギリスに確立した。

ローマでは、救貧院は、働く者を除き、勤労意欲をもつ者を除き、技芸をみがく者を除き、土地をもつ者を除き、そして商業を行なう者も除いたすべての者が安楽であるようにしている。

私は、豊かな国々は、その運勢が無数の偶然事にかかっているから、救貧院を必要とすると述べた。だが、永続的な施設よりも一時的な救援のほうがはるかにまさっていると思われる。災害は一時的である。したがって、救援も、災害と同じ性質の救援、個々の偶然事に適用される救援でなければならない。

〔1〕バーネットは、次のように述べている。土地所有者の大部分は、麦よりも羊毛を売ることにより多くの利潤を見いだしたので、その所有地を囲いこんだ。コミューヌ（すなわち民衆）は餓死し、蜂起

した。人々は土地均分法を提案した。若い国王が、それについて書いたことさえある。土地を囲いこんだものにたいする布告が発せられた。『イギリス宗教改革史要説』四四、八三ページ。

〔2〕 シャルダン『ペルシアその他アジア諸地方への旅行』第八巻参照。

〔3〕 バーネット『イギリス宗教改革史要説』参照。

(1) 前者はアジアの専制国家を、後者はスペインを念頭においている。

第二四篇　その祭式およびそれ自体において考察された各国に定着している宗教との関係における法について

第一章　宗教一般について

闇のなかでもっともうすい闇を識別でき、深淵のなかでもっとも深くない淵を識別できるように、誤った宗教のなかにも社会の福祉にもっともかなった宗教、すなわち、人間を彼岸の生活の至福へと導く効果はもたないが、此岸における幸福にはもっと寄与しうる宗教を求めることはできる。

したがって、私は、世界の宗教を、もっぱら社会状態においてそれからひき出される福祉との関係においてのみ考察するであろう。天にその根をもつ宗教について語るにしても、あるいは、地にその根をもつ宗教について語るにしても、それは同じである。

本書においては、私は、けっして神学者ではなく政論家なのだから、より崇高な真理との関係において考察されたのではなく、ただ人間的な考え方においてのみ、完全に真であるようなことがらもあってよいであろう。

真の宗教については、私がその利益に政治的利益を優先させることを主張したのではけっしてなく、両者を結合することを主張したのだということを理解するには、ただごくわずかの公平さをもつだけで十分であろう。だが、結合するにはそれを知らなければならない。人間に互いに愛しあうことを命じるキリスト教は、疑いもなく、各民族が最良の政法、最良の市民法をもつことを欲している。なぜなら、これら法律は、キリスト教についで、人間が与え、受けとることのできる最大の福祉であるからである。

第二章 ベール[1]の逆説

ベール氏は、偶像崇拝者よりは、無神論者のほうがましだということを証明してみせると主張した[1]。つまり、言いかえれば、まったく宗教をもたないほうが、悪い宗教をもつよりは、危険でないというのである。「私は、人が私を悪い人間だと言うよりは、私は存在しないと言うことを、より好むであろう」と彼は述べている。これは、神の存在を信じることがきわめて有益であることの代わりに、ある人間が存在すると信じることは人類にとってなんの利益もないということを論拠とした詭弁にほかならない。神が存在しないという観念には、われわれの独立性の観念が続く。あるいは、この独立性の観念をもちえなければ、反抗の観念が続く。宗教がかならずしもつねに悪を抑止しないからといって、宗教が抑止の動因ではないというのは、市民法もまた抑止の動因でないというのに同じである。もし大部の著作のなかに、宗教の行なった善を列挙することなく、そのもたらした悪のみを集め長々と列挙するならば、それは宗教に反対するための誤った議論である。もしかりに、市民法や君主制や共和政体が世界にもたらした悪のすべてを物語ろうとするのなら、私はおそるべきことどもを語ることになるだろう。たとえ臣民が宗教をもつことが無益である場合にも、君主が宗教をもち、人間の法などはおそれないこれらの人々が、彼らのもちうる唯一のくつわに泡を吹くことは無益ではあるまい。

宗教を愛し、宗教をおそれる君主は、愛撫《あいぶ》する手、なだめる声に屈する獅子である。宗教をおそれ、宗教を憎む君主は、通りかかる者にとびつくことを防ぐための鎖をかむ野獣のごときものである。宗教をまったくもたぬ君主は、ひき裂きむさぼり食うときにのみ自由を感じる、あの猛獣である。

ある人間、ある民族がまったく宗教をもたないほうが、そのもっている宗教を悪用するよりもましかどうかを知ることが問題なのではない。人間がときどき宗教を悪用することと、人間の間に宗教がまったくないことと、どちらがより小さい悪であるかを知ることが問題なのである。

無神論のおそろしさを減らすために、人々は、あまりに偶像崇拝を誇張しすぎている。古代人がある悪徳のために祭壇を築いた場合、それは、彼らがこの悪徳を好んだことを意味していたというのは、正しくない。それは逆に、彼らがその悪徳を憎んでいたことを意味した。ラケダイモン人は恐怖のために神殿を築いたが、それは、この好戦的な国民が、この恐怖の神に、戦闘にさいしてラケダイモン人の勇気を奪ってくれるようにと求めたことを意味してはいない。自分の心に罪を吹きこまないようにと祈願する神もあれば、罪を自分からはらってくれるようにと祈願する神もあったのだ。

第三章　穏和政体はキリスト教により適し、専制政体は回教により適すること

キリスト教は純粋な専制から遠くへだたっている。それは、福音書に強く説かれているおだやかさが、君主がみずから裁き残酷な所業を行なうときの専制的憤怒と相反するからである。

この宗教は多妻制を禁じているから、君主は、妻妾の間に閉じこめられることがより少なく、その臣下から切り離されることがより少なく、したがって、より人間らしい。彼らは自分自身に規律を課す気がまえをより多くもち、なんでもできるのではないということをよりよく理解する。

回教の君主がたえず殺し、殺されているのにたいして、キリスト教徒のもとでは宗教が君主を、より臆病でなく、したがってより残酷でなくしている。君主は臣下を頼りにし、臣下は君主を頼りにする。すばらしいことだ！　キリスト教は、彼岸の生活の至福しか目的としないかに見えるが、そのうえ、此岸の生活においても、われわれの幸福をつくっているのだ。

その帝国の広大、風土の欠陥にもかかわらず、エチオピアに専制が確立するのを妨げ、アフリカのただ中にヨーロッパの習俗と法をもたらしたのは、キリスト教である。

エチオピアの皇太子は公国を与えられ、彼の臣下に愛と服従の範を示す。そのごく近くでは、回教が、センナール[2]の王子たちを幽閉しているのが見られる。[2]国王が死ぬと、老中会議は、次に

玉座に登る者のために、彼らを殺害させる。

一方に、ギリシア、ローマの国王や首長の行なったたえまない虐殺を、他方に、アジアを蹂《じゅう》躙《りん》したチムール、ジンギスカンのような首長による民族、都市の絶滅を、思いうかべてみよう。われわれは、統治においては政法の存在を、戦争においては万民法の存在をキリスト教に負うていることがわかるであろう。人間の本性は、それらの法の十分な認識にはいたりえないであろう。

われわれの間では、勝利者は戦いに勝っても、自分で自分を盲目にしないかぎり、敗れた民族に、生命、自由、法律、財産、そしてかならず宗教といった重要なものを残しておくが、それは、この万民法があるからである。

今日のヨーロッパ諸民族は、専制的、軍国的となってのちのローマ帝国において、かつて人民と軍隊が、そして軍隊相互が不和であった以上に不和ではないということができる。当時、一方では軍隊が相互に戦い、他方では軍隊に都市の掠奪、土地の分配や没収が許されていた。

第五章　カトリック教は君主制により適合し、新教は共和国により調和すること

一国に宗教が生まれ、形成される場合、宗教は、通常そこに根をおろす政体の構図にしたがう。なぜならば、その宗教を受けとる人々も与える人々も、彼らが生まれた国家の秩序についての観念のほかは、秩序についての観念をほとんどもたないからである。

二世紀前、キリスト教が、それをカトリックとプロテスタントに分けた不幸な分裂に苦しんだ

とき、北方の民族はプロテスタントを受容し、南方の民族はカトリックを維持した。それは、北方の民族は、南方の民族のもたぬ独立と自由の精神をもち、また、いつももちつづけるであろうからであり、眼に見える首長をもたぬ宗教は、それをもつ宗教よりも風土の独立性により適合しているからである。

新教の確立した地方においても、さまざまの変革が政治的国家の構図にしたがって行なわれた。ルターは大君侯を味方にもっていたから彼らに外面的な優越性をまったくもたぬ聖職者の権威をわからせることはほとんどできなかったろう。カルヴァンは、共和国に生活する民衆や君主国の陰に埋もれたブルジョワを味方にしていたので、優越性や位階を設けないことに、よく成功した。

これら二つの宗教は、おのおの、自分こそがもっとも完全だと信じることができた。カルヴァン派は自分たちがイエス・キリストの語ったことにより合致していると考えたし、ルター派は自分たちが使徒の行なったことにより合致していると考えたからである。

第六章　ベールの他の逆説

ベール氏はすべての宗教を侮辱したのちに、キリスト教に中傷を加えている。彼は、真のキリスト教徒は存続可能な国家を構成することはなかろう、などとさえ主張している。なにゆえ構成しないのか。彼らは、おのれの義務にきわめて明るく、それを果たすことに大いなる熱意をもった市民であるだろう。彼らはきわめてよく自然的防衛の権利を理解するであろう。宗教に負うところが多いと信ずれば信ずるほど、祖国に負うところが多いと考えるであろう。心にしっかりと刻まれたキリスト教の原理は、あの君主制のいつわりの名誉、あの共和国の人間の徳、あの専制の奴隷の恐怖よりも無限に強力であろう。

この偉大な人物におのれ自身の宗教の精神を見そこなった誤りを難じうるとは、そして、彼にして、キリスト教建設のための命令とキリスト教自体とを、また福音書の掟とその助言とを区別しえなかったとは、まさに驚くべきことである。立法者が法律ではなく助言を与えたとすれば、それは、その助言が法律として与えられれば彼の法律の精神に反したものとなることを知っていたからである。

第七章　宗教における完全の法について

精神に語りかけるべくつくられている人間の法律は、掟を与えるべきであって、助言を与えるべきでない。宗教は、魂に語りかけるべくつくられているのだから、助言を多く与えるべきであって、掟は少なくなければならない。

たとえば、宗教が善ではなく最善への戒律の、よいものではなく完全なるものへの戒律を与える場合には、それが助言であって法律ではないことが望ましい。なぜならば、完全たることは、人間および事物の全体にかかわりをもつものではないからである。そのうえ、もしそれが法律ならば、初めの法律を守らせるのに無数の他の法律が必要になるだろう。独身はキリスト教の助言であった。それをある身分の人々にたいして法律としたとき、人々をしてそれを守らざるをえなくするために、日々に新たな法律が必要となった。[3] 立法者は、完全を愛する者ならば助言としてなら実行したであろうことを、掟として実行させようとしてみずからも疲れ、また社会を疲れさせた。

第一〇章　ストア派について

古代人におけるもろもろの哲学学派は、一種の宗教として考察しうるものであった。それらのうちでストアの学派以上に、その原則が人間にふさわしく、有徳の人間をつくりあげるのにかなった学派はけっしてなかった。そして、もし私が、ひととき、自分がキリスト教徒であることを考えるのをやめることができたとすれば、私は、ゼノンの学派の破壊を人類の不幸の中に数え入れることを自らに禁じえないであろう。

この学派は、そのうちに偉大さのあることがら、すなわち、快楽と苦痛の軽視のみを、過度に推しすすめた。

この学派だけが、市民をつくるすべを知っていた。それだけが偉人をつくり、それだけが偉大な皇帝をつくった。

一時、啓示的真理を捨象し、真理を全自然のなかに探し求めるとしよう。あのアントニウスたち[3]にまさる偉大な対象は見いだしえないだろう。ユリアヌスでさえ、ユリアヌス――このように心に反して奪われた投票は、私を彼の背教の共犯者とするものではけっしてないだろう——否、彼の後には、人間を治めるにふさわしい君主は、いまだかつて、ひとりもいなかったのだ。

ストア派の人々は、富、人間の栄華、苦痛、苦悩、快楽を空しいものとみなしながら、もっぱら人間の幸福のために働き、社会の義務を果たすことにのみ専念した。彼らは自分のうちに神聖な霊が存在すると信じ、それを人類を見守る一種の守護神とみなしていたようであった。

彼らはすべて、社会のために生まれ、彼らの宿命は社会のために働くことであると信じていた。報酬はすべて、彼ら自身のうちにあったので、すなわち、彼らはただ自分の哲学のみによって幸福であり、他人の幸福だけが彼らの幸福を増大しうると思われたので、それは彼らにとってなおさら負担ではなかったのである。

第一一章　瞑想について

人間は自分を維持するように、すなわち、自分の身を養い、衣服をまとい、すべての社会的行為を行なうようにつくられているのだから、宗教は人間にあまりに瞑想《めいそう》的な生活を与えるべきではない。[4]

回教徒は、習慣によって思索的となる。彼らは日に五回祈り、そのつどこの世に属するものを背後に投げ捨てる身振りをしなければならない。それが彼らを思索的につくりあげる。それに、厳密な宿命の教義の与えるすべてのものにたいするあの無関心を加えてみたまえ。

もし、そのうえに、他の原因が加わって、彼らに解脱の気持を吹きこむのに力をかすならば、たとえば、政体の苛酷さや土地所有権にかんする法律が無常の精神を与えるならば、すべては失われてしまう。

異教徒《ゲブル》④の宗教は、かつてペルシアの王国の繁栄をもたらした。それは、専制の悪しき効果を矯正した。マホメットの宗教は、今日、この同じ帝国を滅ぼしている。

〔1〕『彗星についての考察』など。
〔2〕医師ポンセ氏の「エチオピア見聞記」、『宣教書簡集』第四集所収。
〔3〕デュパン氏（一六五七〜一七一九。神学者、教会史家）の『六世紀の教会著述家の著作集』第五巻参照。
〔4〕これが、仏陀と老子の教説の不都合なところである。

① ピエール・ベール（一六四七〜一七〇六）。フランスの哲学者。『歴史的批判的事典』を書いて啓蒙思想の先駆者とされ、合理主義の立場から宗教的権威を批判し、寛容を説いた。
② スーダンの青ナイル地方の都市。十六世紀以来回教徒の支配に入り、十七世紀にはここを首都として黒人回教徒の帝国が成立した。
③ 九六年に即位したネルウァから一九二年に暗殺されたコンモドゥスにいたる六人のローマ皇帝を指す。そのうち、最後のコンモドゥスを除く五人がいわゆる「五賢帝」である。
④ ゾロアスター教徒のこと。ペルシアを征服した回教徒は、改宗を拒んだゾロアスター教徒を異教徒

（ゲブル）と呼んだ。

第二五篇　各国における宗教の存立とその外面的規律との関係における法について

第一章　宗教にたいする感情について

信心深い人も無神論者も、いつも宗教について語る。前者は自分の愛するものについて語り、後者は、自分の恐れるものについて語るのである。

第二章　さまざまな宗教への愛着の動機

世界のさまざまな宗教は、それらを信仰する者に、同等な愛着の動機を与えはしない。それは、それら宗教が、人間の考え方や感じ方とどう調和しているかに大いに依存している。

われわれは偶像崇拝へのきわめて強い傾向をもっているが、しかし、われわれは偶像崇拝的な宗教に強い愛着をおぼえない。われわれは霊的な観念にあまり心を向けないが、それでいて、霊的存在を崇拝させる宗教に非常に愛着する。それは、一部はわれわれの自己満足に由来する幸福感なのである。他の者たちが辱《はずか》しめた神をその屈辱から救いだす宗教を選んだほどに、自分は知性があるということに、われわれは満足する。われわれは、偶像崇拝を粗野な民族の宗教とみなし、霊的存在を対象とする宗教を文明民族の宗教とみなす。

教義を構成する最高の霊的存在の観念に、さらに、礼拝に含まれる感覚的な観念を結合できるならば、それは、われわれのうちに、この宗教への非常な愛着心をひきおこす。なぜなら、今述べた動機が、感覚的な事物へのわれわれの自然の傾向と結合されるからである。それゆえ、この種の礼拝をより多くもつカトリック教徒は、新教徒よりも、より強固に自分の宗教に愛着し、また、その布教に熱狂するのである。

公会議の教父たちが、童貞聖マリアを神の母と呼んでよいと決めたこと[1]を知ったとき、エフェソス（小アジアのエーゲ海に面した古代都市）の住民は有頂天になった。[1] 彼らは司教の手に接吻し、そのひざを抱いた。町中が喝采の声に鳴りひびいた。

知的宗教が、さらに、神により行なわれた選別の観念、それを信仰する者とそれを信仰しない者との差別の観念をわれわれに与えるならば、それは、この宗教にたいするわれわれの愛着を大いに強めるであろう。回教徒は、もし、一方に彼らをして自分たちを神の単一性を回復する復讐者なのだと考えさせる偶像崇拝民族が存在せず、他方に自分たちのほうが神により愛されているのだと信じさせるキリスト教徒が存在しなければ、あれほどよい回教徒ではありえないだろう。

宗式の多い宗教は、少ない宗教よりも、人をよくひきつける。[2] 人は、不断に心を占めているものに、非常に執着するものである。回教徒とユダヤ人のねばり強い頑固さが、また、もっぱら狩猟と戦闘に忙しく、ほとんど宗教的儀式にはかまわない野蛮で未開な民族が、宗教をたやすく変えることがその証拠である。[3]

人間は極度に希望を抱いたり不安に陥ったりしやすい。だから、地獄も極楽ももたない宗教は、あまり彼らの気に入らないだろう。それは、他国の宗教が日本に根をおろすのがいかにたやすかったか、また、それらが、いかに熱狂と愛をもって受けいれられたかによって証明されている。[4]

宗教が人をひきつけるには、純粋な道徳をもっていなければならない。人間は、細部ではペテン師だが、大筋ではきわめて正直者である。彼らは道徳を愛する。そして、もし、私が、きわめてまじめな主題を扱っているのでなければ、それは、芝居のうえに、すばらしくよく現われていると言いたいところだ。道徳の認める感情ならば、民衆の気に入ることが確実だし、道徳の非難する感情ならば、その気持をそこなうことが確実なのである。

礼拝の外観がきわめて壮大であれば、それは、われわれの自尊心を満足させ、その宗教にたいする非常な愛着心を起こさせる。寺院の富、聖職者の富は、われわれの心を大いに動かすものである。そこで、民衆の貧困自体が、貧困をひきおこした人々が口実として用いたその宗教に、民衆を結びつける動機となるのである。

第九章　宗教にかんする寛容について

われわれは、ここでは政論家であって神学者ではない。そのうえ、神学者自体にとっても、ある宗教を寛容することと是認することとの間には、大きな違いがある。

ある国の法律が、複数の宗教の存在を許すべきだと判断した場合には、同時に法律は、それらの宗教にたいし、相互に寛容であることを義務づけねばならない。抑圧された宗教は、すべて、みずからも抑圧するものとなるというのが、一つの原理である。なぜならば、なんらかの偶然で、圧迫からぬけ出しうるや否や、ただちに、それは自分を抑圧した宗教を、宗教としてではなく圧制として、攻撃するからである。

したがって、法律が、これらの宗教にたいして、たんに国家の平穏を乱さないのみならず、それらの宗教が相互に相手を乱さぬよう要求することは有益である。市民は国家組織を攪乱しないようにするだけでは法律を満足させるものではない。さらに、いかなる市民であれ、他の市民の平穏を乱さないことが必要なのだ。

第一〇章　同じ主題の続き

よそに根をはることに非常な熱意を示す宗教は、不寛容な宗教をおいてほかにはほとんどない。それは、他の宗教に寛容でありうる宗教は、ほとんど自分の布教を考えないからである。したがって、国家が既存の宗教に満足している場合に、他の宗教の存立を許さないのは、きわめてすぐれた市民法であろう。[5]

したがって、宗教にかんする政法の根本原則は、次のとおりである。一国において新しい宗教を受けいれることも、受けいれないことも自由に決定できる場合には、定着させてはならない。それがすでに定着している場合には、それを寛容すべきである。

第一二章　刑法について

宗教にかんしては、刑法は避けるべきである。刑法は恐怖を抱かせる。それは事実である。だが、宗教も恐怖の念をひきおこすそれ自身の刑法をもっているから、一方は他方によって消し去られてしまう。この二つの異なった恐怖の間に立たされて、魂は残忍になる。

宗教は、非常に大きな脅威を与え、また、非常に大きな約束を与えるものであるから、それらの脅威と約束がわれわれの心にあるかぎり、為政者がその宗教を捨てることを強制して、なにをなそうとも、もしわれわれから宗教を奪えば彼はなにものもわれわれに残さず、もし宗教をわれわれに残せば彼はなにものもわれわれから奪ったことにはならないかに思われる。

したがって、魂をこの偉大な対象からひき離すのに成功するのは、魂をそれによって満たすことによってではなく、あるいはそれが魂にとってきわめて重要であるはずのときにこの対象を近づけることによってでもない。宗教を攻撃するには、恩恵や生活の便宜や財産の期待によって行なうのがより確実である。他の情念がわれわれの魂に作用し宗教の鼓吹する情念が沈黙しているときに、宗教に注意を向けるような手段ではなく、宗教を忘れさせるような手段によるべきであり、憤激を起こさせるような手段ではなく、鎮静させるような手段をもって行なうべきである。

一般的規則。改宗にかんしては、刑罰よりも、勧誘が強力である。

人間精神の性格は、その用いた刑罰の体系のなかにもあらわれた。日本での迫害を思いおこしていただきたい。[6]人々は、長々とつづく刑罰よりも残酷な体刑にたいしより憤激した。だが長い刑罰は、人をおびえさすよりも疲れさせ、耐えやすく見えるだけに、いっそう耐えがたいのである。

一言にしていえば、歴史は、刑法が破壊の効果以外はもたなかったことを、われわれに十分に教えている。

第一三章　スペインとポルトガルの異端審問官へのいともうやうやしき建言書

十八歳のユダヤ人の娘が、リスボンで、最近のオート・ダ・フェ[3]により、火刑に処せられたことが、この小文の書かれる動機となった。そして、これはかつて書かれたことのあるもののなかで、もっともむだなものだと私は思う。かくも明白なことを証明する場合には、人を説得できないことは確実だ。

この小文の筆者は、自分はユダヤ人ではあるが、キリスト教を尊敬し愛することきわめてあつく、キリスト教徒ならざる君主から、キリスト教を迫害するもっともらしい口実を奪うに足るほどだと明言している。

彼は異端審問官に次のように言う。「諸賢は、日本の皇帝が、その国内にいる全キリスト教徒を弱火《とろび》で焼き殺させたことを嘆いておられる。だが、日本の皇帝は、諸賢に、こう答えるであろう。『われわれは、われわれと同じ信仰をもたぬ諸君を、諸君自身が、諸君と同じ信仰をもたぬ者を扱うように扱っているのだ。諸君は、諸君がわれわれを絶滅するのを妨げ、われわれが諸君を絶滅するのを許している諸君の力の弱さを嘆くしかないのだ』と……」

「だが、うちあけていうと、諸賢はこの皇帝よりもはるかに残酷であると申さねばならない。諸賢は、諸賢の信じておられることを信じているにすぎぬわれわれを、諸賢の信じておられることのすべてを信じないからというので、死刑に処される。われわれは諸賢みずからがご存じのようにかつて神の嘉《よみ》したもうた宗教に従っている。われわれは神はいまもその宗教を嘉したもうていると考え、諸賢は神はもはやそれを嘉したもうてはいないと考えておられる。そこで、諸賢は諸賢の判断に従って、神はかつて嘉したもうたものを今も嘉したもうていると信じる⑦という、まったく許さるべき誤りに陥っている者を、鉄火の責苦にかけられる」

「諸賢がわれわれにたいし残酷だとすれば、われわれの子供にたいしては、さらにいっそう残酷であられる。諸賢は、子供たちを火刑に処されるが、それは、子供たちが、自然法とあらゆる民族の法が神のように尊敬することを教えている者により吹きこまれた感情に従ったからである」

「諸賢は、回教が確立された仕方からして、諸賢が回教徒にたいしてもっておられた優越性を、みずから奪われた。彼らがその信者の数を自慢するとき、諸賢は、彼らに、それは力によって獲得されたものだ、諸君は刀によって諸君の宗教を広めたのだとおっしゃる。ならば、諸賢は、なにゆえ諸賢の宗教を火によって確立されようとするのであるか」

「諸賢がわれわれを改宗させようと望まれるとき、われわれは、諸賢が、そこから下ってきたことを誇りとされておる源をもって、諸賢に反証とする。諸賢は、われわれに答えて、われわれの宗教は新しいが、しかし、神聖だと言われる。そして、それが異教徒の迫害と殉教者の血をもって成長してきたことを、その証《あかし》とされる。だが今日諸賢は、諸賢がディオクレティアヌスらの役を演じ、われわれに諸賢の役を演じさせておられる」

「われわれは諸賢に切願する。われわれの、すなわち諸賢とわれらのともに仕える全能の神の御名においてではなく、諸賢がわれわれに説いて、諸賢らに従いうる模範を示すべく人の姿をとりたもうたといわれるところのキリストの名において、切願する。彼がもしこの世にあれば彼自身が振舞ったであろうように、諸賢がわれわれにたいし振舞われんことを。諸賢はわれわれがキリスト教徒たることを望まれ、諸賢みずからは、キリスト教徒たることを望まれぬのだ」

「しかし、もしキリスト教徒たることを望まれぬにせよ、少なくとも、人間ではあられんことを。たとえ諸賢が、自然がわれわれに与えるかすかな正義の微光しかもちあわせず、諸賢を導く宗教も、諸賢を啓発する啓示も、まったくもたれないとしても、その微光に導かれなされるがごとくに、われわれを扱われんことを」

「もし、天が諸賢をよく愛し、諸賢に真理を示したもうたとすれば、天は諸賢に、大いなる恵みを与えたもうたのである。だが、父の遺産をもらった者が、それをもらわなかった者を憎むなどとは、人のなすべきことであろうか」

「もし諸賢がその真理をもっておられるのならば、諸賢がそれをわれわれに示しておられるようなやり方で、それを隠したもうな。真理の特徴は、それが、心と精神のうえに勝利を占めることであって、諸賢が体刑をもってそれを押しつけんとされるとき、諸賢の白状しておられるあの無力ではない」

「もし諸賢に分別がおありなら、われわれが諸賢をだまそうとしなかったからといって、われわれを死刑に処したもうな。もし、諸賢のキリストが神の子であるのなら、その秘密をあばこうとしなかったわれわれわれに、彼は報いてくれるだろうとわれわれは期待している。そして、われわれは、われわれ、すなわち諸賢とわれらがともにその前に立つであろう神が、かつて神の与えたもうた宗教のために、そして、神が今もそれを与えたもうていると信じるがゆえに死に耐えたことで、われわれを罰したもうことはないと信じている」

「諸賢の生きておられる世紀は、自然の光明がかつてなく輝き、哲学が精神を啓蒙し、諸賢の福音書の道徳が広く知られ、人間の相互の権利、ある良心の他の良心への支配力がかつてなくよく確立されている世紀である。したがって、諸賢が注意をはらわれなければたやすく諸賢の情念となる古い偏見から諸賢がたち戻れぬとあれば、はっきり申して、諸賢は度しがたく、いかなる啓蒙や教育もなすことは不可能だといわざるをえない。そして、諸賢のごとき人物に権威を与えておる国民は、まことに不幸である」

「われわれが素直に考えを述べるのを諸賢はお望みか。諸賢は、われわれを、諸賢の宗教の敵というよりも、諸賢自身の敵と考えておられる。なぜなら、もし、かりに諸賢が諸賢の宗教を愛しておられるとすれば、諸賢は、それが、はなはだしい無知によって腐敗しつつあるのを見逃してはおかれまい」

「諸賢に一つのことを予告いたさねばならない。もし、後世になって、このわれわれの生きておる世紀のヨーロッパの諸民族は開化されていたなどと言いだす者があれば、人々は、諸賢を例にひき、いや、野蛮だったよと証明するであろう。そして、後世の人々の諸賢についてもつ観念は、諸賢の世紀の名をけがすほどのものであり、そして、諸賢にたいする嫌悪は、諸賢の同時代人のすべてに及ぶであろう」

〔1〕 聖キュリロスの手紙。
〔2〕 これは、前篇の終わりから二番目の章で述べたこととまったく矛盾するものではない。ここでは、私は、ある宗教への愛着の動機について語っているのであり、あちらでは、宗教をより一般的なものとする手段について語ったのである。
〔3〕 このことは世界中どこでも認められる。トルコ人については『レヴァント布教』、バタヴィアの回教徒については『両インド会社設立に貢献したる旅行記録集』第三巻第一部二〇一ページ、回教徒の黒人についてはラバ神父（『西アフリカ新見聞記』）参照。
〔4〕 キリスト教とインドの宗教。これらの宗教は、地獄と天国をもっているが、神道はそれをもたない。

〔5〕本章全体にわたって、私は、キリスト教について述べているのではない。なんとなれば、別の場所で述べたように、キリスト教は最高の善だからである。前篇第一章の末尾、および『「法の精神」弁護論』第二部参照(2)。

〔6〕『両インド会社設立に貢献したる旅行記録集』第五巻第一部一九二ページ参照。

〔7〕福音書の構成は、神の意図の秩序の中にあり、したがってそれは、神の不動性の帰結であるということを理解しないユダヤ人の盲目性の源がここにある。

(1) 四三一年の公会議。キリストとマリアの神性説をめぐって、ネストリウス派とキュリロス派の間に、激しい争いが繰りかえされ、結局はネストリウス派が破門され、分離した。

(2) この注は死後刊行の一七五七年版で追加されたものである。

(3) 異端審問により異端とされた者を火刑に処する儀式。処刑に先だって受刑者に来世における霊の救済のためとして信仰の承認(ポルトガル語でオート・ダ・フェ)を行なうよう勧めたことからこの名で呼ばれた。

第二六篇　法がその裁定する事物の秩序との間にもつべき関係における法について

第一章　本篇の観念

人間は、さまざまな種類の法によって支配されている。すなわち、自然法によって、宗教の法である神法によって、宗教的秩序の法である教会法、別称カノン法によって、各民族がその市民であるという意味において、世界の市民法とみなしうる万民法によって、あらゆる社会を建設したあの人間の知恵を対象とする普遍的な政法によって、各社会にかんする個別の政法によって、一民族が他民族を犯そうと欲した、あるいは犯しえた、あるいは犯さざるをえなかったという事情にもとづいている征服の法によって、それによって市民がすべての他の市民にたいし自己の財産と生命を守ることのできる市民法によって、そして最後に社会はさまざまの家族に分かれており、それら家族は固有の家政を必要とするということに由来する家内法によって。

このように、さまざまな法の体系がある。そして判定を下すべきことがらが、これら体系のいずれに主として関係しているかをよく知り、人間を支配すべき諸原理の間に混乱をもたらさぬこと、そこに人間理性の卓越がある。

第二章　神の法と人間の法

人間の法によって裁定されるべきことを神の法により裁定してはならず、神の法によって規定されるべきことを人間の法により規定してはならない。

これら二種類の法は、その起源、その対象、その性質において異なっている。

人間の法が宗教の法とは別の性質のものであることには、万人が同意しており、それは一つの大原則である。だが、この原則自体、他の諸原則に従属しているのであり、これらの諸原則を考究しなければならない。

一、人間の法の本性は、それが、生起する諸事件に支配され、人間の意志が変化するにつれて、変化することにある。それにたいして、宗教の法の本性は、それがけっして変わらないことにある。人間の法は善を定め、宗教は最善を定める。いくつかの善が存在するから、善は別の対象をもちうる。だが、最善は一つでしかない。したがって変わりえない。人は、たしかに法律を変えることができる。法律は、たんに善いものとみなされているにすぎないからである。だが、宗教の制度はつねに最善のものと想定されているのである。

二、法が無であるか、あるいは、君主の気まぐれで束《つか》の間《ま》の意志でしかないような国がある。

もし、これらの国において、宗教の法が人間の法と同じ性質のものであるならば、宗教の法もまた、無となるだろう。だが、社会には、なにか固定したものが必要であり、そして、その固定したなにかとは、この宗教なのである。

三、宗教の主な力は、人がそれを信じることに由来する。人間の法の力は、人がそれを恐れることに由来する。古いということは宗教に適している。われわれは、しばしば事物を、それが時をへだてていればいるほどいっそう信じるからである。というのは、それらの時代からひき出されたそれらの事物を否定しうるような付随的な観念を、今はもたないからである。人間の法は、それとは反対に、それが新しいということから利益をひき出す。その新しさは、それを守らせようとする立法者の特別な、そして、現に働いている関心を知らせるものだからである。

第一一章　来世に関係する裁判所の格率をもって人間の裁判所を規定してはならないこと

キリスト教の修道僧により、内赦院①の観念をもととして、構成される異端審判所は、およそあらゆるよい公秩序に反している。それは、いたるところで、広汎な憤激の高まりに出あった。そして、もしそれを設立しようと欲した人々が、ほかならぬこの反対の動きから利益をひき出したなどということがなかったら、それはこの反対の前に屈服していたことだろう。

この裁判所は、いかなる政体においても、我慢のならないものである。君主制においては、それは密告者と裏切者しかつくり出しえず、共和国においては、不正直な人間しかつくり出しえない。専制国家においては、それは国家と同様に、破壊的である。②

第一二章　同じ主題の続き

この裁判所の悪弊の一つは次のようなものである。同じ罪で告発されたふたりのうち、罪を否認する者は死刑に処せられ、罪を告白する者は極刑を免れる。それは、罪を否認する者は悔悛《かいしゅん》の情なく劫罰に値するものとみえ、告白する者は悔悛しており救われた者と思われるという修道院的な観念からひき出されている。だが、このような区別は人間の裁判所にはあてはまりえない。人間の正義は行動しか判断せず、人間との間にただ一つの契約、すなわち、無罪の契約をもつのみであるが、神の正義は思想をも判断し、二つの契約、すなわち、無罪の契約と悔悛の契約をもっているのである。

① ローマ聖庁裁判所の一院で、良心問題、贖罪を扱う。
② 本章は、ローマ法王庁の検閲官が『法の精神』の中でもっとも強硬に削除を要求した部分である(『法の精神』のローマ法王庁による発禁処分については中公バックス版『世界の名著34』井上幸治「解説」五五ページ参照)。同じく異端審問を批判した第二五篇第一三章が、その批判の痛烈さにもかかわらず、なんらの修正も求められなかったのは、それが、あくまでも実際上の行き過ぎや誤りを批判しているにとどまっているのにたいし、本章が全面的削除を求められたのは、それが原則にかか

わっているからである。

第二八篇　フランスにおける市民法の起源と変遷

第三章　サリカ法と西ゴート法、ブルグンド法の間の枢要な差異

先に述べたように、[1]ブルグンド法、西ゴート法は公平であったが、サリカ法はそうではなかった。それはフランク人とローマ人の間にきわめてひどい差別をもうけている。もし、フランク人、野蛮人、あるいはサリカ法の下で生活している者を殺したならば、[2]その親族に二百スーの贖罪金を払った。ローマ人地主を殺した場合[3]には百スーしか払わず、ローマ人の従属民を殺した場合には、たった四十五スーしか払わなかった。国王の家士であるフランク人を殺した場合[4]の贖罪金は六百スーで、国王の陪食者であるローマ人[5]を殺した場合[6]のそれは三百スーにすぎなかった。このように、サリカ法はフランク人領主とローマ人領主の間に、またいやしい身分のフランク人とローマ人の間に、きびしい区別をおいていた。

それだけではない。もしフランク人をその家に襲うため人を集め、彼を殺したならば、[7]サリカ法は六百スーの贖罪金を命じている。だが、ローマ人が解放奴隷[8]を襲ったのなら、その半額の贖

罪金しか払わなかった。同じ法によれば、フランク人を鎖で縛ったローマ人は三十スーの贖罪金を払わねばならず、[9]ローマ人を鎖にかけたフランク人は十五スーの贖罪金で足りた。また、ローマ人に身ぐるみ剝がれたフランク人は六十二・五スーの贖罪金を受けとったのに、フランク人に身ぐるみ剝がれたローマ人は三十スーしか受けとらなかった。こういったことすべてはローマ人にとって耐えがたいものであったにちがいない。

ところがある高名な著述家[10]は、フランク人がローマ人の最良の友であったという前提のもとに、フランク人のガリア定着について一説をなしている。フランク人が、いったい、ローマ人の最良の友であったなどというのだろうか。ローマ人に恐るべき害をなし、またローマ人から恐るべき害を受けた彼らが[11]？ローマ人を武器をもって征服し、法をもって冷酷に抑圧したフランク人が、ローマ人の友であったのか？　あたかも中国を征服したタタール人が中国人の友であったように、彼らはローマ人の友であったことだろう。

若干のカトリック司教がアリウス派[2]の王を滅ぼすためにフランク人を利用しようとしたとしても、だからといって、彼らが野蛮な民族に支配されて生きようと望んだといえるだろうか。フランク人がローマ人に特別の好意をよせていたと結論できるだろうか。私はまさに別の結論をひき出すであろう。フランク人はローマ人を信用すればするほど、彼らを容赦しなかった。

だが、デュボス師は歴史家にとっては不適当な史料、詩人や弁説家に論拠を求めた。論説を立てるべき基礎は虚飾の書であってはならない。

第九章　どのようにして蛮民法典と勅法は失われたか

サリカ法、リブアリア法、ブルグンド法、西ゴート法は、フランス人の間でしだいに用いられなくなった。それは次のようにしてである。

封土が世襲となり、再施封が広まったので、これらの法律があてはまらない慣行が多数導入された。大部分の係争を賠償により解決するという、その精神はよく維持された。だが、貨幣価値が変動したことは疑いなく、それによって賠償の価値も変化した。そして多くの領主は定め書に、彼らの小さな裁判所で払われるべき賠償金の額を定め記していた。[12]こうして法の精神は守られたが、法そのものは守られなかった。

他方、フランスは無数の小所領に分割され、これら小所領は政治的従属関係よりもむしろ封建的従属関係を認めたので、ただ一つの法が承認されることはきわめて困難であった。事実、それを守らせることはできなかったであろう。特使[13]を派遣し、司法や政治を監視させるという習慣は、いまやほとんど失われていた。特許状によれば、新しい封土が設けられた場合、国王はその地に特使を送る権利を放棄してさえいるようである。こうしてほとんど全土が封土となったとき、この役人はもはや用いられえなかった。何人《なんぴと》も共通の法を守らせえないのだから、もはや共通の法は存在しなかった。

サリカ法、ブルグンド法、西ゴート法は、このようにして、第二王朝[3]の末期には極度に無視されていた。そして第三王朝の初めにはもはやほとんど口にもされなかった。

初めの二王朝の時代には国王はしばしば国民、すなわち領主と司教を集めた。まだコミューヌ[4]はまったく問題にならなかった。これらの会議で国王は、いわば征服者たちの庇護のもとに形成されつつあり、そして自己の特権を確立しつつあった一つの団体、すなわち僧族を規制しようと努めた。これらの会議でつくられた法律がわれわれの勅法と呼ぶものである。次の四つのことがらが生じた。封土法が確立し、教会財産の大部分が封土法に支配された。聖職者はいっそう分離し、改革の法律を無視した。[14]この改革の法律においては、彼らだけが改革者ではなかったのである。公会議の定めた教会法と法王の発した法王令が編纂された。[15]そして僧族はこれらの法をあたかもより清らかな源泉から出たものであるかのように受けとめた。大封土が設けられて以後、先に述べたように、国王はおのれから発した法を守らせるために地方に特使を送ることをしなかった。そこで、第三王朝においては勅法が口にされることはもはやなかった。

第一七章　われわれの祖先の考え方

われわれの祖先がこのように市民の名誉、財産、生命を、理性よりも偶然の領域に属することがらに依存させるのを見て、人々は驚くであろう。われわれの祖先は、なにも証明せず、無罪にも有罪にも結びつかぬ証拠をつねに用いていたのである。

かつて支配されたことのないゲルマン人は極度の独立を享受していた。[16]氏族は互いに殺人、盗み、侮辱を理由に戦った。[17]これらの戦いを規制することにより、人々はこの慣習を変えた。戦いは役人の面前でその命令により行なわれた。[18]それは互いに殺傷しあう全面的な放縦《ほうしょう》よりは望ましいものであった。

今日、トルコ人が内戦において最初の勝利を神の下した判決とみなすように、ゲルマン民族は、その私的係争において、決闘の帰趨《きすう》を、つねに犯罪者、簒奪者を罰するよう心くばられている神の摂理と受けとった。

タキトゥスの述べるところによると、ゲルマン人の間では、ある国民が他の国民と交戦しようと望むときには、その国民は自国民のひとりと闘いうるだれか捕虜を得ようと努め、そのふたりの決闘の帰趨により戦争の首尾を判断したという。単身の決闘が公共の係争を解決すると信じた民族なら、決闘がさらに私人間の係争をも解決しうると考えたのも当然であろう。

ブルグンド王ゴンドバルドはあらゆる国王のうちで、決闘の慣行をもっとも強く肯定した。[19]この王は自分の法律を自分の法律のなかで弁明し、次のように述べている。「それは余の臣下らが、もはやあいまいな事実について誓いをたてることなく、また、明らかな事実について偽りの誓いをなすことのないためである」。このように、聖職者たちが決闘を許す法を不敬と宣言したのにたいして、ブルグンド法は宣誓を定めた法を瀆聖《とくせい》とみなしたのである。[20]

決闘による証明は、ある程度、経験にもとづいた理由をもっていた。もっぱら好戦的な国民においては、臆病は他の悪徳を予想させる。それは彼が自分の受けた教育に抵抗したこと、名誉にたいする感受性をもたず、他の人間を支配している原理により導かれなかったことを証明している。それは、彼が他人の軽蔑をおそれず、他人の尊敬を重んじていないことを示している。生まれさえよければ、力に釣り合った腕前、勇気と一致した力を欠くことは、ふつうはないであろう。なぜならば、もし名誉を重んじるならば、それなくしては名誉を得られぬことどもに、生涯かけて精進するであろうから。そのうえ、力、勇気、武功が名誉とされる好戦的国民にあっては、真にいまわしい罪は狡猾、奸策、偽計から、つまり卑怯、卑劣から生じた罪である。

火による証明の場合には、被告人は熱した鉄の上、または煮たった湯のなかに手をおいたのちに、その手を袋で包みそれを封印した。三日後に火傷の跡が出てこなければ無実と宣告された。武器の取扱いに修練をつんだ国民においては、頑丈で厚い手の皮は三日たってもわかるほど焼けた鉄や熱湯の作用を受けるはずがないことは、だれにも明らかではないだろうか。そこで、もし火傷の跡が出てきたならば、それは試した者が柔弱であるというしるしであった。わが国の農民は、そのぶあつな手で、熱い鉄を意のままに扱う。また女性の場合にも働く女性の手はよく焼けた鉄に耐えた。貴婦人は自分を守ってくれる代理人にこと欠かなかった。[21] そして奢侈のまったく存在しない国民においては、中流の身分もほとんど存在しなかった。

テューリンゲン部族法によれば、[22] 姦通を告発された女性は、代理人の現われない場合にのみ熱湯による証明にかけられた。リブアリア部族法は、[23] 自分の無実を証明する証人の見つからぬ場合にしか、この立証を認めていない。だが、その親族のだれひとりもが守ってやろうとしない女や、おのれの潔白の証言をなに一つもちだせぬ男は、そのこと自体ですでに有罪と認定された。

そこで私は次のように言いたい。決闘による立証、焼けた鉄、煮たった湯による立証が行なわれていた時代の環境では、これらの法は習俗ときわめてよく一致していたので、これらの法はそれが不正であるわりには、それほど不正を生まなかった。結果は原因よりも罪がなかった。それは衡平の権利を犯すというよりも、衡平の感情をそこなうものであった。それは乱暴であるというよりも、不合理であった。

第二五章　決闘による裁判の慣行に加えられた限界

ささいな民事事件について決闘の保証が供託された場合には、領主は両当事者にそれをとり下げさせた。

もしある事実が公衆の知るところであれば、たとえば男が市場のまっただ中で殺されたとすれば、その場合には証人による立証も決闘による立証も命じなかった[24]。裁判官は周知であるところに従って判決を下した。

領主裁判所でしばしば同じような判決が下され、慣行が知られている場合には[25]、領主はその慣習が決闘のさまざまの成りゆきにより変えられることのないよう、両当事者にたいし決闘を拒んだ。

決闘は自分のためか、自分の血縁のだれかのためか、自分の専属領主のためにしか求めることができなかった。[26]

被告人がひとたび許された場合には、いまひとり別の親族が決闘を求めることはできなかった。[27]さもなければ、事件は結着しないであろう。

もし、親族がその死を復讐しようとしているその当人が戻ってくるようなことがあれば、もはや決闘は問題とならなかった。明白に現場不在が認められ、その事実が不可能と認められた場合も同じであった。[28]

もし殺された者が死ぬ前に告発された者を無実とし、他の者の名をあげた場合には、けっして決闘は行なわれなかった。[29]だが、もしだれの名もあげなければ、彼の言明は臨終において相手を許したものとしかみなされず、追及は続けられた。そして、貴族の間では戦闘を行なうことさえできた。

戦闘が行なわれているとき、親族のひとりが決闘の保証を与え、または受けとった場合には、戦闘の権利は消滅した。当事者が通常の裁判の過程に従おうと望んでいるものと考えられた。そして、戦闘を続ける者があれば、損害を賠償するよう判決が下されるはずであった。

このように決闘裁判の慣行は全面的な争いを個別的な争いに変え、法廷に力を返し、もはや万民法によってのみ支配されている人々を市民状態に連れ戻すという利点をもっていた。

きわめて愚かしいやり方で行なわれながら賢明なことがらが無数にあるように、きわめて賢いやり方でなされる愚行もあるものだ。

ある犯罪のかどにより決闘を請求された者が、その犯罪を行なった者が請求者自身にほかならないことを明瞭に示した場合には、決闘の保証は消滅する。[30] なぜならば、確実な刑罰よりも結果の疑わしい決闘を選ばぬ犯罪者はいないからである。

仲裁人によって、あるいは教会裁判所によって裁定される事件については、決闘はなかった。[31] それが妻の後家分財産[5]にかんする場合にも、決闘は行なわれなかった。

「女性は闘うことができない」とボーマノワールは言っている。もし女性が自分の代理人を指名することなく、だれかに決闘を請求しても、決闘の保証が受けとられることはけっしてなかった。さらには決闘を請求するためには、女性は、彼女のバロン、つまり夫の認可を得ていることが必要であった。[32] だが、この認可なく彼女は決闘を請求されることはありえた。

請求者か被請求者が十五歳以下の場合には、決闘は行なわれなかった。[33] しかしながら、被後見人の事件の場合、後見人あるいは財産管理者がこの審理方式の危険をおかすことを望むならば、それを命ずることができた。

私の見るところ、農奴に決闘が許されたのは次の場合のようである。農奴は他の農奴と闘った。もし、彼が請求されたのであれば、自由人と、そして貴族とさえ闘った。だが、もし彼が請求したのであれば、請求された者は、決闘を拒むことができた。[34] そして、その農奴の領主は彼を法廷からひき出す権限さえもっていた。農奴は、領主の特許状により、[35] あるいは慣行により、あらゆる自由人と闘うことができる場合もあった。そして教会は、教会にたいする尊敬のしるしとして、自分の農奴にたいしてほかならぬこの権利を認めるよう主張した。[36]

第四一章　教会裁判権と世俗裁判権の盛衰

市民的権力は無数の領主の手中にあったから、教会裁判権にとって、日々、より広い領域をわがものにしていくことはいともたやすいことであった。だが、教会裁判権は領主裁判権の力を奪い、そのことによって国王裁判権に力を与えるのに貢献したから、国王裁判権は徐々に教会裁判権を制約し、後者は前者の前に後退した。高等法院は、かつて僧族の法廷の審理方式から、すぐれた点や有益な点のすべてを自己の審理方式にとりいれたのであるが、ほどなくその悪弊しか見ようとしなくなった。そして国王裁判権は日々に強化されたから、つねによりいっそうこれらの悪弊を矯正できる立場に立った。じっさい、それらの悪弊は寛恕しがたいものであった。そして、それらを数えあげることはせず、私は、ボーマノワール、ブーティリエの書、わが諸代の国王の王令を参照されるよう求めよう。[37]私は、より直接に公共の運命に関係したものについてのみ語るとしよう。われわれは、それらの悪弊を、それを改革した命令によって知っている。厚い暗黒の無知がそれら悪弊をもたらした。一種の光明が現われた。そしてそれら悪弊はもはや存在しなかった。聖職者の沈黙からして、聖職者自身、先んじて矯正を行なったと判断しうるが、それは、人間精神の本性から見て、賞讃に値することである。財産の一部を教会に与えることなく死んだ者、それは告解なしで死ぬといわれたのだが、それらの者はすべて聖体拝領と埋葬を拒まれた。

もし、ある者が遺言を残さずに死んだ場合には、親族は、司教から同意を得て、双方の合意のうえで仲裁人を指名し、故人が遺言を書いたとしたら与えたはずのものを確定しなければならなかった。婚姻の第一夜、また続く二夜も、その許可を買わなければいっしょに寝ることができなかった。まさにこの三夜こそ僧侶にとって選ぶべき夜だった。他の夜にならたくさんの金を払うことなどしなかったであろうから。高等法院は、これらすべてを正した。ラゴー（十六世紀フランスの法律家）の『フランス法語彙解』[38]に高等法院がアミアンの司教にたいして下した判決[39]が見られる。

本章の初めに戻ろう。一世紀のうち、あるいは一治世のうちに、国家の諸団体がおのおの権威を増大し、次々となんらかの優位を得ようと努めるのを見るとき、もし、それら諸団体の行なっているくわだてを、それらの腐敗のしるしとみなすならば、しばしば誤るであろう。人間の条件に結びついた不幸ゆえに、中庸を得た偉大な人間はまれである。そして、つねにその力に従うほうが力を抑えるよりも容易であるから、おそらく上流人士の階級のなかには、極度に賢明な人々よりも、極度に勇敢な人々のほうがたやすく見いだせるであろう。

魂は他の魂を支配することに多大の快感を味わう。善を愛する人々といえども、おのれをきわめて強く愛しているから、自己のよき意図に疑いを抱くことのあろうほどに不幸な者はひとりもいない。そして、じっさい、われわれの行動はきわめて多くのことがらにかかわりをもつから、善を行なうことは、それをよく行なうことよりも千倍もやさしいのだ。

第四三章　同じ主題の続き⑥

このように、ある一つの法律が領主に自分たちの法廷を開くことを禁じたのではけっしてなかった。ある一つの法律が彼らの同輩《ペール》がそこでもっていた役割を廃したのではなかった。代官《バイィ》の創設を命じた法律などというものは存在しなかった。彼らが裁判権をもったのは一つの法律によってではなかった。これらすべては、徐々に事態の力によってなされた。ローマ法についての知識、最高法院の判決や新しく成文化された慣習法典にかんする知識は、貴族や文字を読めぬ人民にはまったく不可能な研究を必要とした。

この問題にかんしてわれわれのもっている唯一の王令は、領主に代官《バイィ》を俗人身分から選ぶよう義務づけたものである㊵。それが代官《バイィ》の創設の法律とみなされてきたのはまったくゆえのないことである。それはそれが言っていることしか言っていない。そのうえ、それは、その規定しているところのことを、それに与えた理由によって明確にしている。「代官《バイィ》が俗人身分から採用されねばならぬのは、彼らの職務違反を罰しうるがためである㊶」と述べられているのである。この時代の聖職者の特権は周知のところである。

領主がかつて享有していた、そして今日はもはや享有していない諸権利が、彼らから横領物としてとり上げられたのだと考えてはならない。これらの権利の多くは放っておかれたために失われた。そして他のものは、幾世紀もの間にさまざまな変化がもたらされ、それらの変化とともに存続しえなかったので放棄されたのである。

第四五章　フランスの慣習法について

先に述べたように、フランスは成文化されていない慣習法により治められていた。そして個々の荘園の特有の慣行が市民法を構成していた。ボーマノワールの述べているように、各荘園はその市民法をもっていた。[42]そしてそれは各荘園にきわめて特有な法であったので、この著者——彼こそこの時代を照らす光、それも偉大なる光というべきであるが——は、王国全体にわたって、あらゆる点にわたって同じ法律により統治されている荘園が二つあろうとは考えられないと述べている。

この驚くべき多様性は第一の起源をもち、また第二の起源をもっていた。第一の起源については、先に私が地域慣習法の章[43]で述べたことが想起されよう。また第二の起源については、それは決闘裁判のさまざまな成りゆきのなかに見いだされる。たえず偶然的な判例は、自然、新しい慣行を導き入れざるをえないはずだからである。

これらの慣習法は老人の記憶のなかに保存されていた。だが、しだいに法律や成文化された慣習が形成されるようになった。

一、第三王朝の初期に国王は個別の特許状を与え、また、先に説明したような仕方で、一般的な特許状をも与えた。[44]フィリップ・オーギュストの布告や、聖ルイの発した布告がそれである。

同じく、国王の家士の主な者は、彼らに依存する領主たちとの了解のうえで、彼らの公爵領や伯爵領の大法廷で状況に応じていくつかの特許状や布告を与えた。ブルターニュ伯ジョフロワ（一一五八～八六）の貴族の財産分割にかんする大法廷判決、ラウール公（？～九三六）の与えたノルマンディーの慣習法、ティボー王（一二〇一～五三）の与えたシャンパーニュの慣習法、モンフォール伯シモン（一一六五～一二一八）の法律その他がその例である。このことは、成文化された、また当時の人々のもっていたものよりもより一般的な、いくつかの法律を生み出した。

二、第三王朝の初期には下層民のほとんどすべてが農奴であった。いくつかの理由によって国王と領主は彼らを解放することを余儀なくされた。

領主は農奴を解放し財産を与えた。これらの財産の処分を規定するために市民法を与えねばならなかった。他方、領主は農奴を解放することによっておのれの財産を失った。そこで、領主がその財産の対価として留保した権利を規定する必要があった。これら二つのことがらのいずれもが解放状により規定された。これらの解放状がわが国の慣習法の一部を形づくることとなり、そしてこの部分は文書に記されていた。

三、聖王ルイ（ルイ九世。在位一二二六～七〇）の治世とそれに続く時代に、デフォンテーヌ、ボーマノワールなど有能な実務家が、彼らの国王代官裁判所管区《バイヤージュ》の慣習法を成文化し編纂した。彼らの目的は、彼らの時代の財産処分の慣行を示すというよりは、むしろ裁判のさいの実際例を示すことにあった。だが、そこにはすべてが示されている。そして、これら著者のひとりひとりは、彼らの語ったことがらの真実性と明瞭性によってのみ権威を得たのであるが、それにもかかわらず、彼らがわがフランス法の再生に多大の貢献をなしたことは疑うことができない。この時代のわが成文慣習法はこのようであった。

そして偉大な時期が来た。シャルル七世とその後継者は、全王国にわたって、さまざまの地域慣習法を成文化し編纂させ、その編纂にあたって遵守すべき手続きを規定した。ところが、この編纂は州ごとに行なわれ、各荘園から州の総会に各地の成文、非成文の慣行を提出したので、人々は、個々の利害は留保したうえで、それら利害をそこなうことなく、なしうるかぎりにおいて、これら慣習法をより普遍的なものにしようと努めた。[45] こうしてわが国の慣習法は三つの特徴をもった。それは書かれていた。それはより普遍的であった。それは王権の印璽《いんじ》を受けた。

これら慣習法の多くはいま一度編纂しなおされたから、そのさい、現行の判例と両立しがたいものを除き、あるいはこの判例からひき出された多くのものを加えることによって、多くの変更がなされた。

われわれの間では、慣習法はローマ法となにか対立するものを含み、この二つの法が国土を二分しているように見られているが、しかしながら、多くのローマ法の規定がわが慣習法のなかにもはいっているというのが事実である。とりわけ、その新規の編纂が、われわれの時代からはるかにへだたってはいない時代に行なわれた場合にはそうであって、この時代にはローマ法は文官職をめざす人々すべての知識の対象であった。この時代には知っているべきことを知らず、知らざるべきことを知っていることを誇りとせず、才能ある精神はおのれの職業をひけらかすよりもそれを学ぶのに役立ち、たえまない娯《たの》しみは、また婦人の属性ではなかった。

この篇の終わりでは、私はさらに論を広げるべきであったろう。よりくわしく細部にわたって、上訴の開始以来、わがフランスの法制の巨体を形成してきた知覚しがたいほどの変化のすべてを追うべきでもあったろう。だが、そうすれば、私は巨大な著作のなかにさらに巨大な著作をおくことになったであろう。私は、国を出、エジプトに着き、ピラミッドを一瞥《いちべつ》してひき返したという好古家(46)のようなものである。

(1) 本篇第一章。
(2) 『サリカ法典』四四・一。
(3) 〈自分のとどまっているパグスに自己の所有物を有する者〉前掲書四四・一五、また同・七参照。
(4) 〈王の従士たる者〉前掲書四四・四。
(5) ローマ人の要人たちは宮廷に結びついていた。そのことは、そこで育った多くの司教の生涯によって知られる。書くことを知っている者は、ローマ人を除いてほとんどいなかった。
(6) 〈ローマ人が国王の陪食者であった場合〉前掲書四四・六。
(7) 『サリカ法典』四五。

(8) 〈リドゥス（半自由民）〉。その地位は農奴の地位よりはよかった。『アラマン法』九五参照。
(9) 『サリカ法典』三五・三、同・四。
(10) デュボス師(1)。
(11) 証拠として、グレゴワール・ド・トゥール『フランク族の歴史』第二篇に書かれているアルボガスト（?～三九四。ローマ皇帝に仕えたフランク人の将軍）の遠征。
(12) ド・ラ・トマシエール氏が、そのいくつかを収録している（『ベリーとロリスの新旧慣習法』）。たとえば第六一、六六章その他参照。
(13) 国王巡察使 Missi dominici。
(14) シャルル禿頭王は八四四年の勅法第八条で次のように述べている。「司教が、教会法を制定する権威をもっているとの口実のもとに、この基本法に反対せず、また、それを無視せざることを」。彼はすでにその失効を予見していたようである。
(15) 教会法の法規集に無数の法王令が挿入された。それは古い法規集にはきわめて少なかった。ディオニュシウス・エクシグウスが、その編集した法規集に多くを加えた。だが、わけても、イシドール・メルカトールの法規集は真偽とりまぜた法王令にみたされた。古い法規集は、フランスでは、シャルルマーニュの時代まで用いられていた。この君主は法王ハドリアヌス一世の手からディオニュシウス・エクシグウスの法規集を受けとり、それをフランクの教会に継受させた。イシドール・メルカトールの法規集は、フランスには、シャルルマーニュの治世のころ現われた。人々はそれに夢中となった。次にいわゆる『教会法大全』がつくられた。
(16) それはタキトゥスの言うところにより明らかである。

〈すべての者に同一の外観が〉(『ゲルマン人の習俗について』四)。
⒄ ウェレイウス・パテルクルス(『ローマ史』)二・一一八は、ゲルマン人はすべての事件を闘いによって決すると述べている。
⒅ 蛮民法典参照。また、より新しい時代にかんしては、ボーマノワール『ボーヴェジの慣習法』参照。
⒆ 『ブルグンド法典』四五。
⒇ 『アゴバルド著作集』参照。
(21) ボーマノワール前掲書第四一章参照。また、『アングル法典』一四参照。そこでは熱湯による証明は補助的でしかない。
(22) 『テューリンゲン法典』一四。
(23) 『リブアリア法典』三一・五。
(24) ボーマノワール前掲書第六一章三〇八ページ、第六三章二三九ページ。
(25) 前掲書第六一章三一四ページ。また、デフォンテーヌ(正しくはピエール・ド・フォンテーヌ。十三世紀の法律家)(『友への助言』)第二二章第二四項をも参照。
(26) 前掲書第六三章三二二ページ。
(27) 前掲書同ページ。
(28) 前掲書同ページ。
(29) 前掲書三二三ページ。
(30) 前掲書第六三章三二四ページ。
(31) 前掲書三二五ページ。

(32) 前掲書同ページ。
(33) 前掲書三二三ページ。また私が第一八篇(第二六章)で述べたことを参照。
(34) 前掲書第四三章三二二ページ。
(35) デフォンテーヌ(『友への助言』)第二二章七項。
(36) 〈戦い、証言をする能力を有す〉。ルイ肥満王の一一一八年の特許状。
(37) ブーティリエ『農村全書』第九篇「いかなる人々が世俗裁判所において請求をなしえないか」、また、ボーマノワール(前掲書)第一一章五六ページ、また、この件についてのフィリップ・オーギュストの裁決、および僧侶、国王、バロン間の権限を定めたフィリップ・オーギュストの布令参照。
(38) 「遺言執行人」の項。
(39) 一四〇九年三月一九日の判決。
(40) 一二八七年の王命。
(41) 〈もしそこで彼らが誤りを犯した場合、彼らの支配者が彼ら自身を処罰しうるように〉。
(42) 『ボーヴェジの慣習法』序言。
(43) 第一二章(7)。
(44) ロリエール『王令集』参照。
(45) それはベリーとパリの慣習法編纂のさいに行なわれたことである。ラ・トマシエール(『ベリーとロリスの新旧慣習法』)第三章参照。
(46) イギリスの新聞『スペクテーター』から。
(1) 一六七〇~一七四二。文芸美術批評家、歴史家。ここで問題とされているのは、『ガリアにおけるフランス王制成立の批判的歴史』(一七三四年)であるが、モンテスキューの批判の歴史的背景については、三一八ページ注(1)を参照されたい。

(2) 古代キリスト教の異端派。ニカエア宗教会議(三二五年)で異端とされ、ローマ帝国を追われてのち、東西ゴート、ヴァンダルなどのゲルマン諸部族にひろがり、その帰依を得た。

(3) カロリング王朝(七五一〜九八七)のこと。なお、第一王朝はメロヴィング王朝(四四八〜七五一)、第三王朝はカペ王朝(九八七〜一三二八)とその血統を引くヴァロワ王朝(一三二八〜一五八九)およびブルボン王朝(一五八九〜一七九二)。

(4) 中世の自治都市。さらにその市民、ひいては平民(第三身分)全体を意味し、また、とくに三部会へのその代表を指して用いられる。

(5) 夫が妻に夫の死後の生活の保証のため、あらかじめ譲渡する財産。

(6) 前章は「ローマ法の復興とその結果。裁判所における変化」と題され、十二世紀に始まるローマ法の復興と、その結果として、慣習法にもとづく当事者と同等身分の者(ペール)による裁判が衰え、専門知識・能力をもった職業的裁判官である代官(バイイ)による裁判が一般化したことを述べている。

(7) 「地方的慣習法について。蛮民法とローマ法の変遷」と題され、属人的な蛮民法とローマ法に代わって、一地域の全住民に共通の属地的な慣習法が形成される過程を述べている。

第三〇篇　君主制の成立との関係におけるフランク族における封建法の理論

第一章　封建法について

もし、かつて一度この世界に到来したことがあり、おそらく今後けっして到来することのない一つの事件を黙過するならば、また、それまで知られていた法となんの関係もなく、あるとき全ヨーロッパにわたって出現するのが見られたあの法について語らないとすれば、私は自分の著作に欠けるところがあると考えるだろう。その法は無数の善と悪を行なった。それは、人が領地を譲渡した場合にも権利を残した。同じ物、同じ人間についてのさまざまな種類の領主権を複数の人間に与えることによって、領主権全体の重さを減らした。あまりに広がりすぎた帝国のなかにさまざまの境界をおいた。無秩序への傾斜をもった規律、秩序と調和への傾向をもった無秩序を生んだ。

それは特別の著作を必要とするであろう。だが、本書の性格からして、読者は、ここにこれらの法律の詳論というよりも、むしろ概観を見いだすであろう。

封建法の姿はうるわしい眺めである。年老いた樫《かし》の木がそびえている。[1] 眼は遠くからはその葉の繁みを見る。近づくとその枝や幹を見る。だが、その根はけっして認めることはない。それを見いだすには大地を穿《うが》たねばならない。

第二章　封建法の源泉について

ローマ帝国を征服した諸民族はゲルマニアから出てきたのであった。彼らの習俗を記した古代の著述家はほとんどいないけれども、われわれは、ふたりのきわめて権威ある著述家をもっている。カエサルは、ゲルマン人と戦争を行ない、ゲルマン人の習俗を記述した。[2] そして、この習俗をもとに、彼はその戦術のいくつかをとりきめたのである。[3] この問題にかんするカエサルの数ページは、数巻の書に匹敵する。

タキトゥスは、ゲルマン人の習俗についてとくに一書を書いている。この著作は短い。だが、それはタキトゥスの著作である。彼はすべてを理解したがゆえに、すべてを要約した。

これらふたりの著者の述べているところは、われわれのもっている蛮民法典ときわめてよく一致しているので、カエサルとタキトゥスを読むと、いたるところにこれらの法典が見うけられ、これらの法典を読むと、いたるところにカエサルとタキトゥスが見られるのである。

封建法を研究するうちに、たとえもし何本もの道や回り道の錯綜する暗い迷路にはいりこむことがあろうとも、私は糸の端をつかんでおり、歩むことができると信じる。

第一〇章　隷従制について

ブルグンド族の法律に、この民族がガリアに定着したときには、彼らは土地の三分の二と農奴の三分の一を受けとると記されている。[4] したがって、ガリアのこの部分では、土地に緊縛された隷従制がブルグンド族の侵入以前に成立していた。[5]

ブルグンド族の法律は、二つの国民を規制するものであったが、明白にそのいずれについても、貴族、自由人、農奴を区別している。[6] したがって隷従制はけっしてローマ人に固有のものではなく、また、自由と貴族身分も野蛮人に固有のものではなかった。

この同じ法律は、もしブルグンド人の解放奴隷が一定額を主人に支払わず、また、ローマ人から三分の一の分け前を受けとらなければ、彼は依然として主人の一家に属するものとみなされると述べている。[7] したがって、ローマ人の土地所有者は、他人の家族の手中にいないから自由であった。彼のもつ三分の一の分け前は自由のしるしであったから、彼は自由であった。

ローマ人が、フランク人のもとにおいても、他のガリアの征服者たちのもとにおけると同じように、隷従状態において生活していたのではないことを理解するには、サリカ法とリブアリア法を開くだけでよい。

ブランヴィリエ（一六五八〜一七二二）伯爵は、その学説の枢要の点で失敗している。彼は、フランク人がローマ人を一種の隷従状態におく一般的な規則を制定したということをけっして証明していない。

彼の著作はなんの技巧もなく書かれ、彼はそこで彼の出身である古い貴族階級のあの単純、率直、素朴さをもって語っているから、だれでも彼の言っているすぐれたこと、彼の陥っている誤りを判断することができる。それゆえ、私は彼を検討することはしない。ただ、彼は知力よりも精神を、知識よりも知力をもっていたとのみいおう。そのうえこの知識は、けっしてあなどるべきものではなかった。わが国の歴史、わが国の法律について、彼は重要なことがらはきわめてよく知っていた。

ブランヴィリエ伯爵とデュボス師は、おのおの一つの説を立てた。その一つは第三身分にたいする陰謀であり、他の一つは貴族身分にたいする陰謀であるように思われる。[1] 太陽がファエトンにその戦車を貸し与え操らせたとき、彼は次のように言った。「あまり高く登ると天空の宮居を焼く。あまり低く降りれば大地を灰と化してしまう。あまり右に行きすぎてはならない。さもないと蛇座のなかに落ちてしまう。あまりに左に行きすぎてはならない。さもないと祭壇座のなかにはいってしまう。二つの間におのれを保て[8]」

第一三章　フランク王制におけるローマ人とガリア人の租税はどうであったか

征服されたローマ人とガリア人が、皇帝のもとで支払わされていた租税を、ひき続き払っていたかどうかを検討することもできよう。だが、早く先に進むために、彼らは最初はそれを払ったが、ほどなく免除され、この貢租は軍役務に変えられたというだけにとどめよう。そして、正直なところ、当初、苛斂誅求《かれんちゅうきゅう》の友であったフランク人が、どうして突然、それから遠くへだたったように見えるのか、私にはほとんど理解できない。

ルイ柔和王の勅法は、[9] フランク王制において自由人のおかれていた状態をわれわれにきわめてよく説明してくれる。ゴート人あるいはイベリア人の群がいくつかモール人の抑圧を逃れ、ルイの土地に迎えられた。[10] 彼らとの間にとりきめられた協約は、他の自由人と同じように、彼らの伯《コムト》とともに戦いにおもむくこと、行軍のさいは、同じ伯の命令のもとに見張りと哨戒を行なうこと、[11] 国王の使者および国王の宮廷から出立しまたは国王の宮廷に向かう使節にたいし、その輸送のために馬と車輛を提供すること、[12] 以上のほかに他の貢租を支払うべく強制されることはないこと、そして他の自由人と同様に扱われることを定めている。

これは、第二王朝の初期に導入された新しい慣行であったとはいえない。それは、少なくとも第一王朝の中期か末期に属していたにちがいないのである。八六四年の勅法は、自由人が軍役務に従事することと、そのうえに、今われわれの述べた馬と車を提供することは、古い慣習であると明言している。[13] これらの負担は自由人に特有のもので、のちに私の示すように、封土の所有者はそれを免除されていた。

これだけではない。自由人に貢租を課すことをほとんど許さないような規定があったのである。[14] 四つのマノワール[15]をもつ者は、つねに従軍せねばならなかった。三つしかもたぬ者は、一つしかもたぬ自由人と結びつけられ、後者は費用の四分の一を払って家にとどまった。同様に、おのおの二つのマノワールをもつふたりの自由人を結びつけた。ふたりのうち、従軍する者は、とどまる者から費用の二分の一を支払われた。

さらに次のことがある。われわれは、自由人の所有する土地または地域に封土の特権を与える特許状を無数にもっている。この特許状についてはのちに大いに語るつもりである。[16] これらの土地は、伯《コムト》やその他の国王役人が要求するいっさいの負担を免除される。そして、とりわけすべての負担が列挙されているのだが、貢租はまったく問題にされていないから、それが徴収されていなかったことは明瞭である。

ローマ時代の苛酷な徴税がフランク王制期にひとりでに消滅してしまったのは当然であった。それはきわめて複雑な技術で、これら単純な人々は思いも及ばず、考案することもありえないものであった。もし、タタール人が今日ヨーロッパに侵入してきたとしたら、彼らにわれわれの間にいる徴税請負人とはいったいなんであるかをわからせるのは大仕事であろう。『ルイ柔和王伝』の未詳の著者は、[17] シャルルマーニュがアキテーヌに配置した伯《コムト》やその他のフランク国民の役人について述べ、シャルルマーニュは彼らに国境防衛を命じ、軍事権を与え、さらに王冠に属する所領の監察を任務としたと述べている。このことは第二王朝の君主の収入の状態を示すものである。君主は直轄領を保持し、それを奴隷に耕作させた。しかし、皇帝の時代に自由人の財産、人格にたいして徴収されていた賦役、人頭税その他の租税は、国境守備または従軍の義務に変えられた。

また同じ伝記に次のようなことが書かれている。[18] ルイ柔和王は父に会いにドイツに行った。父親は彼に王である彼がいったいどうしてそんなに貧乏でありうるのかとたずねた。ルイは答えて、自分は名前の上で王であるにすぎず、領主たちが彼の所領のほとんどすべてを保有しているのだと言った。シャルルマーニュは、もし彼が不用意にも与えてしまったものを自分でとり戻せば、この若い君主が領主らの愛着を失うことになりはしまいかとおそれ、事態をたてなおすために特使を派遣した。

司教たちがシャルル禿頭王の弟ルイに手紙で次のように言った。[19]「聖職者の家々をたえず旅してまわることを余儀なくされ、彼らの農奴を輸送のために疲弊させてしまうことのないよう、自分の土地に配慮されたい。生活し、使節を迎えるための糧がもてるようにしていただきたい」。当時、国王の収入がその所領から成り立っていたことは明瞭である。[20]

第二〇章　以来、領主裁判と呼ばれているものについて

殺人、過失、中傷にたいして親族に払わねばならぬ贖罪金のほかに、さらに蛮民法典が和解金《フレドゥム》と呼んでいるある額の税を払わなければならなかった。[21] これについては多くを述べることになるが、まず、その概念を与えるために、それは、復讐の権利にたいし保護を与えた代償であるといっておこう。今日でもなおスウェーデン語でフレドとは平和の意味である。

これら乱暴な国民のもとでは、判決を下すことは、侮辱を受けた者の復讐にたいし、侮辱を与えた者に保護を与え、前者にはしかるべき満足を受けとることを強制することにほかならない。そこで、ゲルマン人においては、他のすべての民族とは異なって、裁判は、犯罪者を彼が侮辱した者から保護するために行なわれた。

蛮民法典は、われわれに、この和解金《フレドウム》が徴収されるべき場合を教えている。近親者が復讐をなしえない場合には法典は和解金《フレドウム》の支払いを規定していない。復讐のないところには、復讐からの保護もありえなかったからである。そこで、ランゴバルド族の法律では、ある者が過失から自由人を殺したとすると、その者は死んだ男の代価は払ったが和解金《フレドウム》は払わなかった。[22] 過失によって殺したのだから、近親者が復讐の権利をもつ事例ではなかったからである。また、リブアリア族の法律では、ある人間が棍棒やその他の人間の手により作られた物で殺されたときには、その物体や棒が有罪とみなされ、近親者はそれを自分たちが使うために取るが、和解金《フレドウム》を徴収することはできなかった。[23]

同様に、家畜が人間を殺した場合、この法律は和解金《フレドウム》なしの贖罪金を定めている。[24] 死者の近親者が侮辱をこうむったわけではないからである。

最後にサリカ法によれば、十二歳未満の子供が罪を犯した場合には、和解金《フレドウム》なしの贖罪金を払った。[25] 彼はまだ武器を取ることができないのだから、傷つけられた側、あるいはその近親者が報復を求めることのできる事例ではなかったのである。

和解金《フレドゥム》を払うのは犯罪者であって、彼は、自分の犯した違法行為により失ったところの、そして、保護によりとり戻しえたところの平和と安全にたいして、それを支払うのである。だが、子供はこの安全を失うことはけっしてない。彼は成人ではなく、したがって成人の社会から排除されることもありえなかった。

この和解金《フレドゥム》は、その領地で裁判を行なう者の有する属地的な権利であった。[26] リブアリア族の法律は、しかしながら、裁判者がみずからそれを徴収することは禁じていた。[27] その法律は、勝訴した側がそれを受けとり、法律の文言によれば、リブアリア人の間の平和が永遠たらんがために、それを公庫に納めるようにと要望している。

和解金《フレドゥム》の額は保護の大きさに比例した。[28] したがって国王が与える保護にたいする和解金《フレドゥム》は、伯《コムト》やその他の裁判者が与える保護にたいして与えられた和解金《フレドゥム》よりも高かった。

ここに、すでに領主裁判は生まれている。無数の史料の示すように、封土はいくつもの広大な領地を包含していた。先に証明したように、王たちは、フランク人の分け前に属す土地からはなにも徴収しなかった。封土にたいする権利を留保することは、なおのことできなかった。封土を得た者は、この点にかんしては、もっとも広汎な用益権をもった。彼らはそれからあらゆる収益、あらゆる利得をひき出した。そしてそれら収入のうち、最重要なものの一つがフランク人の慣習により受けとる裁判収益〔和解金《フレドゥム》〕であったから、[29] その結果、封土をもつ者は裁判権をももつこととなった。この裁判権は、近親者の贖罪金と領主の収入のためにのみ行使された。それは、法定の贖罪金を払わせる権利、そして、法定の罰金を徴収する権利以外のなにものでもなかった。

御家人または従臣に封土を、[30] あるいは教会に封土の特権を、[31] 安堵しまたは永代給与するための文例から、封土がこの権利を有していたことがわかる。そのことは、さらに、国王の裁判官や役人にたいし、領地内に立ち入っていかなる裁判行為を行なうことも、また、いかなる裁判報酬を徴収することも禁止する条項を含む無数の特許状によっても明らかである。[32] 国王裁判官は、ある地域でなにも徴収できなくなると、その地域へははいって来なくなった。そして、その地域の支配者たちが、国王裁判官の行なっていたことを行なった。

国王裁判官は訴訟当事者に保証金を出させ出頭するよう強制することを禁止されている。したがって、それを徴収する権利は領地を受けとった者のものであった。国王の特使は、もはや宿舎を要求することができなかった。事実、彼らはもはやなんの権能ももっていなかったのである。

裁判権は、したがって、新・旧いずれの封土においても、封土そのものに固有の権利、封土の一部を形づくっている収益的な権利であった。まさにそのために、どの時代にも、裁判権はこのようなものとみなされてきたのであり、そこからして、裁判権はフランスでは家産的であるという原則が生まれた。

ある人々は、裁判権は国王と領主が彼らの農奴について行なった解放に起源を発すると信じた。だが、ゲルマン民族とその後裔の民族だけが奴隷を解放した民族ではないのに、彼らだけが家産的な裁判権を確立した民族である。他方、マルクルフス（七世紀のパリの修道僧）の収録した文例は、初期には自由人もこの裁判権に従属していたことを示している。[33] したがって農奴は彼らが領地内に居住していたがために裁判権が及んだのであり、封土に包含されていたからといって封土に起源を与えたのではなかった。

他の人々は、もっと短い論法を選んだ。領主が裁判権を簒奪したのだと彼らは言った。そして、それだけで万事こと足れりというのだ。だがこの地上で、いまだかつて、君主の権利を簒奪したのは、ゲルマニアの血をひく民族のほかにはなかったと言うのだろうか。歴史はわれわれに他の民族もその主君に反逆を行なったことを十分教えている。だがそれら他の民族については、いわゆる領主裁判権が生まれるのは見られない。したがって、ゲルマン人の慣行、習慣の深みにこそ、その起源はさぐられねばならない。

領主が彼らのさまざまな裁判権を作りあげ簒奪するのに用いた方法をどのようなものとロワゾー（一五六六～一六二七。法学者）が想定しているかは、彼の書[34]に見ていただきたい。彼らはこの世でもっとも洗練された人間であって、戦士が略奪するようにではなく、村の裁判官と代訴人が互いの間で盗みあうように盗んだのでなければなるまい。また、これらの戦士は、王国の個々の州のすべてにおいて、さらに、多くの王国において、一つの共通普遍の政策体系をこしらえあげたといわなければなるまい。ロワゾーは、彼自身が自分の書斎で推論するように、彼らにも推論させているのだ。

いま一度次のことを言いたい。もし裁判権が封土の付随物でないのなら、なにゆえ封土の奉仕義務が宮廷においてまた戦闘において国王や領主に仕えることであるということが、いたるところで見られるのか。[35]

第二三章　ガリアにおけるフランス王制成立にかんするデュボス師の著書の大意

本篇を終えるに先立って、デュボス師の著作を若干検討しておくのが適当であろう。私の考えは師の考えとつねに反対であり、もし、師が真理を発見したのであれば、私はそれを発見しなかったことになるからである。

この著作は多くの人々をひきつけたが、その理由は次のことにある。それは多大の技巧をもって書かれている。そこではつねに疑問なことがらを前提としている。証拠が欠けていればいるほど、著者は蓋然的事実の数を増している。無数の推測が原則としておかれ、そこから帰結として他の推測がひき出される。こうして読者は疑っていたことを忘れ、信じはじめる。そして、とめどない考証が体系のなかにではなく、体系の脇におかれているので、人々は添え物に気をそらされ、体系には関心をもたなくなる。そのうえ、かくも莫大な研究を読めば、なにも見つからなかったなどと考えることはできなくなる。旅の長さが、やっと着いたと信じこませる。

だがよく検討してみると、粘土の足をもった巨像が見つかる。そして、その像が巨大なのは足が粘土だからなのだ。もしデュボス師の大系が確固とした基礎をもっていたなら、それを証明するのに死ぬほど退屈な三巻本をこしらえる必要はなかったろう。彼は自分の主題のなかに万事を見いだしたであろう。そして、主題からきわめて遠く離れたことがらを、至るところにさがし求めるのではなく、理性自体が自らこの真理を他の真理の連鎖のなかに位置づける役割を果たしたことであろう。歴史とわが国の法律が彼に言ったであろう。「そんな苦労はするな。われわれが君のために証言しよう」

第二四章　同じ主題の続き。体系の基礎についての考察

デュボス師は、フランク人が征服者としてガリアの地にはいったというたぐいの考えは一切排除しようと望んでいる。彼によれば、われわれの王たちは人民に招かれてローマ皇帝にとって代わり、その権利を継承したにすぎないというのである。

この主張は、クロヴィスがガリアに侵入し、都市を荒らし占領した時期には適用されえない。それはまた彼がローマの役人シャイアグリウスを破り、彼の支配していた国を征服した時代にも適用されえない。したがって、この主張は、すでにクロヴィスが暴力によりガリアの大部分の支配者となったのちに、人民の敬愛と選択によって国の残る部分をも支配するよう求められたこともあったかもしれぬ、そのような時代にしかあてはまらない。しかも、クロヴィスが受けいれられただけでは十分でない。招かれたのでなければならないのだ。デュボス師は、これら人民がローマ人の支配のもとよりも、あるいは自分たちの法のもとよりも、クロヴィスの支配下に生きることをより好んだということを証明しなければならぬ。ところが、まだ蛮族に侵入されていな

かったガリアのこの部分には、デュボス師によると二種類のローマ人がいた。すなわち一方はアルモリク（ブルターニュ地方）連合に属し、皇帝の役人を追放し、蛮族にたいし自衛し、自分たち固有の法により自治を行なおうとしており、他方は、ローマの役人に服従していた。ところが、デュボス師はまだ帝国に服従していたローマ人がクロヴィスを呼んだことを実証しているだろうか。そんなことはまったくしていない。彼はアルモリク派の共和国がクロヴィスを呼び、彼となんらかの条約を結んだことを実証しているだろうか。これまた、そんなことはまったくしていない。彼はこの共和国の運命がどうであったか語りうるどころではなく、おそらくその実在すら証明しえないであろう。彼はこの共和国の歴史をホノリウスの時代からクロヴィスの征服までたどり、驚嘆すべき巧みさで、この時代のすべての事件をこの共和国に結びつけているが、この共和国はどの著者の書中にも見られない。なぜならば、ゾシモスの一節[36]をもってホノリウス帝の治世に、アルモリク地方やガリアの他の諸州が反乱を起こし、一種の共和国を形成した[37]ということを証明するのと、その後の度重なるガリア平定にもかかわらず、依然アルモリク人は別個の共和国を形成し、それはクロヴィスの征服まで存続したということを示すのとでは、たいへんな違いがあるからである。だが、彼の学説を立てるにはきわめて強力で、またきわめて正確な証拠が必要であったろう。なぜならば、もし征服者がある国に侵入し、力と暴威とでその大部分を征服するのが見られ、そのしばらくのちに、歴史はそれがどのようにして行なわれたかは述べていないが、その国全体が服従しているのが見られたとすれば、事は始められたと同じようにして終わったと信ずべききわめて正当な理由があるからである。

この点でひとたび失敗すれば、デュボス師の体系は根底から崩壊する。そして、ガリア人はフランク人に征服されたのではなくフランク人がローマ人に呼び寄せられたのだというこの原則から、デュボス師がどんな結論をひき出そうとも、人はその都度それをことごとく否定しうるであろう。

デュボス師は自説をクロヴィスが身にまとったローマ的権威によって証明している。彼はクロヴィスが父ヒルデリヒをついで将軍の職についたと言おうとしている。だが、この二つの職は純粋に彼のつくったものである。彼が依拠している聖レミギウスのクロヴィスへの手紙[38]は彼が王位に就いたことへの祝辞にすぎない。ある文書の目的が知られているときに、いったい、なぜそれに知られていない別の目的を与える必要があろう?

クロヴィスは治世の末年にアナスタシウス帝によりコンスルの地位に任ぜられた。だがたんに一年限りのこの権威が、どんな権利を彼に与えただろう。デュボス師は、アナスタシウス帝は同じ勅状によりクロヴィスをプロコンスルに任じた形跡があると言っている。私は、任じなかった形跡があると言おう。なにものにも根拠をおかぬ事実については、それを否定する者の権威も、それを主張する者の権威もともに等しい。そのうえ、私はこの点について一つの理由をもっている。グレゴワール・ド・トゥールは、コンスルに任ぜられたことについて述べているが、プロコンスルについてはなにも言っていない。そのうえ、このプロコンスルの地位は、およそ六ヵ月でしかなかったであろう。クロヴィスはコンスルに任ぜられて一ヵ年半ののちに死んだ。プロコンスル職を世襲の職とすることはできなかった。最後に、コンスル職――あるいはプロコンスル職でもいい――が与えられたとき、彼はすでに王国の支配者であり、彼の権利はすべて確立されていた。

デュボス師の主張する第二の証拠は、ユスティニアヌス帝がクロヴィスの子および孫にたいして行なったという全ガリア支配権の譲渡である。この譲渡については私にも言うべきことが多くあるだろう。フランクの王たちがこの譲渡に与えた重要性は、彼らがそれに伴う条件を実行した仕方から判断できる。他方、フランクの王たちはガリアの支配者であった。彼らは平和的な君主であった。ユスティニアヌスはガリアに一片の土地ももっていなかった。西ローマ帝国は滅ぼされて久しく、東ローマ皇帝は西ローマ皇帝の代理としてしかガリアにたいする権利をもっていなかった。それは権利のうえの権利であった。フランクの王国はすでに築かれていた。彼らの定住の規則はつくられていた。王国に生活する各人、各民族の相互的な権利は合意されていた。各民族の法律が定められ、成文化さえされた。すでに形を整えた王国設立となんらの関係もないあの譲渡が、いったいなにをもたらしたであろうか。

無秩序、混乱、国家の完全な没落、征服による荒廃、それらのなかで征服者におもねろうと努めた司教たちをひきあいに、デュボス師はいったいなにが言いたいのか。おもねりとは、おもねることを余儀なくされた者の弱さとは、なにを予想させるだろうか。修辞法や詩は、そういった技巧が使用されていること自体、なにを証明しているだろうか。トゥールのグレゴリウスは、クロヴィスの行なった殺人について語ったのちに、それにもかかわらず、クロヴィスは神の道を歩んでいるのだから、神は日々に彼の敵を倒されるのだと言っているが、それを見て、だれが驚かないであろうか。僧族はクロヴィスの改宗を大いに喜び、また、それから多大の利益をもひき出したことをだれが疑いえよう。だが、それとともに、民衆が征服の惨禍をこうむったことを、そして、ローマの統治がゲルマンの統治に席を譲ったわけではないことをだれが疑うことができようか。フランク人はすべてを変えようとは望まなかったし、また、それができるはずもなかった。そして、歴史上、じっさいに、そういう偏執につかれた征服者はほとんどいなかった。だが、デュボス師の結論がすべて真であるためには、フランク人はローマ人の間でなにも変えなかったのみならず、そのうえ、彼ら自身が変わったのでなければならない。

私は、デュボス師の方法に従って、同じように、ギリシア人はペルシア人を征服しなかったことを証明してみせるとかたく約束することもできよう。まず、私はギリシア都市のいくつかがペルシア人と結んだ条約について述べるであろう。フランク人がローマ人の傭兵であったように、ペルシア人の傭兵であったギリシア人について語るであろう。アレクサンドロスがペルシアの地に侵入し、ティルスの町を包囲し、占領し、破壊したとしても、それは、シャイアグリウスの事件のように、特殊な事件であった。それよりも、どのようにユダヤ人の司祭が彼の前に来たかを見よ。ユピテル・アモンの神託を聞け。ゴルディウムで、どのように予言されていたかを想起せよ。すべての都市がいわば彼の前に馳け寄ったさま、都督《サトラプ》やその他の権門が群をなして来たったさまを見よ。彼はペルシア風に着飾った。それはクロヴィスのコンスルの衣装にあたる。ダリウスは、彼に王国の半分を提供しなかったろうか。ダリウスは暴君として暗殺されなかったろうか。ダリウスの母と妻は、アレクサンドロスの死に涙しなかったろうか。クィンティウス・クルチウス、アリアノス、プルタルコスは、アレクサンドロスの同時代人ではなかったか。印刷術は、これらの著述家に欠けていた光をわれわれに与えたのではないか。[39] 以上が、「ガリアにおけるフランス王制成立」の歴史である。

(1) 〈梢のより高く天上に向かえば、根はより深く地獄にのばす〉ウェルギリウス（『ゲオルギカ』二・二九二、『アエネイス』四・四一六）。

(2) （『ガリア戦記』）四。

(3) たとえば、彼のドイツからの撤退。前掲書。

(4) 『ブルグンド法典』五四。

(5) それはまさに法典の標題「農民、貢納民、農奴について」によって確証されている。

(6) 〈もしブルグンド人貴族の、あるいは、ローマ人貴族の歯を折ったならば〉前掲書二六・一。〈もしブルグンド人であれローマ人であれ、卑しい身分の平民の〉同二六・二。

(7) 前掲書五七。

(8) オウィディウス『変身賦』二。

(9) 八一五年の勅法第一章。それはシャルル禿頭王の八四四年の勅法第一、二条と一致している。

(10) 〈アクィタニア、セプティマニア、プロウィンキアの各地にとどまるヒスパニア人のために〉八一五年の勅法第一章。

(11) 〈見張りと哨戒、いわゆる不寝の番を〉同勅法。

(12) それを伯に提供することは義務づけられていなかった。同勅法第五条。

(13) 〈フランクのパグスの住民で馬をもつ者は、その従者とともに戦いに行くように〉。伯は彼らの馬を奪うことを禁じられている。〈戦いを行ない、義務として負うている馬を古き慣習にしたがって提出しうるよう〉。ピストの勅令。バリューズ（『フランク諸王勅法集』）一八六ページ。

(14) シャルルマーニュの八一二年の勅法第一章、八六四年のピストの王令第二七条。

(15) 〈四つのマンス〉。私の思うに、マンスと呼ばれていたものは、奴隷のいる貢租を課せられた一定の規模の土地のようである。証拠としては、奴隷をそのマンスから追い払った者にたいする八五三年のシルヴァクムの勅法、第一四節(2)。

(16) 後述、本篇第二〇章参照。

(17) デュシェーヌ（『フランス史家叢書』）所収、第二巻二八七ページ。

(18) 前掲書八九ページ。

(19) 八五八年の勅法第一四条参照。

(20) 彼らは、その他、河川から、そこに橋または渡し場がある場合には、若干の通行税を徴収していた。

(21) 法がその額を定めていない場合には、それは、通常、贖罪金として払われたものの三分の一であった。それは『リブアリア法典』第八九章により知られ、また、八一三年の勅法に説明されている。バリューズ（『フランク諸王勅法集』）第一巻五一二ページ。

(22) 『ランゴバルド法典』リンデムブロック版第一巻九篇一七節。

(23) 『リブアリア法典』七〇。

(24) 前掲書四六。また『ランゴバルド法典』をも参照。リンデムブロック版第一巻二一篇三節〈もし馬が足で……〉。

(25) 『サリカ法典』二八・六。

(26) それはクロタール二世の五九五年の王令に示されている。〈しかしながら裁判にたいするフレドゥムは、それが帰属する者のいる領地に留保される〉。

(27) 『リブアリア法典』八九。

(28) バリューズ『フランク諸王勅法集』第一巻五一五ページ所収の年代不詳の勅法第五七章。なお、第一王朝の史料においてフレドゥムまたはファイダと呼ばれたものが、第二王朝の史料では、七八九年の勅法「サクソンの諸地域について」に見られるように、バンヌムと呼ばれていることに注意しなければならない。

(29) シャルルマーニュの勅法「王領地について」参照。それは、これらのフレドゥムを、ヴィラエと呼ばれるもの、すなわち王領地の主要な収入の一つに数えている。

(30) マルクルフス『文例集』第一巻文例三、四、一七参照。

(31) 前掲書文例二、三、四。

(32) これらの特許状の選集、とくに、ベネディクト会士の『フランス史家』第五巻巻末にある選集参照。
(33) 『文例集』第一巻文例三、四、一四参照。また、マルテンヌ(『新逸話拾遺』)第一巻第一一集に記されているシャルルマーニュの七七一年の特許状参照。〈われわれは次のごとく命ずる。いかなる公共の裁判官も、モルバクムの教会および修道院の領民で、その地にとどまる者は、自由民であれ奴隷であれ……〉。
(34) 『村の裁判についての論考』
(35) デュ・カンジュ氏の(『中・低ラテン語彙』一六七八年刊)「託身」hominium の項参照。
(36) 『新史』第六篇。
(37) 〈アルモリク地方全体と他のガリアの諸州〉前掲書。
(38) デュボス『ガリアにおけるフランス王制成立の批判的歴史』第二巻第三篇第一八章二七〇ページ。
(39) デュボス師「序論」参照。
(1) ブランヴィリエは、『フランス古代政体史』で、身分制の起源をフランクのガリア征服に求め、貴族は征服者フランクの子孫であり、第三身分は征服されたガロ・ローマ人の子孫であるとの説をたてた。これにたいし、デュボスは、フランクの王はローマ皇帝の継承者としてガロ・ローマ人の同意のうえで王位についたのであり、封建貴族の特権はこの王権の簒奪によって生じた不当な権利であると主張した。ブランヴィリエの説は絶対王制により抑圧された貴族の権利回復の主張を正当化しようとするものであり、デュボスの説は第三身分との結合のうえに立つ王権強化を正当化しようとするものである。モンテスキューは中庸を説いているが、その真意は明らかにブランヴィリエに好意的、デュボスに批判的である。

(2) マンスとは農民の標準的な経営単位であって、一定面積の土地、家屋、菜園地などの保有権と共有地用益権などの諸権利の総体である。注におけるモンテスキューの説明はほぼ適当であるが、マノワール（所領）の訳語を当てるのは適切でない。

第三一篇　フランク王制の変遷との関係におけるフランク族の基本法の理論について

第一八章　シャルルマーニュ（カール大帝）

シャルルマーニュは貴族の権力を限界内にとどめ、僧族と自由人を抑圧することを妨げようと思った。彼は国家の諸身分をたくみに按配し、それらが相互に拮抗しあい、彼がその支配者たりうるようにした。すべては彼の天賦の才により結合されていた。彼はたえまなく貴族を遠征から遠征へと引きまわした。陰謀をたくらむいとまを与えず、彼の意図にしたがうことに専念させた。帝国はその首長の偉大によって維持された。君主として偉大、人間としてはさらに偉大であった。彼の子である王たちが彼の第一の臣下であり、彼の権力の道具であり、服従の模範であった。彼は驚嘆すべき規則を定めた。彼はそれ以上のことを行なった。それらの規則を実行させたのである。彼の天才は帝国のあらゆる部分に及んだ。この君主の法律には、すべてを理解する洞察力に満ちた精神と、すべてを動かすある力が見られる。義務を回避する口実は除かれた。不注意は直され、過誤は改められ、あるいは防がれた。(1) 彼は罰することを心得ていたが、それよりもよく、許すことを心得ていた。その意図は広大、その実行は簡明であって、最大事を易々と、難事を速やかになしとげる術を、何人も彼にまさってもっていた者はなかった。彼はたえずその広大な帝国を巡回し、その征くところことごとくに支配を及ぼした。事件はあらゆる個所に続発し、彼はあらゆる個所でそれを片づけた。彼以上に危険を冒すことのできた君主はなく、彼以上に危険を避けることのできた君主はなかった。彼は、あらゆる危険、とりわけ偉大な征服者がほとんどつねに経験するところの危険、すなわち陰謀を苦もなく克服した。この比類ない君主はきわめて穏和であった。彼の性格はやさしく、その振舞いは素直であった。彼は自分の宮廷の人々とともに生活することを好んだ。彼はおそらく婦人の快楽にあまりに感じやすかったろう。だが、みずから統治し、生涯を偉業に過ごした君主は、より以上の寛恕に値する。彼は自分の支出をみごとに律した。彼は自分の所領を賢明に、注意深く、節倹をもって経営した。家長たるものは、彼の法律のなかに、家を治める術を学ぶことができるであろう。[2] 彼の勅法のなかには、彼が富をひき出した汚れない神聖な源が見られる。私はもはや一言しかいうまい。彼は自分の所領の養禽場の卵を売り、牧草地の余分な草を売るよう命じた。[3] そして、ランゴバルド族の富のすべて、全世界を掠奪したあのフン族の莫大な財宝を、人民に分かち与えたのであった。

第二五章　第二王朝衰退の主な原因。自由地に生じた変化

シャルルマーニュは、前章で述べた分割にさいして、[4] 彼の死後は、各王の家臣は自分の王の王

国内で恩給地を受け、他の王国内ではそれを受けてはならないが、[5]それにたいし、自由地はどの王国にであれ保持しうると規定した。しかし、彼はつけ加えて、すべての自由人は、その主君の死後、望むところの三つの王国のいずれにおいても授封を求めることができ、また、いまだ主君をもったことのない者も同様であると定めている。[6]同じ規定が、八一七年、ルイ柔和王がその子にたいして行なった分割のさいにも見られる。[7]

しかし、自由人が授封を求めたとしても、伯《コムト》の軍隊はそれで弱体化することはなかった。依然、自由人はその自由地について貢納し、四マノワールについてひとりの割合で軍役に奉仕しなければならず、あるいは、彼に代わって封土義務を果たす者を仕立てなければならなかった。そして、この点について、若干の悪弊がもたらされたにしても、それらが正されたことはシャルルマーニュの基本法[8]とイタリア王ピピンの基本法[9]に見られるとおりである。なお、これら二つの基本法は相対照することにより、その意味が明らかとなる。

フォントノワの戦い（八四〇年）が王国の崩壊をひき起こしたという歴史家の言はきわめて正しい。だが、この歴史的事件のいまわしい結果を一瞥することを許していただきたい。

この戦いのわずかのちに、ロテール、ルイ、シャルルの三兄弟はある条約を結んだが、[10]そのなかに私はフランク人の政治状態全体を変えてしまうはずの条項を見いだすのである。

シャルルが人民にたいし、この条約の人民にかかわりのある部分について行なった告示[11]のなかで、彼は、全自由人は主君として国王または他の領主のだれであろうと、彼の欲する者を選ぶことができると言っている。この条約以前にあっては、自由人は授封を求めることはできたが、彼の自由地は、依然、直接に国王の権力下に、すなわち、伯《コムト》の裁判管轄下にあった。そして、彼は授封を求めた主君にたいし、彼が得た封土にかんしてしか従属していなかった。この条約以後、全自由人は、自分の選ぶ王または他の領主に、自分の自由地をゆだねることができた。ここに問題となっているのは、授封を求める者ではなく、自由地を封土に変える者たちであり、彼らは、いわば、市民的裁判管轄から脱して、選ぼうと欲する国王または領主の権力下にはいったのである。

こうして、かつて直接に国王の権力下にいた者たち、自由人として伯《コムト》のもとにいた者たちは、いつとなく互いに家士となっていった。各自由人は主君として、国王であれ他の領主であれ、欲するがままに選ぶことができたからである。

第二に、ある者が永代的に所有していた土地を封土に変えると、この新しい封土はもはや終身的ではありえなかった。そこで、一刻ののちに、われわれは、封土を所有者の子に与える一般的な法律が生まれるのを見ることになる。この法律は、協約を結んだ三人の君主のひとりシャルル禿頭王のものである。[13]

私の述べた三兄弟の条約以後、王国のすべての人間がもつこととなった自由、国王であれ他の領主であれ望むがままに主君を選ぶ自由は、このとき以後かわされた諸協約により確認されている。

シャルルマーニュの時代には、家士が主君から、たとえ一スーの価値しかないものであれ、なにかを受けとれば、彼はもはやその主君を捨てることはできなかった。[14] だがシャルル禿頭王の時代には、家士はなんの罰も受けることなく、彼らの利益あるいは気まぐれにしたがうことができた。そして、この君主は、この点をあまりに強く表明しているから、この自由を制限するよりも、むしろそれを享受するよう勧めているかのように思えるほどである。[15] シャルルマーニュの時代には、恩給地は物的であるよりも人的であった。次の時代には、人的というよりも物的となった。

第三二章　どのようにしてフランスの王冠はユグ・カペ家へ移ったか

封土の世襲と、陪封の一般的な成立は、政治的統治を消滅させ、封建的統治を形成した。かつて国王のもっていた数えきれないほどの家士の大群に代わって、国王はその幾人かをもつにすぎず、他はその幾人かの者に従属していた。国王はもはやほとんど直接的な権威をもたなかった。かくも多数の他の権力、かくも強力な権力を仲介としなければならぬ権力は、その末端に達する以前に停止するか消滅した。きわめて強大な家士たちは、もはや服従しなかった。彼らは服従をやめるために陪臣を用いることさえした。国王は所領を奪われ、ランスとランの二都市に限定され、彼らの意のままの状態にあった。木は枝を広げすぎ、その頂きが枯れた。王国は、今日の帝国（神聖ローマ帝国）のように、領土をもたぬありさまであった。王冠は最強の家士のひとりに与えられた。

ノルマン族が王国を荒らした。彼らは、筏《いかだ》や小型の船のたぐいでやってきて、河口からはいりこみ、それを遡航《そこう》し、その両岸の地方を荒廃させた。オルレアンとハリの町がこれらの盗賊どもを阻《はば》んだ。[16] そこで、彼らは、セーヌとロワールの両河を、それ以上さかのぼることができなかった。これら二つの町を所有していたのはユグ・カペであったが、彼は、王国のみじめな残骸の二つの鍵を手中にもっていたことになる。それで、人々は、彼だけが守ることのできる状態にあった王冠を彼に授与した。それは、その後、トルコ人を国境にしばりつけることのできた家門に帝国が与えられたのと同様である。

封土の世襲制がまだ特例として成立していたにすぎない時期に、帝国はシャルルマーニュの家門から離れた。世襲制が慣行となったのは、ドイツではフランスよりもさらにおそかった。[17] その結果、封として考えられた帝国は、選挙制となった。それにたいして、フランスの王位がシャルルマーニュの家門から離れたとき、この王国では、封土はすでに現実に世襲的であった。王位もまた一つの大きな封土として世襲された。

なお、人々は、それ以前に起きていた、あるいはその後起きた変化のすべてを、この変革の時点に帰するという大きな誤りをおかしている。じつは、すべては次の二つの事件に限られた。君臨する家系が変わった。そして、王位が大封土と結びつけられた。

第三四章　同じ主題の続き[2]

封土が取り消し可能か一代限りである場合には、それはほとんど政法にのみ関連したものであった。当時の市民法において、封土にかんする法律にほとんど言及がないのはそのためである。だが、封土が世襲となり、売買、譲渡、遺贈できるようになると、それは政法と市民法の双方に関連した。軍役義務として考察すれば、それは政法に属し、取り引きされる一種の財産とみなされれば、それは市民法に属した。そこで封土にかんする市民法が生まれた。

封土が世襲となったので、相続順位にかんする法律は封土の永続性に関連したものとならざるをえなかった。こうして、ローマ法とサリカ法[18]の規定にもかかわらず、フランス法のあの原則、「相続財産はさかのぼらず」が成立した。[19]封土の義務が果たされねばならなかった。だが、父祖のひとり、たとえば大伯父というのでは主君にさしだす家士として適当ではあるまい。こうしてブーティリエの書[20]により知られるように、この原則は、初めは封にかんしてしか認められなかった。

封土が世襲となると、封土の義務が果たされるよう気を配らねばならぬ主君は、封土を相続するはずの女子、そして、私の信じるには、ときには男子にたいしても、彼の同意なくして結婚しえぬことを強要した。[21]その結果、結婚契約は貴族にとって、封建的規定であるとともに、市民的規定となった。主君の面前で作成されるこういった契約では、封土義務が継承者により果たされうることを意図して、将来の相続にかんする規定が設けられた。こうして、ボワイエ[22]（十六世紀のフランスの法律家）とオフルリウス[23]（十五世紀のフランスの法律家）が記しているように、結婚契約により将来の相続を規定する自由は、初め貴族だけがもった。

古い親族の権利にもとづき、わがフランス古法の神秘であるところの親族買戻権は、ここに詳述する余裕はないが、封土にかんしては、封土が永代的となったときにのみ、生まれえたことはいうまでもあるまい。

「イタリアが、イタリアが……」[24]私は、封土論を、大部分の著者が始めたところで終わる。

〔1〕彼の八一一年の第三の勅法（バリューズ『フランク諸王勅法集』第一巻）四八六ページ、第一、二、三、四、五、六、七、八条、八一二年の第一の勅法（同）四九〇ページ、第一条および同年の勅法（同）四九四ページ、第九、一一条その他参照。

〔2〕八〇〇年の勅法「王領地について」、八一三年の第二の勅法第六、一九条、および勅法集第五篇三〇三条参照。

〔3〕勅法「王領地について」第三九条。この勅法全体参照。それは慎重とすぐれた経営と経済の傑作である。

〔4〕八〇六年のシャルル、ピピン、ルイの間で行なわれた分割。それはゴルダスト（『シャルルマー

ニュ以後の帝国法律集』）およびバリューズ（『フランク諸王勅法集』）第一巻四三九ページに収録されている。

〔5〕第九条、前掲書四四三ページ所収。それは、グレゴワール・ド・トゥール（『フランク族の歴史』）第九篇に記されているアンドリ条約に合致している。

〔6〕第一〇条。なお、アンドリ条約では、この点についてはまったく触れられていない。

〔7〕バリューズ前掲書第一巻一七四ページ。〈各自由人は、もし主君をもたないならば、三人の兄弟のうち、彼の望む者にたいし託身を行なう自由をもつ〉第九条。また、同じ皇帝が八三七年に行なった分割参照。第六条、同書六八六ページ。

〔8〕八一一年の勅法第七、八条、バリューズ前掲書第一巻四八六ページ、および八一二年の勅法第一条、同書四九〇ページ。〈自由地であれ主君の恩給地であれ、保有農の備わった四つのマンスをもつすべての自由人は、みずから武装し、あるいはその主君と、あるいは伯とともに、軍務におもむくべきこと……〉。また八〇七年の勅法、同書四五八ページをも参照。

〔9〕七九三年の勅法。『ランゴバルド法典』に挿入されている。三・九・九。

〔10〕八四七年に締結された「マルスナム（メールセン）の協定」。オーベル・ルミルおよびバリューズ前掲書第二巻四二ページ。

〔11〕〈adnunciatio〉（布告）。

〔12〕〈いかなる自由人も、余の王国において、余であれ、余の家臣であれ、誰か君主を得んと欲する者は、それを得ること〉。シャルル禿頭王の布告第二条。

〔13〕八七七年、カリシアクムの勅法第五三篇第九、一〇条〈われわれの家士についてと同様になされる

べきである……〉。この勅法は同年同地の別の勅法第三条と関連している。

⒁ 八一三年、エクス・ラ・シャペルの勅法第一六条。〈何人も、その主君から価いにして一ソルドスを受けとったるのちは、その主君を捨てぬこと〉。また、ピピンの七八三年の勅法第五条参照。

⒂ 八五六年、カリシアクムの勅法第一〇、一三条、バリューズ前掲書第二巻八三ページ。そこでは国王と聖俗領主が以下の点について同意している。〈そして汝らのある者が、その者の主君が気にいらぬようなことが起き、そして、その主君とは別の他の主君を主君として認めることができるように思われるならば、自分の主君のもとに行き、平穏、平静な心をもって彼にいとまを告げる。……そして、神が彼に他の主君を主君として認めうることを望みたもうたことを、平穏に認める〉。

⒃ この時代におけるパリ、サン・ドニ、ロワール流域の城の重要性については、シャルル禿頭王の八七七年のカリシアクムの勅法参照。

⒄ 前述第三〇章参照(1)。

⒅ 自由地にかんする篇。

⒆ 『封土の書』第四篇第五九節。

⒇ 『農村全書』第一篇第七六節四四七ページ。

㉑ 聖王ルイの一二四六年の王令はアンジューとメーヌの慣習法の確定を命じているが、それによれば、封土の相続者である女子の後見にあたる者は、主君に、彼女は主君の同意なしには結婚しないとの保証を与えた。

㉒ (『ボルドー最高法院判例集』)判例一五五第八、および判例二〇四第三八。

㉓ 『トゥルーズ小法廷判例集』判例四五三。

(24) 『アエネイス』三・五二三。

(1) この章で、モンテスキューはこの遅れをドイツ人とフランス人の気質の差、地理的条件の違いなどをあげて説明している。

(2) 前章は「封土の永続性の二、三の結果」と題されている。

中公
クラシックス
W86

法《ほう》の精《せい》神《しん》

モンテスキュー

2016年3月10日初版
2024年1月30日3版

訳 者　井上堯裕

発行者　安部順一

印刷　TOPPAN
製本　TOPPAN

発行所　中央公論新社
〒100-8152
東京都千代田区大手町 1-7-1
電話　販売 03-5299-1730
　　　編集 03-5299-1840
URL https://www.chuko.co.jp/

Published by CHUOKORON-SHINSHA, INC.
Printed in Japan　ISBN978-4-12-160165-0　C1231

訳者紹介

井上堯裕（いのうえ・たかひろ）
1936年名古屋市生まれ。東京大学大学院卒業。聖心女子大学教授を経て名誉教授。西洋史、フランス社会史専攻。著書に『ルソーとヴォルテール』『印象派の社会史　講義ノート』など。共訳書に『フランス革命の哲学』『フランス社会史　1789-1960』など多数。2002年死去。

■「終焉」からの始まり
――『中公クラシックス』刊行にあたって

二十一世紀は、いくつかのめざましい「終焉」とともに始まった。工業化が国家の最大の標語であった時代が終わり、イデオロギーの対立が人びとの考えかたを枠づけていた世紀が去った。歴史の「進歩」を謳歌し、「近代」を人類史のなかで特権的な地位に置いてきた思想風潮が、過去のものとなった。

人びとの思考は百年の呪縛から解放されたが、そのあとに得たものは必ずしも自由ではなかった。固定観念の崩壊のあとには価値観の動揺が広がり、ものごとの意味を考えようとする気力に衰えがめだつ。おりから社会は爆発的な情報の氾濫に洗われ、人びとは視野を拡散させ、その日暮らしの狂騒に追われている。株価から醜聞の報道まで、刺戟的だが移ろいやすい「情報」に埋没している。応接に疲れた現代人はそれらを脈絡づけ、体系化をめざす「知識」の作業を怠りがちになろうとしている。

だが皮肉なことに、ものごとの意味づけと新しい価値観の構築が、今ほど強く人類に迫られている時代も稀だといえる。自由と平等の関係、愛と家族の姿、教育や職業の理想、科学技術のひき起こす倫理の問題など、文明の森羅万象が歴史的な考えなおしを要求している。今をどう生きるかを知るために、あらためて問題を脈絡づけ、思考の透視図を手づくりにすることが焦眉の急なのである。

ふり返ればすべての古典は混迷の時代に、それぞれの時代の価値観の考えなおしとして創造された。それは現代人に思索の模範を授けるだけでなく、かつて同様の混迷に苦しみ、それに耐えた強靭な心の先例として勇気を与えるだろう。そして幸い進歩思想の傲慢さを捨てた現代人は、すべての古典に寛く開かれた感受性を用意しているはずなのである。

（二〇〇一年四月）